L'Autobiographie
de Paul Gauguin

高更自传

保罗·高更 —— 著　乔盖乔 —— 译

中国书籍出版社
China Book Press

图书在版编目（CIP）数据

高更自传 /（法）保罗·高更著；乔盖乔译. -- 北京：中国书籍出版社，2022.4
ISBN 978-7-5068-8854-7

Ⅰ.①高… Ⅱ.①保… ②乔… Ⅲ.①高更(Gauguin, Paul 1848-1903)—自传 Ⅳ.①K835.655.72

中国版本图书馆CIP数据核字(2021)第259743号

高更自传

（法）保罗·高更著；乔盖乔译

策划编辑	刘 娜
责任编辑	刘 娜 杨铠瑞
责任印制	孙马飞 马 芝
封面设计	东方美迪
出版发行	中国书籍出版社
地　　址	北京市丰台区三路居路 97 号（邮编：100073）
电　　话	（010）52257143（总编室）（010）52257140（发行部）
电子邮箱	chinabp@vip.sina.com
经　　销	全国新华书店
印　　刷	北京睿和名扬印刷有限公司
开　　本	880 毫米 × 1230 毫米　1/32
字　　数	256 千字
印　　张	11
版　　次	2022 年 4 月第 1 版　2022 年 4 月第 1 次印刷
书　　号	ISBN 978-7-5068-8854-7
定　　价	56.00 元

版权所有　翻印必究

《名为"悲惨世界"的自画像》
(Autoportrait dit "Les Misérables", 1888, 45cm×55cm, 凡高美术馆)
这幅自画像是高更送给凡高的,右上方的埃米尔·贝尔纳,是他们共同的朋友。

《养猪人》

(*Le Gardien de Porcs*, 1888, 73cm×93cm, 洛杉矶郡艺术博物馆)

又名《布列塔尼的猪倌》, 是高更在法国本土布列塔尼阿旺桥时期艺术实践的代表作。

《跳舞的布列塔尼女孩》

(La Ronde des Petites Bretonnes, 1888, 73cm×92cm, 美国国家艺术馆)

《万福玛丽亚》

(Ia Orana Maria, 1891, 114cm×89cm, 大都会艺术博物馆)

高更在塔希提岛创作的第一幅重要作品,描绘两个塔希提妇女与幻想中的圣母和圣婴相遇的情景。

《手拿芒果的女人》

(Vahine no te vi, 1892, 70cm×45cm, 巴尔的摩艺术博物馆)

《有什么新鲜事》

(Parau Api, 1892, 67cm×91cm, 现代大师画廊)

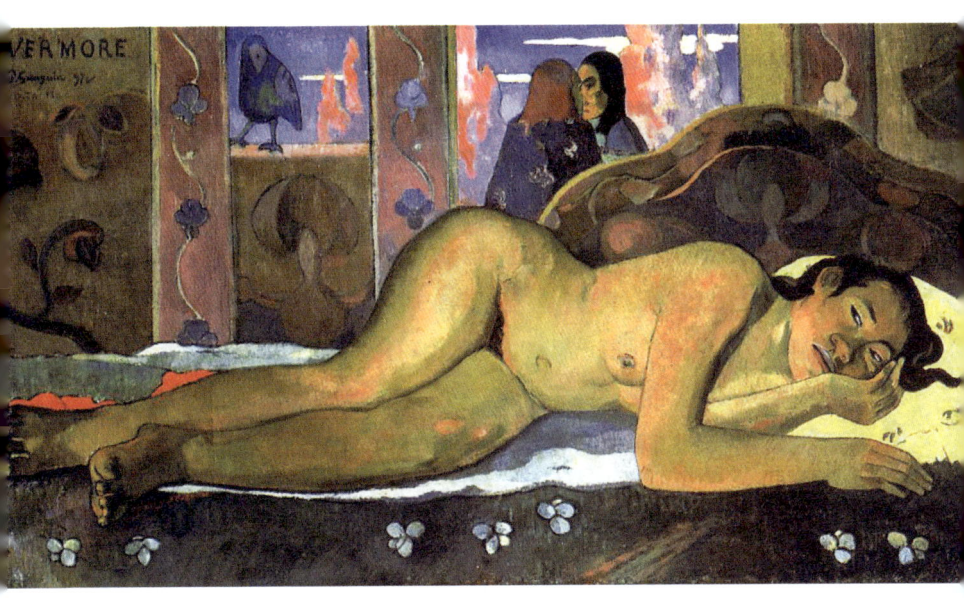

《永远不再》

(Nevermore, 1897, 60cm×116cm, 考陶尔德美术馆)

张爱玲曾在《都市的人生》"艺苑一瞥忘不了的画"一节中写道:"有些图画是我永远忘不了的,其中只有一张是名画,高更的《永远不再》。"并称"这里面有一种最原始的悲怆"。

《我们从何处来？我们是谁？我们向何处去？》
(*D'où venons-nous? Que sommes-nous? Où allons-nous?*, 1897, 139cm×375cm, 波士顿美术馆)

画作从右至左，描绘了一个人从出生到死亡的过程，是高更对自己艺术思想进行总结的杰作。

目 录
CONTENTS

诺阿诺阿
登　岛 / 003
识　岛 / 026
游　岛 / 042
悟　岛 / 065
离　岛 / 090

此前此后
序　言 / 103
往事回忆 / 108
关于文森特·凡高 / 135
关于埃德加·德加 / 154
关于艺术 / 161
关于人生 / 180
在塔希提和马克萨斯 / 186
后　记 / 211

书信一束

游走法国 / 215

初至塔希提 / 258

回到法国 / 271

重返大洋洲 / 282

译后记

诺阿诺阿

登 岛
识 岛
游 岛
悟 岛
离 岛

"告诉我们,你看到了什么?"("Dites, qu'avez-vous vu?")
——夏尔·波德莱尔(Charles Baudelaire)[1]

登 岛

初始印象

带着热切的渴盼航行六十三天后,六月的第八个夜晚,我们终于望见了蜿蜒起伏在海面上的一团团奇异火光。夜幕之下,一个边缘参差不齐的黑色锥体,在昏暗的天色中渐行渐远。

航船绕过莫雷阿岛(Mooréa)[2],塔希提岛(Tahiti)[3]跃入眼帘。几小时后,黎明渐至,我们缓慢地驶近礁石,进入海峡,顺利抛锚停泊。

初次登岛,目力所及,并无吸睛之处——要是与里约热内卢(Rio de Janeiro)引人入胜的海湾相比,便更显逊色了。

这座岛屿,实际上就是大山的顶峰。早在远古时期,一场洪水将山体淹没,只留下最尖端的部分露出水面。后来,有户人家

---

[1] 夏尔·皮埃尔·波德莱尔(Charles Pierre Baudelaire,1821—1867):法国诗人,象征派诗歌的先驱,代表作有诗集《恶之花》等。此处诗句出自波德莱尔的诗作《旅行》(Le Voyage)。

[2] 莫雷阿岛(Mooréa):法属社会群岛,是塔希提岛的姐妹岛。

[3] 塔希提岛(Tahiti):法属波利尼西亚向风群岛中最大的岛屿,位于南太平洋。我国港台地区多译为"大溪地",故高更画作亦相应称谓,如《大溪地少女》等。

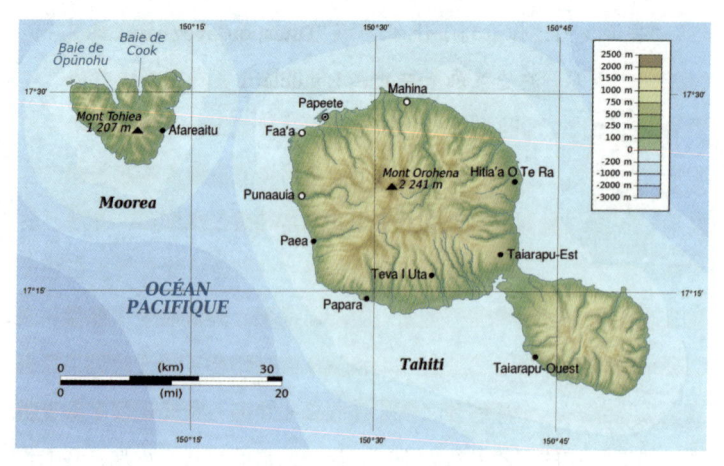

莫雷阿岛（左上）和塔希提岛

逃到这里，创建了一个新的家族……世纪更迭，珊瑚环绕，山顶逐渐焕发出盎然的生机，最终演变成了一个具有独特自然风貌的小岛——塔希提岛。

时至今日，塔希提岛植被日益繁茂，但却孤寂依然。在浩瀚无垠的海洋中，它注定远离尘世，孑然独立。

上午十点不到，我正式拜访了拉卡斯卡德（Lacascade）[①]先生，这位黑人总督以贵宾的礼遇迎接了我，热情而周到。

我把这一殊荣，归功于法国政府委派给我的"重要"任务。我的确肩负艺术交流的使命，但在总督先生和他身边的人看来，这只不过是官方的托辞罢了，再多的粉饰也掩盖不了我间谍的真实身份。

[①] 艾蒂安·泰奥多尔·拉卡斯卡德（Étienne Théodore Lacascade，1841—1906）：瓜德罗普人，1886—1889年、1890—1893年两度担任法国在大洋洲殖民地的总督。

不仅如此，当我提及此行并未获得任何报酬时，没有人愿意表示相信。

就这样，我在帕皮提（Papeeté）①的生活很快便充满了烦扰。

这里就像一个微缩版的欧洲——殖民官员和势利之人遍布的恶劣环境，对欧洲礼俗、风尚、陋习可笑到近乎讽刺的模仿，荒谬的文明——欧洲化得让我恨不得飞速逃离。

我筹划这趟远行，难道就是为了把自己拼命摆脱的事物拉得更近吗？

尽管如此，还是有一个公众事件，吸引了我的注意。

当时，波马雷国王②病得很重，已是行将就木。

渐渐地，整座城市被一种难以名状的氛围所萦绕。

所有欧洲人，商人、官员、军官以及士兵，在街巷谈笑如常，而当地人却个个神色凝重，压低了嗓音在王宫附近交谈。从锚地望去，一只只橙色的船帆在蔚蓝的

波马雷五世

---

① 帕皮提（Papeeté）：法属波利尼西亚首府，1818年始建，位于塔希提岛西北岸。

② 指波马雷五世（Pōmare V，1839—1891），塔希提王国的第五代国王，1877年即位。1880年，法国政府欲将塔希提并入法国，使其成为法属波利尼西亚的一部分，波马雷五世便将塔希提的统治权交予法国，自己仍保留名义上的王位。1891年，他因酗酒逝世。

大海上不停鼓动，收帆索在阳光的照耀下不时闪烁着银光——临近岛屿的原住民正匆忙赶来，准备送他们的国王最后一程，并见证他们的王国被法国兼并这一历史时刻。

种种迹象表明，大家已经通过某种方式得到了消息。原来，每当国王快要离世，日落时分，山上的某些特定地点便会黑影幢幢。

没过多久，国王便与世长辞了，身着海军上将的制服，一动不动地躺在王宫里。也就是那时，我见到了王后。

王后名叫玛劳（Maraü），她正在用鲜花等材料装饰王宫大厅。当公共事务主管从艺术的角度征求我对葬礼布置的意见时，我冲他指了指王后。这位女性浑身上下都散发着优雅的气息，似乎能将所触及的一切都化作艺术品，她的美丽与生俱来。

初次相识，我对王后的了解还不全面，对这里的一切也知之甚少。但就目前而言，这里的风土人情和我想象的相差甚远，我不禁感到有些失望。我对就连细枝末节也要仿照欧洲的举动十分厌恶，甚至因刚刚登岛不久而无法辨别：在这片被征服的土地上，在矫揉造作、华而不实的外表下，在外界的影响中，究竟还留有多少本土、本真、原始的美好？

此时的我依旧盲目，只把王后看成一个外表成熟、身材健壮、高贵美丽的普通妇女。而当我再见她时，便彻底推翻了先前的看法。我为她的"毛利人魅力"（charme maorie）深深着迷，虽免不了掺杂其他特质，但塔希提式的独特风格在她身上依然非常纯粹。这让我想起她的祖先，一位伟大的首领。正是这位首领，赋予了她和她的兄弟乃至整个家族，一种气宇轩昂的出众外表。

受家族遗传，她拥有健壮的、雕塑般的体态，丰满而又不失优雅。她的双臂就像殿堂里的两根石柱，简洁、笔直；纵观她的整个身躯，肩部线条平直流畅，壮硕的上半身逐步向下收缩，让我联想到代表三位一体的三角形（Triangle de la Trinité）。有些时候，她的双眼会莫名地燃起热情之火，它突然迸发，将周围的生命映得火红。也许，当初正是因为这样的力量，才让小岛能够从大海中升起，让岛上的植物在第一缕阳光的照耀下盛放……

丧礼期间，所有塔希提人都一袭黑衣，满怀悲痛地为死去的国王哀吟挽歌。这样的旋律，对我来说就像是在听《悲怆奏鸣曲》（Sonate Pathétique）[①]。

两天后，葬礼如期举行。

上午十点，大家走出宫门。军人和官方人员头戴白色头盔，身穿黑色礼服，普通民众则穿着丧服。队伍一列列地整齐行进，每一列的领队都举着法国国旗。

波马雷五世纪念碑

[①]《悲怆奏鸣曲》（Sonate Pathétique）：德国作曲家贝多芬（Beethoven，1770—1827）创作的C小调第八号钢琴奏鸣曲，因其戏剧性的优美旋律为世人所熟知。

到阿鲁埃（Aruë）后，队伍停了下来。这里矗立着一座用纷繁杂乱的珊瑚石和着水泥砌成的纪念碑，它的外观实在无法用言语来形容，与四周植被和环境的天然之美形成了强烈对比。

拉卡斯卡德总督发表了干瘪乏味的长篇大论，一旁的口译员为在场的法国人进行了翻译。随后，新教牧师布道，王后的兄弟塔提（Tati）作了回应。这便是葬礼的全部内容。

离开时，官员们飞快地挤上马车。这场面，与"比赛归来"（retour de courses）的场景多少有些相像。

返程之路好不热闹。法国人依旧保持着冷漠的调调，而当地人终于从多日的沉闷中走出，恢复了往日的欢愉。"瓦依内"（vahiné）[①]又重新挽起自己"塔内"（tané）[②]的手臂，一路有说有笑，她们的臀部来回扭动，赤裸的大脚重重踩在地上，扬起阵阵尘土。

在法图阿（Fatüa）河附近，人开始变得多了起来。妇女们躲在石头中间，找好位置蹲在水里，把裙子撩至腰间，给自己的丰臀和双腿降温，洗去在酷热中行路带来的疲惫。

享受完清凉，她们挺起胸脯，继续向帕皮提走去，薄纱下用来遮挡乳房的两片贝壳，伴随这一动作高高隆起。

她们拥有健康小动物般的优美体态和充沛活力，周身散发着动植物混合的香气。这种味道，一半来自她们的血液，一半来自她们头上戴的塔希提栀子花（tiaré）[③]。

"现在好香啊！"（Téïné mérahi noa noa，塔希提语）她们说道。

[①] "瓦依内"（vahiné）：塔希提语，意为"女人""女伴""妻子"。
[②] "塔内"（tané）：塔希提语，意为"男人""情人""丈夫"。
[③] 塔希提栀子花（tiaré）：法属波利尼西亚的国花，芳香扑鼻，主要用来给椰子油提香以及制作花环。

《河边的塔希提妇女》（Tahitiennes Près d'un Ruisseau，高更，1893）

"知了和蚂蚁"

……当公主走进我的房间时，我正病恹恹地躺在床上，浑身只裹了一块儿缠腰布（paréo）。这是怎样一件用来接待身份尊贵的女性的装束啊！

"你好（Ia orana，塔希提语），高更，"她开口道，"你生病了，我过来看看你。"

"你叫什么名字？"

"瓦蒂亚（Vaïtüa）。"

如果这个国家还保有过去的传统的话，瓦蒂亚倒的确是位货真价实的公主。可惜，这里如今已经沦落到任由欧洲人摆布的境地了。

不过说实话,这位公主看上去普通极了——身着黑裙,双脚赤裸,耳朵后面别了一朵很香的花。她是波马雷国王的侄女,正在为自己的叔叔服丧。

瓦蒂亚的父亲塔马托阿(Tamatoa),虽然平日里不得不与军官和官员们保持联系,也不得不参加海军上将家举办的宴会,但除了做一名有王室血统的毛利人外,他从未有过别的什么想法。在愤怒之时,他是个无人能敌的斗士;而在盛宴之夜,他又成了大名鼎鼎的饮者。他早已去世。听说,瓦蒂亚非常像他。

作为一个最近刚刚戴着白色头盔登岛的、傲慢无礼的欧洲人,当我看向眼前这位没落的公主时,嘴角不由地扬起一丝怀疑的微笑。但我想尽量礼貌一点。

"你能来看我真是太好了,瓦蒂亚。要不要一起喝杯苦艾酒?"

我冲一个瓶子指了指,那是我刚买的酒,就立在房间一角的空地上。

公主朝我指的方向径直走了过去,既没有面露难色,也没有心怀渴望。在弯腰拿起酒瓶的那一刻,她那薄如蝉翼的裙子紧紧绷在了腰上——这腰一定能禁得住整个世界。哦,没错,她就是一位公主!她的祖先?她的祖先一定人高马大、矫健勇武。

她那结实、高傲、野性十足的脑袋,牢牢地种在宽阔的肩膀上。此刻,我只看到了她那食人族似的下颚、随时准备撕咬的牙齿,以及像残忍而又狡猾的猛兽般暗中窥探的狰狞表情。我发现,她那美丽高贵的额头,并不能掩盖其他部分的丑陋。

我在心里祈祷,希望她并没有坐到我床上的想法。这张脆弱的小床,绝对承受不了我们两个人的重量……

可她竟真的坐了过来。

床板嘎吱作响，所幸勉强支撑住了。

我们一边喝酒，一边闲聊了几句。然而，气氛却怎么也活跃不起来，整个对话沉闷乏味。到了最后，我们已无话可说，就此陷入沉默。

我暗自打量着身旁的这位公主，她也时不时用眼角的余光偷偷瞄我。时间就这样一点点流逝，酒瓶也渐渐变空。瓦蒂亚的酒量倒真是不错。

她卷了一支塔希提当地的香烟，躺在床上抽了起来。她的双脚下意识地不断磨蹭着床尾的木板，神色随之缓和，变得温柔了许多。她的目光也开始闪烁，口中还伴有规律的嘶嘶声。我忍不住浮想联翩，还以为这低吟的声音，来自一只正沉浸在某种愉悦享受中的小猫。

我就是这么善变，现在又觉得她十分漂亮。当她用颤抖的声音对我说"你真好"时，我的心神旋即开始荡漾。公主真是惹人怜爱、秀色可餐啊……

《戴塔希提栀子花的女人》（Vahiné no te Tiaré，高更，1891）

随后，她为我讲了一则拉·封丹（La Fontaine）① 的寓言《知了

---

① 让·德·拉·封丹（Jean de la Fontaine，1621—1695）：法国作家、寓言诗人，著有《故事诗》《寓言诗》等。法国文艺理论家丹纳（Taine，1828—1893）誉之为"法国的荷马"。作品经后人整理，题为《拉·封丹寓言》。

和蚂蚁》(La Cigale et la Fourmi)①——这是小时候姐姐讲给她听的。毫无疑问，这么做显然是为取悦我。

香烟燃尽了。

"你知道吗，高更，"公主起身说道，"我一点儿也不喜欢你们那个拉·封丹。"

"什么？你是说我们伟大的拉·封丹吗？"

"也许他人还不错，但他故事的寓意却令人讨厌。那些蚂蚁……"她撇了撇嘴继续说道，"啊，知了，太棒了。歌唱，歌唱，它总是在不停歌唱！"

她得意极了，明亮的双眸注视着远方，目光甚至不曾轻扫过我，骄傲地继续说了下去：

"不用金钱进行交易之前，我们的王国是多么美丽啊！人们一年到头都在欢快地歌唱……总是在歌唱，总是在给予！……"

说完，她便离开了。

我把头枕在枕头上，很长一段时间，耳畔仍回响着她那句抚慰人心的问候：

"你好（Ia orana，塔希提语），高更。"

我把和公主的这一小段插曲，与波马雷国王的去世联系到了一起。在我的记忆中，比起国王去世这件事本身以及随后举行的公众仪式，这段经历留下的印象要更加深刻，更加持久。

帕皮提的居民，无论是当地人还是白人，很快便将死去的国王

---

① 《知了和蚂蚁》(La Cigale et la Fourmi)：拉·封丹的一则寓言，写知了整个夏天都在唱歌，冬天到来时，它向蚂蚁请求借几粒麦种过冬，蚂蚁不肯，还挖苦它不知劳动、咎由自取。

忘得一干二净。那些从邻近岛屿赶来参加王室葬礼的原住民陆续离开，无数张橙色的船帆又一次在蔚蓝的大海上扬起。一切都恢复了正常，人们继续按部就班地生活。

只是少了一位国王罢了。

随着他的辞世，古老传统的最后一点痕迹消失殆尽；随着他的辞世，毛利人的历史也就此画上了句号。过去的一切，都走到了尽头。文明，呜呼！——士兵，贸易，官僚——胜利了。

我倍感忧伤，难以自持。那引领我来到塔希提岛的幻梦，被现实击得粉碎。我钟爱的，是从前的塔希提；如今的塔希提，让我不寒而栗。

然而，每每想到当地人那一代代延续下来的体态之美，我便无法相信，这里的古风古韵、习俗风尚，这里的神圣信仰、古老传说，这里所有的一切，统统都烟消云散了。

不过，即便尚有遗迹存留，我又如何能够仅凭一己之力寻得这些蛛丝马迹呢？倘若无人引导，我又如何辨识它们，如何重新点燃四处散落的余烬呢？

我固然很是沮丧，可并不甘心，不愿轻言放弃。就算希望渺茫，甚至是"不可能"，我也想尽力一试。

很快，我便下定了决心。我要离开帕皮提，从这个被欧洲化的地方逃离。

我想，去到蛮荒之地，与那里的毛利人亲密生活，耐下心来，慢慢赢得信任，就可以更深入地了解他们。

于是，一天早晨，我乘着由一位军官慷慨提供的马车出发了，去寻找"我的小屋"（ma case）。

《到这里来》(Haere Mai,高更,1891)

与我同行的,是我的"瓦依内"蒂蒂(Titi)。她是个有着英国和塔希提血统的混血儿,还会说一点法语。为了这次旅行,她穿上了自己最美的衣服。

她耳后别着一朵塔希提栀子花,芦苇编成的帽子上,点缀着丝带、野花,以及被染成橘黄色的贝壳装饰。她乌黑的长发自然垂落,松散地披在肩上。

她为自己可以坐在马车里而自豪,为自己的优雅端庄而自豪,还为能够成为一个在她看来身份尊贵且富有的男人的"瓦依内"而自豪。她是如此的光彩照人,她自豪的神情一点儿都不可笑,因为那奕奕神采本就属于她,属于他们毛利人。为纪念漫长的封建历史,以及在历史长河中涌现出的伟大领袖,他们理应自豪,理应骄傲。

我很清楚，在巴黎人眼中，她那工于心计的爱，比妓女低眉顺眼的迎合好不到哪儿去。但是，一个毛利妓女的热情奔放，与一个巴黎娼妇的被动服从大不相同——简直是天壤之别！她血脉中燃烧着火一般的激情，在这股力量的催动下，她一边渴求着爱的滋养，一边散发着致命的芬芳。她的眼睛和嘴巴不会说谎，无论功利与否，她眼中流露的、口中说出的，永远都是爱……

在无关紧要的闲聊中，旅行很快便接近了尾声。一路走来，我看到了一个富饶而又单调的国度。向右望去，大海漫无边际，珊瑚礁连接成片，波浪滚滚而来；有时，一个浪头涌来，猛烈撞击在礁石上，霎时水珠飞溅，而后散落成雾。向左望去，荒野茫茫，远处的森林仿佛近在眼前。

高更《诺阿诺阿》手稿中的配图，这应当是他心目中"理想的小屋"

正午时分,我们抵达了四十五公里开外的马泰亚(Mataïea)地区。

我四处走动一番,成功在这里找到了一间理想的小屋,并把它租了下来。小屋的主人想换个地方住,正在附近修建新的房子。

第二天晚上,我们回到了帕皮提,蒂蒂问我希不希望她继续留下来陪我。

"过几天吧,等我安顿下来再说。"我回答道。

在帕皮提,蒂蒂的名声糟糕透顶,她把她的情人们相继带入了坟墓。但我撇下她,并不是因为这一点,而是因为她那一半的白人血统。尽管她在这里土生土长,具备毛利人的基本特征,可她在血脉上与白人之间的关联,还是让她失去了不少当地人有别于外来者的"差异性"。

我认为,那些我想知道的事情,她没有办法教给我;那份我所追求的独一无二的快乐,她也给不了我。

我告诉自己,我一定能够找到我所渴求的东西,就看我如何选择了。

我的小屋

一侧,是大海;另一侧,是高山,深深开裂的高山,一棵斜倚在岩石上的硕大的芒果树,遮住了大山的裂缝。

我的小屋,就坐落在高山和大海之间。这小屋是用布劳树(bourao)的木头搭建的。离小屋不远,还有一间屋子,那是我吃饭的地方(faré amu,塔希提语)。

清晨。

在靠近岸边的海面上，我望见了一叶独木小舟，舟中是个半裸的女人。岸上有个男人，同样赤裸着身体。男人的旁边是棵椰子树，已是枯株朽木。这树像极了一只硕大无朋的鹦鹉，金黄色的尾巴耷拉着，爪子里抓着一大捧椰子。

男人顺手举起一把笨重的斧头，先是向上一挥，在银灰色的天空中划出一道蓝色的印记，而后向下一砍，在死去的椰子树上劈开一道玫瑰色的切口。接下来的几个世纪里，热情会日复一日地在切口上积聚，等到某一激动人心的时刻来临，便全部释放，唤醒这沉睡的生命。

《挥斧头的男人》（L'homme à la Hache，高更，1891）

紫色的土地上飘着长长的蛇形树叶，这金属色的叶子，让我想到了古代东方一种神秘而又神圣的文字。它们清晰地排列出了源自大洋洲的神圣词汇 ATUA（神），又叫 Taäta、Takata 或 Tathagata，也即统领整个印度的如来。我脑海中闪现出一则神秘的忠告，那是来自圣人的箴言，与我迷人的孤独和优雅的贫穷和谐无间：

在如来眼里，君王和大臣的尊荣与华贵，只不过是唾沫与尘土；
在他眼里，纯洁与不纯，就好似六个那伽（six nagas）跳的舞；
在他眼里，渴盼望一眼佛陀（Buddha），就如同向花间走去。

独木舟里，女人正在整理渔网。
碧绿的浪头拍打着珊瑚筑成的天然防波堤，频繁地将海水的蓝线打乱。

傍晚。
我走到海边的沙滩上，点燃了一支烟。
太阳快速朝地平线落了下去，已经半掩在位于我右边的莫雷阿岛后面。光线的变幻，使群山在紫罗兰色天空的映衬下黑得格外显眼。这黑压压的一片，看上去是那么不同寻常，宛若带城垛的古堡。
眼前这座由自然景物所呈现出来的古老建筑，不就是在向我展现，封建时代那宏伟壮丽的图景吗？
不远处的山峰，它的形状仿佛一个庞大头盔的尖顶。怒涛在它周围不停翻滚，听上去就好像人山人海中此起彼伏的喧闹嘈杂。但纵使海浪如何汹涌，却怎么也越不到山尖之上。
这个尖状的山顶兀自矗立在那辉煌的遗迹中，它是守护者，是见证者，亦是苍穹的友邻。

我察觉到一束隐秘的目光，它从天而降，穿过遗迹，直入下方那曾将罪恶之人一一吞噬的海水之中。在像巨口一样的宽大裂缝里，我感受到了一丝微笑，它或讽刺，或怜悯，在沉睡着过往的海面上久久萦绕……

夜幕很快降临，莫雷阿岛进入了梦乡。

你好，野蛮人

沉寂！我领悟着塔希提岛夜晚的沉寂。

在这样的寂静之中，我能听见的，只有自己的心跳。

窗外，月光在小屋两旁对称分布的芦竹之间穿梭，有一束竟直接爬上了我的床头。光线的间隔十分规律，使我想起了一种乐器——古老的芦笛。毛利人对这种乐器十分熟悉，把它称作"威沃"(vivo)。

月亮和芦竹之间的互动，恰似音乐的律动，只不过表现形式有些夸张——白天寂静无声，待到夜晚，柔和的月光洒向芦竹之时，便会唤起梦中人记忆里那挚爱的旋律。伴着这样的乐曲，我渐渐沉睡。

我和天空之间，只有露兜树(pandanus)的枝叶存在。叶子在枝顶簇生，搭起了一个单薄的屋顶，蜥蜴就在那里安家。

我已离欧洲那牢笼般的房子很远，很远。

一座毛利人的小屋，并不能把人与生活、与空间、与万物隔离开来……

与此同时，我在这里却深感孤独。

我和住在这里的人们互相望得见对方，可我们之间的距离依旧遥远。

刚到第二天，我便吃光了带来的食物。接下来该怎么办？本以为有钱便可以买到所有的生活必需品，但我错了。一旦走出城市，为了生存，就必须向大自然求助。她那么富有，那么慷慨，不会拒绝任何一个想要分享她宝藏的生命。这些宝藏，就在树林、在山川、在海洋里，取之不尽、用之不竭。但要想满载而归，就必须知道，该如何爬上那参天大树，该如何走进那莽莽重山；还必须知道，怎么抓鱼，怎么深潜海底，扯下牢牢附着在石头上面的贝类——不但要知道，还要有能力去做。

我这个文明人，做起这些事情来，明显比不上那些野蛮人。我真羡慕他们。我看着他们在我周围快乐、安宁地生活，除了满足最基本的日常需要以外，他们不用再作任何努力，也一点儿都不在乎金钱。的确，当大自然的宝藏对每个人来说都唾手可得的时候，他们又能去卖给谁呢？

我满脸愁云，饿着肚子，坐在小屋门前思虑着自己的处境。为了保护自己，大自然为像我这样从文明世界到来的人设置了重重障碍。这些障碍不可预料，或许根本就没有办法克服，就这样横亘在我们之间。

正当我为此焦灼之时，一个当地人对着我手舞足蹈起来，口中还大声呼喊着什么。从他那极富表现力的肢体动作当中，我读懂了他的意思——我的这位邻居，想邀请我共进晚餐。

我摇摇头婉拒了他的好意，然后回身走进屋里。我有些难为情，既因自己被人施舍而感到羞愧，也因自己拒绝了这样的施舍而感到内疚。

几分钟后，有个小女孩儿一声不吭地走到我的门前，把煮熟的蔬菜放在那里,还留下了一些用新鲜采摘的绿叶整齐包着的水果。我饿极了,同样默不作声地接受了这份馈赠。

《你要去哪里?》(Ea Haere ia oe,高更,1893)

过了一会儿,刚才那个当地人路过我的小屋,他并没有停下脚步,只是面带微笑地用疑问的语气说道:

"帕依亚?"(Païa,塔希提语)

我猜,他是在问我:"还满意吗?"

这是野蛮人和我之间相互熟悉的一个开始。

"野蛮人!"我看着面前这些露着食人族般牙齿的黑黝黝的生物,脱口而出。不过,我已经窥见他们的真诚,以及他们那奇特的优雅……我还记得一天早晨,有颗棕色的小脑袋躲在一簇簇吉罗蒙树的大叶片中,脑袋上那双温柔的眼睛透过叶子的缝隙注视着大地,还不时偷瞄着我;当我和她四目相对,她便迅速逃开了……

他们之于我,正如我之于他们,都是一个观察的对象,一个引发惊讶的原因——对任何一方来说,有关另一方的一切,都是闻所未闻、见所未见的。于我而言,我既不通晓他们的语言,也不了解他们的风俗,就连最简单、最需要掌握的基本操作也一窍不通。这里的每个人对我来说都是野蛮人,而我对他们来说同样是野蛮人。

那么,我们之间,究竟是谁搞错了呢?

我试着展开工作,做各种各样的笔记,画各式各样的草图。

然而,眼前这片风景那鲜艳夺目的高纯度色彩,令我目眩神迷。我总是犹豫不决,总是在不停地寻找、寻找……

但同时,要画出所见之景又是如此简单,只需不假思索地大块涂蓝、大块涂红。小溪里、海岸上的那抹金色,简直让我陶醉,可为何我却迟迟不肯下笔,让太阳的灿烂光辉铺满画布?

哦!陈腐的欧洲传统观念!堕落一族的怯懦表现!

为了让自己进一步熟悉塔希提人的独特面孔,我一直希望能够为我的一位邻居画幅肖像,她是个年轻的女子,有着纯正的塔希提血统。

一天,她终于鼓足勇气,走进了我的小屋。我房间的一面墙上挂着许多照片,全部都是绘画作品,她浏览着这些照片,最终把目光落在了《奥林匹亚》(Olympia)[①] 这幅画上,饶有兴致地欣赏了

[①] 《奥林匹亚》(Olympia):法国画家马奈(Manet,1832—1883)1863年创作的油画。画中描绘了一个躺在床上的裸体女人,她同洁白的床以及黑奴的衣服和手中的捧花一起,在深色的背景中显得明亮而突出。

许久。

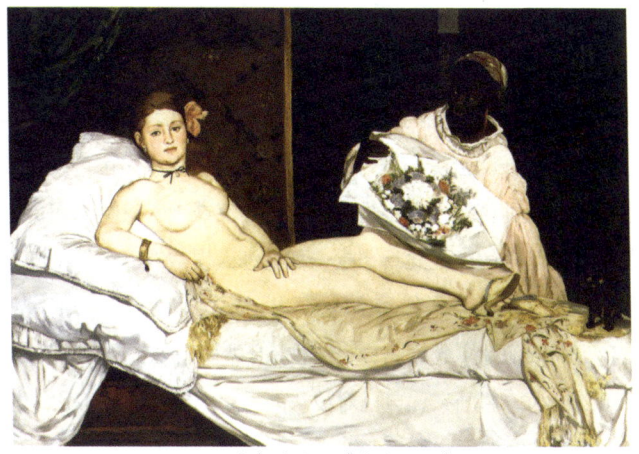

马奈的油画《奥林匹亚》

"你觉得她怎么样?"我问道。我已经有两个月没说过法语了,在此期间,我学了几句塔希提话。

我的邻居回答说:"她太漂亮了!"

听到这句评论,我笑了,竟还有些感动。难道她对美有所体悟?不知美术学院的教授们,会对这个评论作出怎样的回应?

她没有再说下去,而是陷入了沉默。过了一会儿,她好像突然得出一个结论,脱口而出道:

"这是你的妻子?"

"正是。"

我不假思索地撒了这个谎。我——美丽的奥林匹亚的"塔内"!

就在她好奇地审视着某几幅意大利早期的宗教作品时,我趁她没注意,匆忙勾勒起她的肖像来。

她发现后，突然噘起嘴巴，大喊了一声"埃塔"（Aïta）[1]，便迅速跑开了。

一小时后，她穿着一件漂亮的长袍回来了，耳朵后面还别着塔希提栀子花。她这是在向我卖弄风情吗？还是在表达能够按照自己意愿行事而非被动接受安排的喜悦之情？或者仅仅是因为禁果的普遍吸引力而让她否定了自己先前的做法？又或者，这更有可能只是她毫无动机可言的任性之举，是一种毛利人惯常的、纯粹的随心所欲？

我毫不犹豫地拿起画笔，一刻也没有耽搁，兴奋之情溢于言表。我深知，作为一名画家，自己对技法的运用娴熟与否，取决于模特在身体和精神上的配合程度，这就像是一场含蓄的、急切的、无法抗拒的邀约。

依照我们的审美标准来看，她一点儿也不漂亮。

但她真的很迷人。

她身上的所有特征通过曲线的交汇结合到一起，体现出一种拉斐尔（Raphaël）[2]式的和谐。她的嘴巴好像出自某位雕刻家之手，在他的雕刻下，所有的欢乐与痛苦交织起来，形成一根流畅的线条。

我满腔热忱，飞快地画着，生怕她突然改变了主意。我浑身战栗，从她那双大眼睛里，我读到了某些东西——对未知事物的恐惧与渴望，隐藏在所有快乐背后的痛苦体验带来的忧郁，以及在不知不觉中成了自己主人的那种高高在上的感觉。

---

[1] "埃塔"（Aïta）：塔希提语，意为"不""没有"。

[2] 拉斐尔·桑齐奥·达·乌尔比诺（Raffaello Sanzio da Urbino，1483—1520）：意大利文艺复兴时期画家，善于描绘圣母形象，作品体现出"安宁、和谐、协调、对称以及完美和恬静的秩序"。代表作有《西斯廷圣母》《雅典学派》等。

这样的人儿，当他们把自己交给我们时，似乎也就服从了我们；然而，他们只服从于他们自己。他们身体里蕴含着一种力量，这种力量超乎常人——或许源自某种神圣的动物。

体味孤独

现在，我工作起来更自如，更得心应手了。

然而，孤独之感还是困扰着我。

诚然，我在这里一直能够看到风华正茂的女人和青春洋溢的少女，她们都是正宗的塔希提人，个个明眸似水，她们当中甚至还会有人乐意与我一同生活。但是，我却始终不敢走近她们。事实上，她们那自信的神情、庄重的举止和骄傲的步态，让我畏葸不前。

的确，用文雅一点儿的词来说，她们每一个人都想被"俘获"，被野蛮地俘获［按当地人的说法是"抢夺"（maü）］，根本无需事先沟通。她们每一个人的内心深处，都对近乎暴力的激情有着强烈的渴望，因为这种由男方主导的行为，能够在给女方带去满足的同时，也让她们不必担心要为此承担任何的责任。这样一来，她们从一开始就无需承诺地久天长。

或许，这种表面上看起来极其反叛的暴力激情，其实有着更深一层的含义。又或许，它在某种程度上体现了野蛮的魅力。我思忖了良久，却还是没能鼓起勇气。

不过，我也听说这里有人染了病，是欧洲人带给他们野蛮人的一种疾病。无疑，这是当地人迈入文明生活的第一步……

当一位上了年纪的妇女，指着另一个女人对我说"抢那个"（Maü téra，塔希提语）时，我既没有大无畏的勇气，也没有足够多的自信。

我告诉蒂蒂,我愿意再次与她为伴。

她马上就来了。

结果,这次尝试以失败而告终。这个女人习惯了充满官僚气息的庸俗奢侈的生活,和她相处没多久,我便觉得十分厌倦。我据此得以断定,自己已经取得了真正意义上的进步,离野蛮人的美好生活越来越近。

几个星期后,蒂蒂和我便永远地分开了。

我再度孤身一人。

识　岛

深奥的哲理

邻居们和我已经成了朋友。我像他们一样打扮自己,并且享用着和他们相同的食物。不工作的时候,我便加入他们慵懒欢愉的生活,有时也会经历突如其来的庄严时刻。

到了晚上,他们总是待在一起。一片片巨大的叶子覆盖在松散的枝头上,宛若丛生的灌木,将一棵棵椰子树连在了一起,他们就在这灌木丛下聚集,不分性别,亦不分老幼。他们当中,有人来自塔希提岛,有人来自汤加(Tongas),还有人来自马克萨斯(Marquises)。

他们皮肤的黝黯色调,与天鹅绒般的叶片形成了一种迷人的和谐。颤动的旋律从他们古铜色的胸膛里传出,在椰子树那布满皱纹的树干之间悠然回荡。他们唱的，是塔希提的民歌（iméné）。

一个女人开始领唱。她的声调就像鸟儿飞向蓝天一样逐渐拉高，从第一个音一口气唱到了最高音；而后，随着一个明显的变调，她放低了嗓音，紧接着再次升高，直至响彻云霄。与此同时，周围的其他女人也配合着她歌唱，她们的声音就盘旋在她声音的旁边，忠诚地跟随、陪伴着她。最终，所有的男人从喉咙里发出一声野蛮的嘶吼，以一个高亢的和声结束了整首歌曲。

有时候，为了歌唱或者交流，大家会聚集到一间公共小屋里。他们总是以祈祷作为开场，首先由一位老者虔诚地吟诵祷文，接着再由到场的其他人复述。祈祷完毕，他们便唱起歌来，或者讲一些幽默的小故事。

《歌唱之家》（Te Faré Hymenee，高更，1892）

他们聚会的主题很不明晰，几乎无从把握。他们提及的内容，都是一些日常的琐事；这些琐事被巧妙地编织起来，给天真烂漫的他们提供了消遣，逗得他们发笑。

他们难得"正经"一次，去讨论那些严肃的问题，或者提出几点明智的建议。

一天晚上,我听到了下面这段话,这不免让我有些惊讶:

"在我们的村庄里,"一位老人说道,"坍塌成废墟的房屋和支离破碎的墙面随处可见,还有那腐烂得半敞的屋顶,每逢下雨就会往屋里漏水。为什么会这样?世上的每一个人,都有权去拥有一处遮风挡雨的庇护之所。我们这里既不缺木材,也不缺用来搭建屋顶的树叶。我提议,大家一起动手修筑宽敞坚固的小屋,来取代那些已经不再适宜居住的小屋。让我们轮流来帮忙吧。"

在场的人无一例外地为他鼓起了掌。他讲得真是太好了!

老人的建议,获得了一致通过。

"真是些英明善良的人啊。"那晚,我在回家的路上自言自语道。

结果,当我第二天去打探消息,想看看前晚决定的事情是否已经开始着手实施时,却发现人们早已把这件事置之脑后。生活依旧按部就班地继续着,那位智者提及的小屋,仍保持着先前破败不堪的状态。

我很是费解,想找他们问个清楚,可他们却勉强挤出一丝微笑,匆忙避开了我。

我分明看到,那紧锁的眉头在他们宽大饱满的天庭上,画出了一道深深的线条。

我满腹狐疑地走开了,思绪很是纷乱。但我感到,自己已经从这些野蛮人朋友那里得到了一个很好的教训。他们为老人的建议鼓掌当然没错,可这也许并不能代表什么,他们同样有理由不去执行这一通过的提议。

为什么一定要动手去做呢?伟大的神明定会慷慨解囊,把大自然最好的礼物送到他忠实的信徒身边。

"明天吗?"

"或许吧!"

更何况,无论发生什么,到了明天,太阳也都会和今天一样照常升起,依旧慈祥,依旧宁静。

该说他们漫不经心、轻率浅薄,或者随性多变吗?还是这其中——谁知道呢——蕴含着深奥的哲理?谨防奢靡之风!谨防在"为将来做准备"的借口下,品尝奢侈的滋味,追求奢侈的享受……

释放天性

生活变得一天比一天好。

现在,我已经听得懂毛利语了。我相信用不了多久,便可以毫不费力地和他们对话了。

我的邻居——只有三家和我住得很近,其他那些彼此之间相距不等——已经视我为他们当中的一员了。

在与卵石的不断摩擦下,我的双足变得坚硬,渐渐习惯了赤脚行走。我的身体也因几乎天天裸露在外,开始经得起日光的炙烤。

文明的痕迹正一点一点从我身上消失。

我开始简单地思考,对邻居们的厌恶也变得越来越少——坦白地说,我已经喜欢上了他们。

自由生命的所有快乐——动物的和人类的——全部都属于我。我不再虚情假意,也不再拘俗守常。我开始忠于自己的本心,释放自己的天性。没错,在度过一段像现在这样无拘无束的美妙日子之后,我感受到了久违的平静。我身心健康,不再被无益的虚荣所左右。

我有了一位密友。

他主动来到我的身边,我敢肯定,他并没有任何自私自利的想法。他是我的邻居之一,一位非常质朴而且英俊的小伙子。

我的色彩画和木雕勾起了他的好奇心;我对他提问的回答也让他深受启发。他没有一天不来看我作画、雕刻……

即便时间过得再久,我也仍然乐于回忆起这个天性纯真、朴实的年轻人所拥有的真正、真实的情感。

晚上,当我从工作中抽身休息时,我们会聊上几句。他以一个野性十足的年轻野蛮人的视角,问了我许多有关欧洲,尤其是情爱方面的事情,我不止一次地感到十分尴尬。

然而,比起他的问题,他的回应更加天真。

一天,我把我的刻刀递给他,还给了他一块儿木头,让他试着雕刻些什么。他先是有点儿不知所措,一声不吭地看着我,然后又把木头和刻刀还给了我,还一本正经地对我说,我跟其他人不一样,可以做别人做不到的事,我"对别人很有用"。

我相信,约特法(Jotéfa)一定是世界上头一个这样夸赞我的人。能说出这种话的,不是野蛮人就是小孩子,不是吗?除了他们,谁还会把一个艺术家看作"有用的人"呢?

拥抱大自然

有一次,我需要一块儿黄檀木用来雕刻,最好是又大又结实的那种枝干。于是,我便找了约特法来。

"我们得去一趟山里,"他告诉我,"我知道一个地方,那儿有几棵长得不错的树。如果你想瞧瞧,我可以带你过去。要是你看中了哪棵,我们就把它砍倒,然后再一起扛回来。"

我们一大早就出发了。

对一个欧洲人来说,塔希提岛的小路着实有点儿难走,若非必要,就连当地人也不愿意费工夫"去一趟山里"。

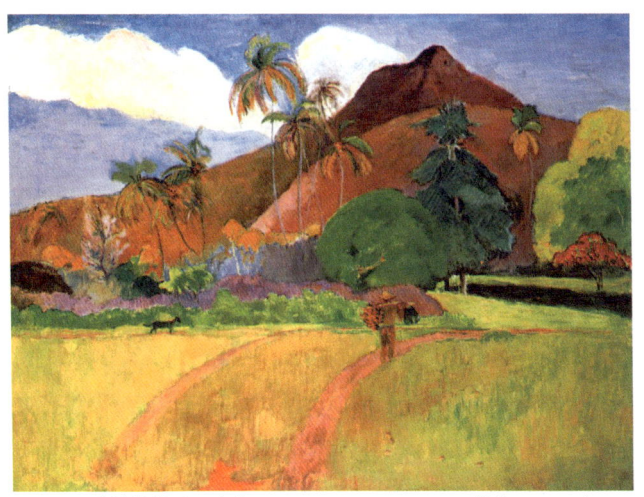

《塔希提的山》(Montagnes Tahitiennes,高更,1893)

在两座大山那两面高耸陡峭、无法攀登的玄武岩石壁之间,有一道豁开的裂缝,流水就在这裂缝中的岩石间蜿蜒穿梭。经过长期的渗透,这些石块已经从山体上松动开来,为泉水的形成提供了一条通道。泉水汩汩流淌,汇成一条小溪,不断冲刷、激荡着石块,将它们推远、再推远一些。后来,小溪变成激流,石块被裹挟着不停向前翻滚,就这样被卷入了大海。

溪水两侧可供人行走的小径,在一小股一小股瀑布的不断冲刷下若隐若现。小径通向一片杂乱的树林——面包树(arbre à pain)、铁力木(arbre de fer)、露兜树、布劳树、椰子树、木槿

(hibiscus)、番石榴树（goyavier），还有巨大的蕨类植物遍地广布。在这一方狂野之土上，植物肆意生长、相互纠缠，在我们爬向小岛中心的路上变得越来越多、越来越密，直至连成一片几乎无法通行的丛林。

我们俩都光着身子，只在腰间裹了一块儿蓝白相间的缠腰布，手上拿着一把短柄小斧。有好多次，我们为抄近路直接从小溪淌过。我的这位向导似乎不是凭视觉，而是凭嗅觉来辨识前路的，因为这片土地早已被植物、树叶和花草所覆盖，它们完全占据了整个空间，繁茂得让人眼花缭乱。

周围一片沉寂，只有流水在岩石间哀伤地低吟。这单调的呜咽声，听上去那么柔和、那么低沉，仿佛在为寂静伴奏。

在这样一片树林，这样一处隐地，这样一种沉寂中，只有我们两个——他，一个十分年轻的小伙子；而我，已是一个半老之人，我内心深处的那些幻想早已破灭，身体也因无数次的挣扎疲惫不堪，那个道德缺失、物质至上的堕落社会让我身背罪孽，这无比沉重的罪孽，注定会长久地伴随着我。

他在我前面走着，只和我相差几步的距离。他有着动物般的柔韧性，又有着雌雄同体般的优美轻盈。在我看来，他就是围绕在我们周围的所有植物的化身，和这些壮观的生命一样灵动鲜活。他的美已经超脱了物种的束缚，满身散发着浓郁的芬芳。

走在我前面的，真是人类吗？真是我那位既简单又复杂，深深吸引着我的率真的朋友吗？他难道不就是森林本身——一"座"生机勃勃，不分性别却又充满魅力的森林吗？

赤身裸体的人群正如兽群，在他们当中，性别的差异并不像我们文明社会那样明显。凭借束腰和紧身内衣，我们成功地把女人加工成了被刻意美化过的生物。这样的女人本已称得上是异类，而大自然又帮了把手，遵从遗传的规律，把她们弄得更复杂、更柔弱。

面对文明社会的女人，我们谨小慎微，让她们时刻处在一种神经衰弱、肌肉不足的状态之下；为了防止她们疲劳，我们还剥夺了她们发展的种种可能。如此一来，我们便为她们塑造出了怪异的苗条身材，可奇怪的是，就算这样的女人和我们没有任何共同之处，我们仍坚持以此为美，而这也许并非不存在严重的道德和社会弊端。

在塔希提岛，从森林和海洋拂面而来的微风，让人们的肺部功能得以增强，臂膀和臀部也愈加宽阔。不论是男人还是女人，都从不躲避烈日的照射，也从不害怕海滩上的卵石硌伤双脚。他们步调一致，不是热热闹闹地一起干活，就是懒懒散散地一起偷闲。女人身上带有男子的气概，男人身上也有女子的娇柔。

这种性别上的相似性，让男人和女人之间的关系更为融洽。一直保持着的赤裸状态，使他们摆脱了对"神秘事物"的危险执迷，也远离了让文明人忐忑不安的"快乐意外"以及带有隐秘、虐待色彩的情爱。由此，他们不拘形迹、抱朴含真。男人和女人与其说是情人，不如说是同伴，是朋友，他们无时无刻不黏在一起，共同分享快乐、承担痛苦，他们甚至连什么是罪恶都不知道。

尽管男女之间的差别已经减少许多，可为什么我——古老文明社会中的一员——心里还是会突然冒出可怕的想法？为什么这样的想法，会在这充满新奇、未知神秘魅力的醉人光线和芳香中，突然从我的脑海闪过？

我的太阳穴疯狂跳动着，膝盖也在不停颤抖。这时，我们已经走到了路的尽头。为了蹚过小溪，我的伙伴转过身来，露出了正脸。那雌雄同体般的感觉随之消失。走在我前面的，的确是个年轻的小伙子。他那双平静的眼眸，如水一般清澈。

我顿时恢复了平静。

我们停留了一会儿。当我一头扎进澄澈的溪水里时，我感到无比快乐，这种快乐发自内心，而非单纯地来自感官。

"太冷了。"（Toë toë，塔希提语）约特法说。

"哦，不！"我答道。

这声惊叹，给我刚刚在心里进行的思想斗争画上了句号，它结束了我与整个堕落文明进行的对抗，结束了一场在真实与虚假之间做出选择的灵魂之战。这声惊叹，在森林里激起响亮的回声，我告诉自己，大自然看到了我的抗争，听到了我的呼唤，她充分理解了我，所以用这清亮的声音回应着我胜利的呐喊。她在一番严峻的考验后接受了我，把我当成了她的孩子。

短暂修整后，我们再度出发。我满怀憧憬，迫不及待地全身心投入这片天地之中，仿佛这样便可以直抵大自然内心深处，感受她强大的母性，与她孕育的生命融为一体。

我的伙伴继续向前走着，神色平和，步履从容。他并没有起半点疑心，而我却独自一人背负着重担，愧疚不安。

"诺阿诺阿"

我们到达了目的地。

山势渐趋平缓，一片平地在浓密的树丛后延伸开来。虽然十分隐蔽，可约特法却对这个地方并不陌生，他径直带我走了过去，自信得令人惊讶。

高更《诺阿诺阿》手稿中的配图,像这样多树的风景在他的塔希提作品中并不少见

    十几棵黄檀木舒展着粗壮的枝干。我们挥起斧头,向最棒的那棵砍了下去。为了选出最适合雕刻的树枝,我们不得不牺牲掉一整棵树。

    我欣喜若狂地奋力砍着,双手渗出了鲜血。强烈的满足感充斥着我的内心,我不知道这算不算得上是神圣的暴行。我砍的不是树,它并不是我想要战胜的东西。当这棵树已经躺倒在地,我同样乐于听到我的斧子砍向其他树干的声音。

    在丁丁的伐木声中,这把斧子仿佛在对我说:

把整片森林都连根砍倒!
将曾在你体内播下带有死亡气息种子的
邪恶之林尽数摧毁!
摒弃你心中所有自私的爱!
铲除一切罪恶,恰如在秋天亲手剪去残败的荷花。

是的,全部毁灭、终结、死亡,从这一刻起,那个古老的文明社会在我身上留下的印记将不复存在。我获得了新生;更确切地说,我变成了另一个人,这个生命更加单纯、更加强壮,已经在我的体内苏醒。

这次残忍的砍伐,是我对文明社会和所有罪恶的终极告别,是堕落本能曾经存在的最后证据。这堕落的本能,就沉睡在所有堕落灵魂的深处,与之相比,能够脱胎换骨,拥有健康朴素的生活,显得那么弥足珍贵,我心中洋溢着一种说不出的幸福。

经过这次考验,我终于赢得了掌握自己灵魂的主动权。我贪婪地汲取着灿烂纯净的光芒。没错,我迎来了崭新的自己;从现在开始,我成了一个地地道道的野蛮人,一个真真正正的毛利人。

约特法和我回到了马泰亚。这一路,我们小心翼翼地扛着黄檀木粗壮的枝干,完好无损地把它带了回来——"诺阿诺阿"(noa noa)[①]!

我们拖着疲惫的身体走到了我的小屋前,这时,太阳还没有落山。

约特法问我:

---

① "诺阿诺阿"(noa noa):塔希提语,意为"好香啊"。

高更的木刻版画《诺阿诺阿》

"帕依亚?"

"当然了!"我答道。

我在心底默默地对自己重复着这个回答。

这枝黄檀木不断散发着芬芳的气息,我每刻一刀,这代表着胜利与活力的香气就变得更加浓郁:"诺阿诺阿!"

邂逅"图帕帕"

沿着普纳鲁(Punaru)峡谷,一条巨大的裂缝将塔希提岛分成两个部分,其中一个部分直抵塔马诺(Tamanoü)高原。从那里远眺,你可以看到一处王冠形状的地带,奥罗费纳(Oroféna)和阿罗来(Aroraï)就位于这个地带,它们构成了整座小岛的中心。

我的朋友们常向我提起这个地方，还说那里是一处奇迹之地。他们的描述让我动了心，我计划一个人过去待上几天。

"可到了晚上你怎么办呢？"

"你会被'图帕帕'（Tupapaü）①给缠上的！"

"叨扰山里的鬼魂可不是明智之举……"

"你一定是疯了！"

兴许我真的疯了，但这些塔希提朋友的过度关心，反倒让我的好奇心变得更加强烈了。

一天夜里，我趁着天还没亮，悄悄踏上了去阿罗来的小路。

沿着普纳鲁河岸边的小径走了近两个小时后，我不得不涉水前行。河流两侧，危峰兀立，山脚甚至延伸到了河水之中，支撑在巨大的石块上，就像支撑在扶壁上一样。

在山峰的挤压下，我只好移至河水中央继续前行。水淹没了我的膝盖，有时还会没过我的肩膀。

即便艳阳高照，光线也很难透过两岸高耸的山峰射向水面。我站在水中仰望，这两堵石壁简直高得惊人，顶端几乎挨到了一起。正午时分，碧空如洗，我竟能隐约分辨出那闪烁着的点点星光。

快到五点钟的时候，天色渐渐暗了下来，我开始琢磨要在哪里过夜。就在这时，我注意到右手边有一片几近平坦的空地，大概有几英亩那么大。地上密密麻麻地生长着蕨类植物、野生香蕉和布劳树，我还幸运地从中找到了几根成熟的香蕉。于是，我飞快地用木柴生起了火，准备把香蕉烤熟当作晚餐。

---

① "图帕帕"（Tupapaü）：塔希提语，意为"（传说中奸污熟睡妇女的）梦魔""（与熟睡男人性交的）女恶魔""死者的灵魂""游荡的精灵"。

填饱肚子之后，我以尽可能舒服的姿势躺在了一棵树下，试着让自己入睡。为了预防下雨，我还在较低一些的树枝上缠了许多香蕉叶。

　　夜晚很冷，再加上白天蹚水走了太久，我浑身上下没有一处不被包裹在凉意之中。

　　我睡得并不好。

　　但我知道，黎明并不遥远，无论是人还是野兽，都没什么好怕的。塔希提岛并没有食肉动物，也没有爬行动物。岛上唯一的"野生动物"，是逃到森林里的猪，它们在那儿代代繁衍，已经完全适应了野外的生活。我最担心的是它们突然跑过来，弄伤我腿上的皮肤。为了安全起见，我把短柄小斧的绳子拴在了我的手腕上。

　　夜很深。除了我头顶上方那莫名其妙的粉末状磷光之外，再也看不清别的什么。当我想起毛利人有关"图帕帕"的故事时，我笑了。传说那是一种在夜里作祟，惊扰睡梦中人的邪恶鬼魂，它们的领地在大山深处，那里的森林被无尽的阴影重重包围。这些鬼魂成群结队地终日飘荡，随着死去之人的亡灵不断加入，它们的队伍也变得日益壮大起来。

　　凡是冒险进入这片被恶魔占据之地的人，都会遭殃！……

　　而我，就是这个胆大包天的人！

　　我的梦，着实不太安宁。

　　现在，我终于知道这粉末状的亮光从何而来了，它来自一种特殊的微小真菌。这些真菌大多生长在枯死的树枝上，就像我用来生火的那些树枝一样。

　　第二天，我很早就动身了。这条河越来越让人捉摸不透。它是那么跌宕起伏，一会儿是小溪，一会儿是激流，一会儿是瀑布；它

039

又是那么蜿蜒曲折,总是不停地绕来绕去,有时还会往回流淌。我总是找不到前路,经常需要双脚悬空,用手抓住枝干悠来荡去。

体型奇特的淡水螯虾在河底望着我,好像在对我说:"你在这儿干什么?"而那些足有一百岁的鳗鱼,只要我一碰它们,便会一溜烟逃走,消失得无影无踪。

突然,在一个急转弯处,我看见有位赤裸着身体的年轻姑娘,正斜倚在一块儿突出的岩石上。与其说她是靠在石头上,倒不如说她是在用双手抚摸着这块石头。她正啜着一小股泉水,这道清泉自高处而下,静静地流淌在岩石之间。

《神秘之水》(Pape Moe,高更,1893)

饮罢泉水,她放开石头,双手掬起一捧水,让水从胸脯之间流下。就在这时,尽管我没有发出半点儿声响,她却突然低下头来,就像一只本能地嗅到危险气息的胆小羚羊。紧接着,她朝我藏身的灌木丛望了过来,我一动不动地躲在里面,并没有碰上她的目光。即便如此,她还是察觉到了我的存在,迅速潜入水中,嘴里还嘟囔了一句:

"可恶。"(Taëhaë,塔希提语)

我赶忙朝河里望去——没人,连个人影都没有——只有一条巨大的鳗鱼在水底的小石头间游来游去。

抵达圣山

一路上,我排除万难、克服疲倦,最终来到了阿罗来,来到了这座构成小岛顶峰的、令人敬畏的圣山。

夜幕已经垂下,月亮高高悬在天上,柔和的月光轻轻洒满起伏的山脊。我望着眼前的景色,脑海中回想起了那个著名的传说"希娜对特法图说"(Paraü Hina Téfatou,塔希提语)。

这是一个非常古老的传说,每到晚上,当年轻的姑娘们围坐下来,总爱讲起这个故事。根据她们的描述,我现在所站的位置,正是这个故事发生的地方。

此时此刻,我似乎真的看到了传说中的场景。

那是一颗神人的强有力的头颅,是一副庄严的面孔,大自然赋予了这位英雄无穷的力量,也赋予了这位巨人强烈的自豪感——他正站在地平线的尽头,就像站在世界的入口。一个柔弱的女人紧贴着他,轻轻抚摸着他的头发说道:

"让人死后能再次复生吧……"

神人张开嘴唇,生气却并不冷漠地答道:

"人必将死去。"

游 岛

离开小屋

在之前的一段日子里,我总是焦躁不安。为此,我的工作受到了不小的影响。

我的确缺少许多必要的工具。每当我准备全身心投入自己所热爱的艺术工作中时,常常会因条件的匮乏而感到无能为力,这让我很是恼火。

但我最缺少的,还是快乐。

我和蒂蒂已经分开好几个月了。这几个月里,我再没有过其他"瓦依内",再没听到过那孩子气的、悦耳的娓娓絮语。女人就是这样,总爱说同样的事情,问同样的问题,而我那时也总是用同样的故事来回答。

这种沉默,对我可没什么好处。

我决定离开这里,绕岛周游一圈。我并没有给这趟旅行设定任何限制。

当我为出行做着准备——也就是几个路上可能会用到的轻便行囊——并整理自己的一些习作时,我的邻居,也是我的房东、朋友阿纳尼(Anani),就在一旁焦急地看着我。他犹豫了好一会儿,才对我比画起来,虽然手势含糊,但我却看得很明白。他想表达的意思让我既觉得好笑,又觉得感动。最终,他下定决心,问我是不是打算要走。

"不,"我答道,"我只是离开几天,四处走走,还会回来的。"

他不信我的话，呜呜哭了起来。

他的妻子也跑过来劝我，说自己喜欢我，和他们生活在一起并不需要金钱，还说如果我愿意的话，等到了那天，可以永远安息在这里。她一边说，一边指了指离小屋不远的一处周围栽着小树的坟堆。

我心里一下子生出了长眠于此的念头。至少，在这个地方，永远都不会有人过来纠缠我。

"你们这些欧洲人，"阿纳尼的妻子继续说道，"真是奇怪。来的时候承诺会留下，等我们爱上你们的时候却要走掉。你们口口声声说会回来，但事实上却再也不会回来。"

"但我发誓，这次我确实想再回来。至于以后，"我不敢撒谎，"以后，我得看情况才能决定。"

最后，他们终于肯放我离开了。

寻找"瓦依内"

我没有沿着海边的路前行，而是走上了一条穿过密林的窄道。这条小道一直通向山里，我走了好几个小时才抵达一处小峡谷，这里的人们仍旧按照古代毛利人的方式生活。

他们几乎与世隔绝，过着无忧无虑的日子。他们做梦、相恋、睡觉、歌唱、祈祷，看来基督教还没有渗透他们的领地。那些毛利人所崇拜的神明，他们的雕像清晰地出现在我的眼前，尽管这些神明实际上早已不见踪影。

我看得最真切的，便是希娜的雕像，还有那为向月亮女神致敬而举行的盛会。整座塑像用石头雕刻而成，肩宽达十英尺，高四十英尺,头上还嵌了一块微红的巨石,就像戴了兜帽一样。人们依照一种古老的仪式"玛塔姆阿"(Matamua),在塑像周围翩翩起舞。"威沃"吹出的曲调,随着不同时辰的颜色变换,由轻松欢快转向低沉悲伤……

我继续向前走去。

在塔拉沃(Taravao)这个位于小岛另一端、离马泰亚很远的地方,一个宪兵把他的马借给了我。随后,我沿着欧洲人很少光顾的东海岸,策马前行。

我来到了法奥内(Faoné),这是一个特别小的地方,再往前就是更为重要的伊蒂亚(Itia)地区。我听到有个当地人冲我大喊:

"嘿!喜欢给人画像的人!"他知道我是个画家。"过来和我们

《茅屋前的骑士》(Cavalier Devant la Case,高更,1902)

一起吃吧。"（Haëré maï ta maha，塔希提语）这是塔希提人热情好客的一贯说法。

他的微笑温柔动人，没等他继续劝说，我便接受了邀请。

我跳下马来，这位招待我的主人接过缰绳，把马拴在了树上。他的动作简洁熟练，丝毫没有卑躬屈膝的逢迎之态。

我们一同走进屋里，男男女女正坐在地上，一边聊天，一边抽烟，孩子们则在一旁嬉戏玩耍。

"你要到哪儿去？"一个约莫四十岁、长相出众的毛利女人问我。

"去伊蒂亚。"

"去那儿干什么？"

我也不知道她问我时，我脑子里到底在想些什么。也许，我只是下意识地随口说出了这趟旅行的真正目的，而这个目的此前一直深埋在我的心底，就连我自己也没发觉。

"找一位妻子。"我答道。

"法奥内就有很多漂亮姑娘。你想要一个吗？"

"想。"

"太好了！如果你看上她了，我就把她交给你。她是我的女儿。"

"她年轻吗？"

"当然。"

"漂亮吗？"

"当然。"

"健康吗？"

"当然。"

"那好，去帮我把她带过来吧。"

女人走了出去。

一刻钟后,正当他们端上毛利人的正宗饭菜——野生香蕉和贝类时,她回来了。一位年轻的女孩儿跟在她的身后,手里还拿着一个小包袱。

女孩儿肩膀和胳膊上的金色皮肤,在近乎透明的玫瑰色薄纱连衣裙下若隐若现;乳房上那两朵绽放的蓓蕾,也在纱裙下高高挺立。她是位个子高挑的姑娘,身材苗条、结实,比例匀称,但我并没有从她漂亮的脸蛋上,看到在这座岛屿上随处可见的、当地人独有的鲜明特征。就连她的头发都是如此的与众不同,浓密得好像一丛灌木,而且还有些脆。在阳光下,发丝呈现出金属的色泽,有如铬合金一般闪闪发亮。

他们告诉我,她是汤加人。

我和她打了声招呼,她微笑着坐到了我的身旁。

"你不怕我吗?"我问她。

"埃塔。"

"你愿意永远住在我的小屋里吗?"

"埃哈(Eha)①。"

"你从来没生过病吗?"

"埃塔!"

这就够了。

此刻,这个年轻的女孩儿就在我的面前,当她从容地把食物放到一大片香蕉叶上递过来时,我的心怦怦直跳。我大口吃了起来,胃口虽好,但却心事重重,深感不安。

这个十三岁左右(相当于欧洲的十八到二十岁)的孩子令我着

---

① "埃哈"(Eha):塔希提语,意为"是的"。

迷，我竟有些胆怯，有些惶恐。她心里到底作何想法？与她相比，我太老了，在我们两人中，占尽便宜的那个肯定是我，可犹豫不决的那个还是我，但我却没来得及想那么多，就这样匆忙地和她立下了约定。

我想，她或许只是在服从自己母亲的命令。又或许，她们是在商量好之后才作出了这样的安排……

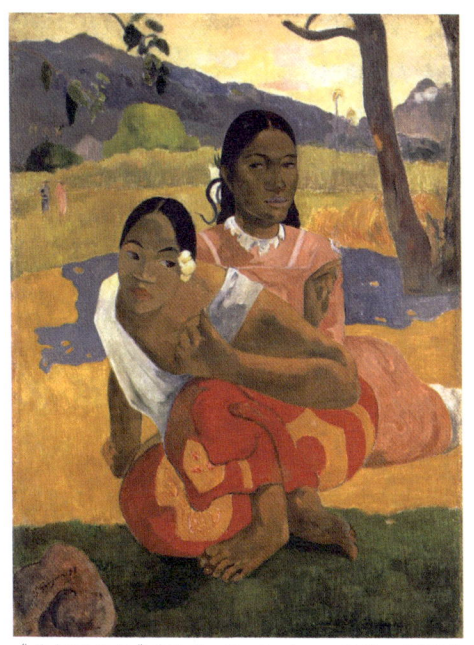

《你何时结婚》（Nafea Faa Ipoipo，高更，1892）

我朝她望了过去，经过一番仔细打量，我发现这个女孩儿拥有她的家族所特有的独立与骄傲，举手投足间尽显超凡脱俗的气质，我这才打消了先前的疑虑。而当我对她再次审视一番，清楚地看到这个年轻人在做出可敬可嘉的行为时所表现出的平静神色后，便完全相信了她。这份信任，任何人都无法动摇。但她那美丽、性感、温柔的嘴唇，好像在略带嘲弄地警告我，在这场冒险中，真正危险的那个人是我，而不是她……

不可否认的是，当我走出小屋时，心中正承受着一种莫名的、异常强烈的痛苦，我被这奇怪的感觉压得有些喘不过气来。

离别的时刻很快就到了，我跨上了马背。

女孩儿跟在我的身后。她的母亲、一个男人，还有两个她说是她姑妈的年轻女人，也跟在后面。

我们准备先回到塔拉沃，这个地方离法奥内有九公里。

走了一公里后，他们说：

"在这儿停一下。"（Parahi téïé，塔希提语）

我应声下马，六人一同走进了一间大屋子。屋子收拾得整整齐齐，陈设非常丰富——泥土非常丰富，上面还铺着漂亮的草席。

这里住着一对年纪尚轻、和蔼可亲的夫妇。我的新娘坐到女主人身边，向我介绍：

"这是我的母亲。"

再没人开口说话，就在这静默之中，高脚杯里被倒满了清水。我们轮流拿起杯子喝着水，每个人的表情都很严肃，就像在参加某个私密的宗教仪式。

过了一会儿，那个刚才被我的新娘称呼为母亲的女人，神情激动地噙着眼泪对我说：

"你是个好人吗？"

这个问题难住了我，在扪心自问后，我回答：

"我想我是！"

"你能带给我女儿快乐吗？"

"能。"

"八天以后,她得回趟娘家。如果她过得不快乐,便会离你而去。"

我做了一个表示同意的手势。紧接着,周围的空气仿佛又凝固住了,似乎谁都不敢将这沉默的气氛打破。

最后,我们终于走出屋来。我跨上马背继续赶路,随行的队伍仍跟在我的身后。

一路上,我们遇见了几个和我岳父岳母家相熟的人。他们已经听说了这桩喜事,向女孩儿表示祝福:

"啊,你现在真的成了一个法国人的'瓦依内'?祝你幸福!"

此时此刻,有个问题正困扰着我:特呼拉(Téhura)——这是我妻子的名字——怎么会有两位母亲呢?

我问她的第一个母亲,也就是把她带过来给我的那个女人:

"你为什么要对我撒谎?"

特呼拉的母亲答道:

"我没有说谎。另一个也是她的母亲,是她的奶妈、她的养母。"

回　家

回塔拉沃后,我将马还给了那个宪兵,就在这时,一件令人不悦的事情发生了。他的妻子,一个法国女人,并无恶意但却非常粗鲁地对我说:

"什么?你竟找了一个这么粗野的女人!"

她愤怒地紧紧盯着面前这个年轻的女孩儿,目光犀利得就好像要把她的衣服剥光一样。可面对这种侮辱的眼神,女孩儿却表现得无动于衷。

高更以特呼拉为模特创作的雕塑作品

我望着眼前这两个女人,她们恰恰象征着两种截然不同的形象:一种犹如盛放的鲜花,真诚、自然;另一种则像枯枝败叶,教条、虚伪。当这两种属于不同世界的形象碰到一起,我不禁为属于我那个世界的形象感到羞愧。在看向悭吝、褊狭、冷漠的那种形象时,我心如刀绞;于是,我赶忙扭过头去。我再次沐浴在金色之中,被另一种热情洋溢、活力四射的形象深深吸引,这迷人的魅力,正来自我钟情的人儿。

塔拉沃有家中国人开的店铺,在这里,你几乎可以买到利口酒和水果,各种物品和武器,男人、女人和牲口——如此等等,所有你想要的东西。我和我的妻子就在这儿和几位随行的家人告了别。

我们俩乘坐公共马车，回到了二十五公里开外的马泰亚，回到了我的家。

心灵的碰撞

我的妻子并不健谈，她时而开怀大笑，时而静默不语，尤其喜欢嘲弄别人。

我们一直在了解彼此，但我却始终看不透她。没过多久，我便在这场较量中败下阵来。

我曾暗下决心，要不断克制自己，时刻保持清醒，这样就可以成为一名可靠的观察者。然而，我所做的这些努力很快便付诸东流。对特呼拉而言，我在很短的时间内就成了一本打开的书，她已经读懂了我。

从某种意义上来说，我正亲历着一场心灵与心灵之间的强烈碰撞。这两个心灵，一个来自大洋洲人，一个来自拉丁人，更确切地说是法国人。

对我而言，毛利人的内心实在难以捉摸，必须多费一点耐心、多花一些功夫，才有可能将其看透。然而，就在你自认为已经走进了他们内心的最深处时，一个突如其来的"跳跃"又会把你弄得晕头转向、措手不及。

从一开始，毛利人的心思就是个谜，或者说是一连串谜，你确信自己已经抓住了它，可事实上它依然遥不可及。它就藏在那爽朗的笑声中，藏在那多变的性情中，当它主动向你靠近，让你觉得自己马上就要将它牢牢抓住，它又飞快地溜走，不知所踪。

你总是被毛利人的表象所迷惑，好不容易跳了出来，开始探寻他们内心的本真，可他们早已先你一步，气定神闲地在一旁静静观察着你，脸上永远都挂着微笑，心情也总是那么愉快。而这种平静，或许也并不像看上去的那样真实。

没过几天，我便放弃了这些刻意的、妨碍我享受生活的努力。我让自己尽可能过得简单一点，我相信，日子久了，那些当初看不真切的，自会展露在我的眼前。

一个星期就这样过去了，我感觉自己越来越像个孩子，这种经历前所未有。

我告诉特呼拉我爱她，听到我的告白，她笑了——她早已明白我的心迹。

她应该也是爱我的，可她从来都没有告诉过我——但有时在夜里，闪电会在她金色的皮肤上刻下一道道印痕……

到了第八天，特呼拉征求我的同意，让她回法奥内一趟，去看看她的母亲，这是我们之前已经说好了的。对我来说，我们好像才刚刚步入我们共同的家，可她却要从我身边离开。

我虽然难过，却又无可奈何。我往她的手帕里放了几枚皮阿斯特(piastre)① 作为路费，并嘱咐她用剩下的钱给她父亲买点朗姆酒，然后送她上了公共马车。

我感觉自己要永远和她分离了。

接下来的日子里，我备受折磨。孤独驱使我走出小屋，可回忆却又把我拉了回来。我没办法集中精力，什么也干不下去……

---

① 皮阿斯特（piastre）：法制银币单位"元"。十九世纪初开始在巴黎铸造，主要流通于法属印度支那等地区，以抵制墨西哥银币等币种。

又过了一个星期，特呼拉回来了。

这一次，我容光焕发，过上了无比幸福的生活。每天，当太阳升起时，幸福感都会如约而至，我作画的动力也随之提升。特呼拉脸上的金色光芒充盈着整个房间，就连小屋周围的景色，也被这灿烂的光辉笼罩。她不再观察我，我也不再琢磨她；她不再掩饰对我的爱，我也不再把爱她挂在嘴边。我们俩简简单单地相处，再也不遮遮掩掩。

清晨，我们一起走到附近的小溪边，呼吸着新鲜的空气，这种感觉是如此的美妙。我想，伊甸园中的第一对男女，他们的生活正是这样。

塔希提岛，人间的伊甸园，navé navé fénua（塔希提语）——宜人的土地！

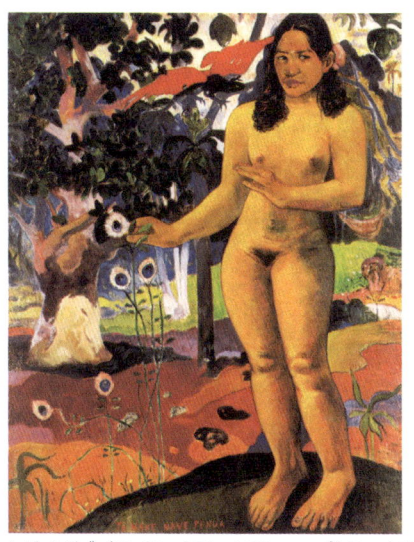

《宜人的土地》（Te Navé Navé Fénua，高更，1892）

渐渐地，这人间伊甸园里的夏娃变得越来越温顺，越来越可爱了。她身上散发的香气弥漫在空气中，令我陶醉——"诺阿诺阿"。她在最恰当的时机走进了我的生活，要是再早一点，我兴许没办法理解她；要是再晚一点，那一切又都太迟了。

现在，我终于知道自己有多么爱她了。在她的带领下，那个我一直以来都触碰不到的神秘世界，终于向我敞开了大门。但是，仅凭目前的领悟力，我还没办法去解释发生在自己身上的一切，也没办法在记忆中将它们分门别类。

在爱情的推动下，特呼拉把她知道的全都告诉了我。而我也在这份浓烈情感的驱使下，把她的每一句话都深深印在了脑海里。她通过日复一日地讲述指引着我，这比其他任何一种方式都更加有效，使我对她的家族有了全面的了解。

我不再关心光阴的流逝，也不再分辨善恶。这种幸福的感觉如此微妙，有些时候，我竟连幸福的概念都阐释不出。我只知道一切都是令人愉快的，因为一切都是美好的。

我工作或者冥想的时候，特呼拉从不来打搅我，很自觉地保持着沉默。她特别清楚什么时候和我说话不会打断我的思路，每当这时，我们会聊起欧洲，聊起塔希提岛；还会谈及上帝，谈及众神。我指导她，她也反过来指导我。

鸟儿飞走了？

有一天，我不得不去一趟帕皮提。

我保证当天晚上就回来，但马车却把我丢在了半路，我只好徒步走完剩下的路。等到家时，已经是凌晨一点了。

我推开屋门，看到灯是灭的，不由得心里一沉。这本身并没什么值得惊讶的，因为当时家里的燃料本就快用完了，而我外出的原因之一，也正是为了补足燃料。尽管如此，可当我看到灯没亮的那一刻，仍万念俱灰，一种不祥的预感从我心头升起——没错，鸟儿一定飞走了。

我迅速划了一根火柴，看见……

特呼拉赤裸着身体，一动不动地趴在床上，睁圆了眼睛害怕地看着我。她好像没认出我来，而我也杵在那里愣了好一会儿。特呼拉恐惧的情绪在四周弥漫，受这种情绪的传染，我也变得紧张起来。恍惚间，我好似看到一束微光在她瞪大的双眼中流转。我从未见她如此美丽，美得震撼人心。

她肯定以为自己在这半明半暗的光线里，看到了危险的鬼怪或者别的什么可怖的东西，我不敢挪动半分，生怕我的小丫头受到进一步的刺激。我怎么知道，这一刻自己在她眼里会是个什么样子？她难道不会因为我这张惊慌的脸，错把我当成恶魔或者幽灵，当成她族人口中那让人夜不能寐的"图帕帕"吗？难道我真的能说清她究竟是谁吗？她对自己家族传说的迷信，使她的肉体和精神都被强烈的恐惧所控制，她看上去是那么陌生，和之前的她判若两人。

高更眼中的美丽"鸟儿"

最后，她终于回过神来，呼唤着我的名字。我尽可能地劝说她、安慰她，让她重拾信心。

她闷闷不乐地听我说完，然后抽泣着说：

"再也别把我一个人丢在黑暗里……"

她的声音颤抖着，可还没等恐惧睡去，妒忌就又醒了过来。

"你在城里都做什么了？你一定去找女人了，那种在市场上喝酒、跳舞，把自己献给军官、水手甚至全世界的女人……"

我不会同她争吵，夜色多么温柔，空气多么炽热，好一个热带地区的夜晚。

耳环之争

有时，特呼拉非常开明，饱含深情；有时，她又十分愚蠢，举止轻率。然而，她拥有的，并不单单只是这两种对立的性格，还有更多千变万化的性格在她身上同时存在。它们一个接着一个地亮相，以惊人的速度相继变换。但这并不代表特呼拉是善变的，她只是拥有双重、三重甚至多重的可变性，这是她那个古老家族的子孙所共有的特点。

一天，有个四处游走、足迹遍布岛屿和陆地的犹太人，带着一盒镀金的铜饰来到这里。

他摆开他的那些小玩意儿，大家立刻就围了上去。

一对耳环在众人手里传来传去。女人们看到它眼睛都亮了，每个人都想将它占为己有。

特呼拉锁紧眉头，朝我看了过来。她眼神所要表达的意思再清楚不过，但我却假装自己并不明白她的心思。

她一把将我拉到角落里：

"我想要那对耳环。"

我向她解释，告诉她这种东西在法国一文不值，它们是用铜做的。

"我想要那对耳环。"

"可为什么呢？花二十法郎去买这么一件破烂！这实在太愚蠢了。不行！"

"我想要那对耳环。"

她慷慨激昂地说个没完，眼里满是泪水，苦苦央求着我。

"怎么！难道你愿意看到这对珠宝戴在别的女人耳朵上，你不会感到羞愧吗？已经有个男人说要卖掉自己的马，好把耳环买下来送给自己的'瓦依内'了！"

她蠢得简直无可救药，我再次拒绝了她。

特呼拉直勾勾地盯着我，再没有说半个字，不一会儿便嚎啕大哭起来。

我一声不吭地走开，给了犹太人二十法郎，然后回到特呼拉身边——雨过天晴了。

两天以后，那是个礼拜天。特呼拉正在梳妆。她用肥皂把头发洗了一遍，在太阳底下晾干后，往上抹了一些芳香油。随后，她穿上最漂亮的裙子，手里拿着我的一块手帕，耳朵后面还别了朵花，赤裸着双脚，准备到圣堂去。

"不戴耳环吗？"我问道。

特呼拉一脸鄙夷地回答我：

"它们是用铜做的。"

她一边大笑，一边向门口走去。就在迈出小屋的那一瞬间，她又变得严肃起来,然后踏上了去圣堂的路。

午休时,我和她同往常一样,光着身子小憩了一会儿。我们并肩睡着,有时还会做梦。在梦里,特呼拉也许看到了另一对耳环在闪闪发光。

我——我真应该忘掉先前发生的一切,一直睡下去……

石窟探险

有一天,天气很好。天晓得这是一年当中的哪一天,因为在塔希提岛,一年到头都是好天气。这天早上,我们决定去拜访几位朋友,他们的住所离我们大概十公里远。

我们六点就动身了,这时天气还很凉爽。一路上,我们走得很快,八点就到了地方。

没想到,他们高兴极了,轮番上前和我俩拥抱,还出去找来一头小猪,准备做一顿丰盛的佳肴。他们把猪宰了,又杀了两只鸡,

马拉石窟

并把当天早上捉到的一种美味的软体动物以及芋头和香蕉,也加到了菜单里,听上去就让人垂涎欲滴。

我提议,午餐之前先去一趟马拉石窟(Grottes de Mara)。我经常从远处望见那里,却一直没找到机会参观。

三个年轻的姑娘,一个小伙子,还有特呼拉和我,我们组成了一支快乐的小分队,很快便抵达了目的地。

站在一旁观察,石窟的洞口几乎被番石榴完全掩住,让人以为这就是岩石上的一道弯曲的裂隙,只不过比其他地方的裂隙更深一些罢了。但当你拨开树枝,往里走上一米,便再也看不到阳光。这时,你会发现自己置身洞穴之中,还会看到洞穴另一端的平台,它就像一个带有亮红色顶篷的小型舞台,顶篷距离台面足有一百米那么高。在你环顾四周时,又会瞧见石壁上满是巨蛇,它们缓慢地朝洞里的湖水爬行着,像是要到里面喝上几口水。实际上,它们只是从岩石缝隙里拼命钻出来的植物的根。

"我们要不要洗一澡?"

大家都说水太凉了,然后在一旁窃窃私语起来,时不时地还会大笑几声。我在一旁看着,很是好奇。

我坚持要下水,最后,姑娘们还是下定决心,把轻薄的长袍脱在了一边。不一会儿,我们就下到了水中,每个人都只在腰间裹了一块儿缠腰布。

尖叫声此起彼伏:"太冷了!"(Toë toë,塔希提语)

水面泛起层层涟漪,姑娘们的叫声在四周不停回荡:"太冷了!"(Toë toë,塔希提语)

"你要和我一起过去看看吗?"我指着石窟尽头问特呼拉。

"你疯了吗?那里太远了,还有鳗鱼出没,从来没人去过。"

她正在湖边优雅地戏水,体态十分婀娜。她对自己的泳姿非常满意,可我也是个游泳的好手,虽然我并不喜欢独自一人到很远的地方探险,但好奇心还是驱使着我向石窟尽头游去。

这是一种怎样的奇怪现象,目的地如同海市蜃楼,我越是努力向前,它似乎离我就越来越远。我不停游着,两边的"巨蛇"嘲讽地看着我。有那么一刻,我仿佛看到一只大海龟在不远处游着,它的脑袋浮出水面,我分明看到它那对炯炯有神的眼睛正狐疑地盯着我。太可笑了,我心想,海龟根本就不在淡水里生活。

尽管如此,(我真的变成毛利人了吗?)我的心头还是布满了疑云,令我心惊胆战。那悄无声息的大浪是怎么回事?看,就在那儿,就在我的前面。鳗鱼!它来了,来了!我们必须摆脱这令人疲软的恐惧。

我垂直向下游去,想赶紧触达湖底。刚游了一半,我不得不又折了回来。特呼拉在岸上冲我大喊:

"快回来!"

我扭过头,看见她离我很远很远,身影那么渺小……为什么这段距离看上去是如此的遥不可及?特呼拉只不过是光圈里一个小小的黑点而已。

我一意孤行地坚持了下去。又游了整整半个小时,尽头看上去还是那么遥远。

我游到了一处可供休息的小高地,再往前是一个豁口。它到底通往何方?我没有再向前游去,这是一个我放弃探寻的秘密!

我承认,我还是害怕了。

照这个速度,要想游到石窟尽头,还需要足足一个小时。

特呼拉一个人在原地等我。她的同伴早已漠不关心地离开了。

见我回来，特呼拉赶忙祷告了几句。随后，我们向洞口走去。

水太凉了，我的身体还有些颤抖。到了洞外，我很快就暖和了过来，尤其是当特呼拉捉弄我问我"你害不害怕"时，我一下子就精神了。

我壮着胆子答道：

"法国人什么都不怕！"

听到我的回答，特呼拉既没有表现出遗憾，也没有表现出钦佩。但我注意到，当我快走几步，摘下一朵香气扑鼻的塔希提栀子花插到她浓密的头发上时，她正用眼角的余光偷瞄着我。

沿途风景秀丽，大海波澜壮阔。莫雷阿岛巍峨壮丽的群山，就在我们眼前。

活着是多么美好啊！在水里泡了两个小时后，我们胃口大开。精心烹饪的乳猪已摆上餐桌，正等着我们大快朵颐！

参加婚礼

一场盛大的婚礼即将在马泰亚举办。婚礼十分正式，会举行宗教仪式，而且还有合法的手续，是那种传教士特意安排的，为改信新教的塔希提人举办的婚礼。

我应邀前往，特呼拉与我同去。

和其他地方一样，在塔希提岛，宴席可以说是典礼上最为重要的环节。至少，这些宴席能够展示岛上饮食繁复奢华的一面。我们参加的这场婚礼，席面上便有在烧热的石头上炙烤的乳猪，种类多到令人难以置信的鱼类，以及香蕉和番石榴、芋头，等等。

装点着叶片和鲜花的餐桌，就摆在一个临时搭建的棚子下面，布置得令人赏心悦目。前来的宾客很多，大家围坐在桌前，显得有些拥挤。

新娘和新郎的亲戚、朋友，全都来了。

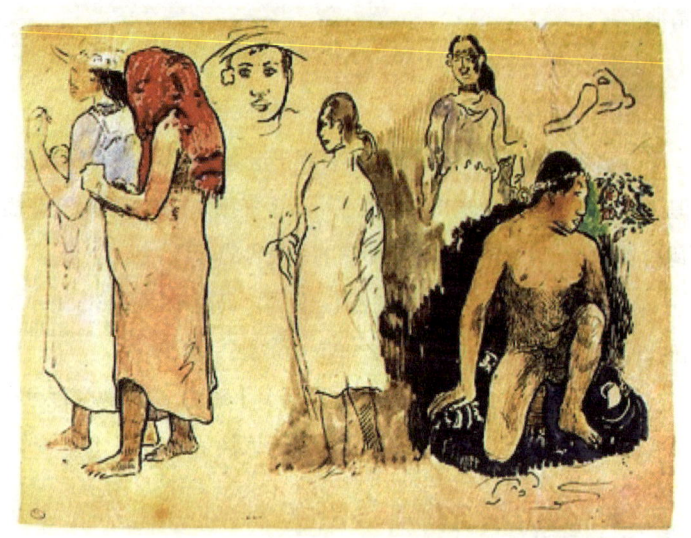

高更《诺阿诺阿》手稿中的配图，形形色色的塔希提人物

年轻的新娘是当地的女教师，有一半白人血统。她的丈夫是个地道的毛利人，是普纳奥亚（Punaauïa）地区首领的儿子。她曾在帕皮提的一所"宗教学校"上过学，那里的新教主教对她很感兴趣，亲自出面促成了这场婚礼。虽然不少人都认为这件事有点仓促，可在这个地方，传教士的旨意就是上帝的旨意……

席间杯觥交错，好不热闹。

吃罢酒席，致辞便开始了。发言者按照事先安排好的顺序和方式，一个接一个地出场，每个人都口若悬河，展开了一场口才的较量。

致辞结束后，还有一个重要的问题亟需商讨：两个家庭，究竟哪家来给这对新婚夫妇重新起名呢？这是塔希提岛从远古时期一直流传至今的风俗，被看作一项宝贵的特权。确立关系的两个家庭，常常为了争夺这一权利而争论不休，甚至还会把口头上的讨论演变成一场真正的战斗，这种情况并非罕见。

然而，在这天的婚礼上，这样的争斗却并未发生，一切都友好、和平地进行着。老实说，在座的各位全都喝多了，就连我那可怜的"瓦依内"（我没办法一直盯着她）也被这种祥和的气氛所感染。唉，她喝得烂醉如泥，我后来费了好大一番功夫才把她带回了家……

普纳奥亚地区首领的妻子威严地端坐在餐桌正中，她装腔作势地穿着一身啰里啰嗦的橙色天鹅绒礼服，活像一个在乡下市集上摆阔的太太。但毛利人身上那不可磨灭的优雅气质，以及她对自己地位的自知，倒是给她这身俗气的打扮增添了几分高贵。

对我来说，在这场属于塔希提人的典礼上，有这样一位雍容华贵、血统纯正的女人出席，酒菜才多了一丝风味，鲜花也才变得更加芬芳。这醒目的味道盖过了其他一切味道，其他的一切也因此变得更加生动。

坐在她旁边的，是一位百岁的老妇人。她面目狰狞，衰老得有些吓人，那两排保护得很好的牙齿，好像轻易就能把人撕碎。她对发生在身边的事了无兴致，定定地坐在那里，身体僵硬得就像一具木乃伊。她脸颊上有块儿纹身似的模糊印记，瞧那形状似乎是个拉丁字母。我想，这个字母正代表着她的过去，好像在和我诉说着她的故事。这个纹身和那些野蛮人的一点儿也不一样，肯定出自某个欧洲人之手。

我打听了一番。

他们告诉我，从前，那些传教士热衷于打击肉体上的犯罪，会用代表耻辱的印记来标示"某种女人",给她们烙上"地狱之印"。从此,她们终生蒙羞。让她们抬不起头的,不是她们曾经犯下的罪,而是这样一个"区辨标记"给她们带来的无休止的讥讽和谩骂。

那天,我比以往任何时候都更深刻地了解了毛利人对欧洲人的不信任。即使到了如今,这种不信任感依然根深蒂固,尽管大洋洲人热情慷慨的天性已经在很大程度上将其进行了调和。

这位老妪曾被神职人员刻下烙印,而那个姑娘如今又在神职人员的授意下结婚,这中间走过了多么漫长的岁月!老妪脸上的印记永远也没有办法抹去,它见证了承受屈辱的一方的失败,也见证了强加这种屈辱的一方的怯懦。

五个月后,新婚不久的少妇生下了一个健康的婴儿。家里的长辈们气急败坏地强烈要求两个人离婚,可做丈夫的却拒绝了。

"既然我们彼此相爱,这又有什么关系呢?收养别人的孩子不正是我们的传统之一吗?我决定收养这个孩子。"

可是,为什么主教当初那么着急,非要仓促地为他俩举办婚礼呢?一时间,流言蜚语不断。人们不停地在背后嚼着舌根,猜测说……即便在塔希提岛,也有喜欢搬弄是非的人。

悟 岛

唤醒记忆

夜里，我和特呼拉经常躺在床上交流。聊天的时间很长，内容往往也很严肃。

现在，我能够理解特呼拉了。她身上有她祖先的影子，这些祖先在她身上沉睡，有时还会做梦。我努力观察、努力思考，在这个小丫头身上，我找到了远古时期的痕迹，虽然它们在现实中确实已经不复存在，但仍遗留在她模糊的记忆中。

我一直在发问，并非所有的问题都没有答案。

也许，在被欧洲人征服的过程中，这里的男人们受到的影响更

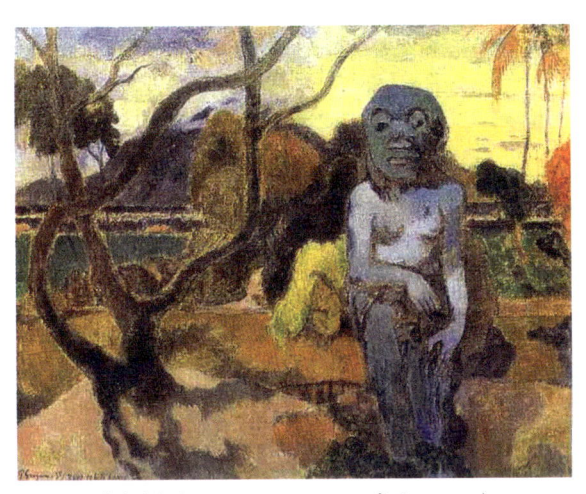

《神像》（Rave te Hiti Ramu，高更，1898）

加直接，也更容易被欧洲文明欺骗，因此，他们早已忘却了古老的神明。但在女人们的记忆中，她们仍为她们自己保留了一处庇护之所。

在我的影响下，特呼拉展示出了感人的一幕：毛利人古老的神明在她的记忆中逐渐苏醒，那层被新教传教士强行披上的面纱由此揭开。

总的来说，传教人员的工作是非常肤浅的。他们的努力，特别是在女性之间所做的努力，远远没有达到他们的预期。他们的布道就像一层薄薄的清漆，只消轻轻一碰就会脱落，很快便消失得无影无踪。

特呼拉依旧会定期前往圣堂，口头上支持着官方的宗教。但她依然能够准确无误地背诵出属于毛利一族的奥林匹斯山上众神的名字，这可不是件容易的事。她了解他们的历史，把他们如何创造世界的故事讲给我听，还告诉我他们如何统领世界，以及他们多么希望受到尊敬。

特呼拉对基督教严苛的道德标准非常陌生，或者说她对此根本就不关心。比如，她实际上就是自己"塔内"的妾——这是那帮人的叫法，但她从来没有想过要为此做出忏悔。

我并不是很清楚，她究竟是怎么在自己的信仰中把塔罗亚（Ta-aroa）和耶稣联系到一起的。我想，大概她两个神都崇敬吧。

揭开古老神明的面纱

一次偶然的机会，她给我上了一堂完整的有关塔希提神学的课。作为回报，我试着按照欧洲的知识体系，向她解释了许多自然现象。

她对星辰很感兴趣，问了我晨星、昏星还有其他星星的法语名字。对她来说，理解地球绕着太阳转着实有不小的难度……

她给我讲起了不同的星星在她们语言里的叫法。在毛利人眼中，这些星辰本身就是神明的化身，我一边听她讲述，一边通过点点星光，辨认着这些主宰着空气和火、岛屿以及水域的神圣存在。

塔希提岛的人们总是尽可能地追溯自己的历史，他们都具备相当广博的天文学知识。容我多言：这里曾经存在着一个统治整座小岛的秘密宗教和军事团体，其成员统称为阿雷奥斯（Aréoïs），他们正是基于恒星的公转来定期举行集会的。而且毛利人似乎连月光的本质也有所了解。他们认为月球是一个和地球非常相像的球形天体，上面有人居住，物产也和我们这个星球一样丰富。

他们有一套估算地球到月球距离的独特方式：白鸽把奥拉（Ora）树的种子从月球衔到地球，她花了两个月的时间飞到地球的天然卫星——也就是月球上，而后又花了两个多月的时间飞回地球，这时，她身上的羽毛已经掉光了。在毛利人已知的所有鸟类中，白鸽被认为是飞得最快的。

再回到塔希提人给星辰命名这个话题上。借助从波利尼西亚（Polynésie）发现的一本颇有年头的手稿，我完成了特呼拉的课程。

把这本手稿中记录的内容，看作天文学理性体系构建的开端，而非单纯的凭空假想，是不是过于冒失了？

罗亚（Roüa）——他身世显赫——与他的妻子，也就是"黑暗大地"（Terre Ténébreuse）共寝。

她诞下了她的国王，也就是太阳，然后诞下了黄昏，之后又诞下了黑夜。

067

随后，罗亚抛弃了这个女人。

罗亚——他身世显赫——与一个名叫"大团聚"（Grande-Réunion）的女人共寝。

她诞下了天空女王，也就是星辰，然后诞下了塔希提星，也就是昏星。

金色天空之王，这唯一的国王，与他的妻子法诺伊（Fanoüi）共寝。

她诞下了塔乌洛亚（Taüroüa）星［金星（Vénus）］，也就是晨星，这位有着王者风范的塔乌洛亚，给黑夜和白天、其他星星、月亮、太阳制定了法则，并为水手们指明航向。

塔乌洛亚自左边向北航行，在那里与他的妻子共寝，成了红星（Etoile-Rouge），也就是那颗在夜里两面闪耀的明星的父亲。

红星在东方飞舞，准备好他的独木舟，一只可在白昼划行的独木舟，要朝天空划去。太阳升起时，他驾舟远去。

雷霍亚（Réhoüa）此刻在广袤的太空现身。他正与他的妻子奥拉·塔内帕（Oüra Tanéïpa）同眠。

他们诞下了一对孪生国王，也就是普雷亚迪斯（Pléiades）。

这对孪生国王，一定就是我们所指的卡斯托耳（Castōr）和波鲁克斯（Pollūx）[1]。

这个波利尼西亚起源的最初版本看上去纷繁复杂，其中蕴含的

---

[1] 卡斯托耳（Castōr）、波鲁克斯（Pollūx）：希腊和罗马神话中斯巴达王后勒达所生的一对孪生兄弟，常被合称为狄俄斯库里兄弟（Dioscūrī）。哥哥波鲁克斯的父亲是宙斯，弟弟卡斯托耳的父亲是斯巴达王廷达柔斯，兄弟俩都是优秀的猎人和驯马师。

万千变化，或许是后世流传过程中添油加醋的结果。

塔罗亚与一个自称"外部女神"（Déesse du Dehors）或"海洋女神"（Déesse de la mer）的女人共寝。

他们生下了白云、乌云和雨。

塔罗亚与一个自称"内部女神"（Déesse du Dedans）或"陆地女神"（Déesse de la terre）的女人共寝。

他们生下了第一株胚芽。

接着生下所有生长在陆地表面的生物。

接着生下山间的薄雾。

接着生下自称"强壮"（Fort）的他。

接着生下自称"美丽"（Belle）或"为悦己者容"（Ornée-pour-plaire）的她。

马霍伊（Mahoüi）[①] 划着他的独木舟。

他坐在船尾。他的右边，挂着用几缕头发绑在绳子上的鱼钩。

他抓紧这根绳子，让鱼钩垂到宇宙深处，以便钓起那条大鱼（地球）。

鱼钩钩住了。

轴线已经显现，神也已经感受到世界的巨大重量。

特法图（地球之神，也是地球本身）被鱼钩钩住，从黑夜中现身，仍然悬浮在浩瀚的太空。

马霍伊钓到了这条在太空中遨游的大鱼，现在，他可以按照自

---

① 此处似与塔罗亚以及创造星辰的罗亚混淆，或许是同一个神的不同名字。——原版注

己的意愿来指挥它了。

他把它抓在手心里。

马霍伊还掌管着太阳的运行,如此一来,白天和黑夜便可等长。

我让特呼拉为我罗列出众神的名字:

塔罗亚与一个名叫奥希娜(Ohina)的女人共寝,她是空气女神(Déesse de l'air)。

他们生下了彩虹、月光,又生下了红云和红雨。

塔罗亚与一个名叫奥希娜的女人共寝,她是地球之心女神(Déesse du sein de la terre)。

他们生下了特法图,他是让地球充满生机的神明,通过地下的喧嚣之声证明自己的存在。

塔罗亚与一个叫做"地球之外"(Au-delà-de-toute-terre)的女人共寝。

他们生下了泰尔(Téirü)和罗阿诺亚(Roüanoüa)二神。

紧接着,罗奥(Roo)从母亲的侧肋中跳了出来。

然后,这个女人又生下了愤怒(Colère)和暴风雨(Tempête)、狂风(Vents Furieux),紧随其后的还有平静(Paix)。

这些神明的起源,就在使者所在的地方。

但特呼拉坦言,这些关系存在不小的争议。

最为正统的分类如下。

《拜神的日子》（Mahana no Atua，高更，1894）

众神被分成阿图阿（Atua）和奥罗马图阿（Oromatua）两类。地位更高一些的阿图阿们，全部都是塔罗亚的儿子和孙子。

他们住在天界。天界共分七重。塔罗亚和他的妻子费伊·费伊·迈泰拉（Féii Féii Maïtéraï）有如下几个儿子：奥罗［Oro，继他父亲之后的第一位神，他自己有两个儿子，特泰·马蒂（Tétaï Mati）和乌罗·泰特法（Oüroü Tétéfa）］，拉阿［Raa，特托亚·乌罗·乌罗（Tétoüa Oüroü Oüroü）、费奥伊托（Féoïto）、特赫每（Téhémé）、罗亚·罗亚（Roa Roa）、特胡·拉伊·蒂亚·霍托（Téhu Raï Tia Hotoü）、特莫里亚（Témoüria）的父亲］，塔内［Tané，佩尔莱伊（Peüroüraï）、皮亚塔·霍阿（Piata Hoüa）、皮亚蒂亚·罗罗亚（Piatia Roroa）、帕拉拉·伊蒂·马泰（Parara Iti Mataï）、帕蒂亚·塔拉（Patia Taüra）、塔内·海里雷（Tané Haériraï）的父亲］，罗奥，蒂里（Tiéri），特法图，罗亚·努亚（Roüa Noüa），托马·霍拉（Toma

Hora），罗亚·奥蒂亚（Roüa Otia），莫伊（Moë），图帕（Toüpa），帕诺亚（Panoüa），特法图·蒂尔（Téfatou Tiré），特法图·图塔乌（Téfatou Toütaü），佩乌雷（Péuraï），马霍伊，哈拉纳（Harana），帕穆里（Paümoüri），伊胡（Hiro），鲁伊（Roüi），法诺拉（Fanoüra），法图霍伊（Fatoühoüi），里伊（Rii）。

每一位神都有他独特的属性。

我们已经知道马霍伊和特法图的事迹了……

塔内的口是第七重天，这就意味着，这位给人赐名的神的口是天界的最远端，光正是从那里照向大地。

里伊分开了天与地。

鲁伊搅动海里的水；他打碎整块坚固的陆地，把它分成了无数个部分，形成了我们现在所看到的岛屿。

法诺拉，他头顶云彩、脚踏海底，和另一位巨神法图霍伊，一起降临埃瓦（Eïva）这块未知的土地，战斗并打败了吞吃人类的猪怪。

盗贼之神伊胡，用他的手指在岩石上挖了个洞。他解救了一个被巨人俘虏的处女，她被关押在一处施了魔法的地方。他单手将在白天用来掩藏处女囚禁之地的大树连根拔起，魔咒随之解除……

地位较低一些的阿图阿们，主要关系到人类的生活和工作，但他们并不住在他们的居所。

他们是：阿图阿·马霍（Atuas Maho，鲨神），水手的主人；佩霍（Pého），山谷的男神和女神，农牧业的主人；诺·特·奥帕斯·奥帕斯（No Té Oüpas Oüpas），歌者、喜剧演员和舞者的主人；拉奥·帕瓦·迈斯（Raaoü Pava Maïs），医生的主人；诺·阿帕斯（No Apas），被保护免受巫术和魔法之害、然后再供奉祭品之人的神；奥·塔诺（O Tanoü），劳动者的主人；塔内·伊特·哈斯（Tané Ité

Haas），木匠和建筑工人的主人；米尼亚斯（Minias）和帕皮亚斯（Papéas），盖顶工的主人；马塔蒂尼斯（Matatinis），织网者的主人。

奥罗马图阿们都是家神，也即"拉尔"（Lar）。

不仅有被我们称为"奥罗马图阿"的神，还有守护神。

奥罗马图阿们惩罚冲突的煽动者，维护家庭的和平。他们是：瓦尔纳·塔塔斯（Varna Taatas），每个家庭中逝去的男人和女人的灵魂；埃里奥约奥斯（Eriorios），早夭幼童的灵魂；波拉斯（Poüaras），出生时被杀以及回到蚱蜢身体里的婴儿的灵魂。

守护神是臆造出来的神明，或者更确切地说，是人类有意识地创设的神明。人们通常会把神性赋予某一动物或者其他对象，比方说一棵树，每当遇到重大的事情，都会前来求神；在选择对象时，人们并无任何明显的动机，完全出于自己的内心。这种做法似乎受到了佛教轮回思想的影响，毛利人极有可能对这一思想非常熟悉。他们的歌谣和传说中包含大量的寓言，故事中描绘的伟大神明，通常都以动物或植物的形式现身。

在阿图阿和奥罗马图阿两类神明之后，还有位于天界等级中最后一级的提（Tii）们。

他们是塔罗亚和希娜的儿子，数量非常可观。

在毛利人的宇宙观里，他们是灵，比神要低，但又不属于人类。他们介于有机体和无机体之间，捍卫后者的权利和特权，并且反对前者的强行侵占。

他们的肇始如下：

塔罗亚与希娜共寝，他们生下了提（Tii）。

提与一个名叫阿尼（Ani，欲望）的女人共寝，他们生下了：夜之欲望（Désir-de-la-nuit），阴影与死亡的使者；日之欲望（Désirdu-jour)，光芒与生命的使者；神之欲望（Désir-des-Dieux），天界万物的使者；人之欲望（Désir-des-hommes），地球万物的使者。

他们接着生下了：内部的提（Tii-de-l'intérieur），负责照管动物和植物；外部的提（Tii-du-dehors），负责守卫海洋里的生物和其他资源；沙滩的提（Tii-des-sables）、海岸的提（Tii-des-rivages）以及松散土壤的提（Tii-des-terres-mouvantes）；岩石的提（Tii-des-rochers）和密实土壤的提（Tii-des-terres-solides）。

之后又生下了：黑夜之事（Evénement-de-la-nuit）、白天之事（Evénement-du-jour）、去和来（Aller et Revenir）、流出（Flux）、倒流（Reflux）、给予和接受快乐（le Donner et le Recevoir-le-plaisir）。

提们的圣像通常放置在各神庙（maraë）的最远端，以此来划定圣地的边界。你可以在岩石和海岸上看到它们。这些圣像承载着标明陆地与海洋之间的界线、保持两者之间的平衡，以及防止它们相互蚕食的使命。即便到了今天，游客们依然能够在复活节岛（Ile de Pâques）①观赏到为数不多的几座提的雕像。它们体量巨大，雕刻成人类和动物的形状，以丰富的层次、多样的色彩和独具匠心的设计体现出一种别样的美感，展示出石雕艺术家的精湛技艺。

欧洲人的入侵和一神论，摧毁了这个灿烂文明留存下来的遗迹。如今，当塔希提人再度建造纪念碑时，他们的品位早已经变得糟糕透顶——波马雷国王的那座便是一个很好的例子。从前，他们天赋极高，凭直觉便能认识到，人造物与周围构成背景和装饰的动植物之间相得益彰的必要性；可现在，这种直觉早已消失。在和我们

---

① 复活节岛（Ile de Pâques）：位于南太平洋东部，在地理上属于波利尼西亚群岛，岛上有许多巨型石刻雕塑。

以及我们的学校接触之后,他们真的变成了"野蛮人"——就拉丁人赋予这个词的意义而言。虽然他们的体态依然美丽,宛如大师的杰作,但由于我们的缘故,他们在心理和生理上都处于一种匮乏的状态。

仍有一些神庙的遗迹幸存下来。它们是四边因存在开口而不相连的平行四边形建筑。其中,三条边是三堵石墙,高四到六英尺;第四条边则是不高但很宽的角锥体。总的来说,整个建筑朴实无华,足有一百米那么宽、四十米那么长,并且还装饰有众"提"的圣像。

塔罗亚和希娜

月亮在毛利人形而上学的思辨中,占据着极其重要的位置。我曾在前文提到过,为了向她致敬,人们还会举行规模盛大的宴会。而在阿雷奥斯的传统吟诵中,希娜的名字也经常会被提起。

然而,希娜在促进世界和谐中所起的作用和所扮演的角色,却是消极而非积极的。

从上文提到的希娜和特法图之间令人不安的对话中,我们可以清楚地了解到这一点。

《希娜和特法图》(Hina Téfatou,高更,1893)

要是能够找到属于大洋洲的圣经并将其作为评注的对象,那么,这样的故事必定会成为评注者不可或缺的素材。他们会了解到,所有宗教的法则最初都是建立在自然崇拜基础之上的——这是所有原始宗教的共同特征。实际上,绝大多数毛利神明都是不同元素的化身,只要你稍加留意,很快便会发现他们缔造的那些传说中有趣而又突出的特点,前提是你得保证自己不被这样一种欲望所误导或腐化,即总想证明我们的哲学要优于这些"部落"的哲学。

在这里,我想指出两点,但仅仅是单纯地指出,不会多做解释。毕竟,验证这些假设是学者们要干的事情。

第一,世间有且只有两条万物生存的普遍法则,它们相互独立,最终归结为一个至高无上的统一体。有两位神明,他们分别代表着这两条法则,一位是男神塔罗亚,他代表着灵魂和智慧;另一位是女神希娜,她以某种方式代表着同一个神的物质和躯体。人类的爱全都属于希娜,而人类的尊敬则全都属于塔罗亚。希娜不单单是月亮的名字,还有空气的希娜(Hina-de-l'air)、海洋的希娜(Hina-de-la-mer)、内部的希娜(Hina-de-l'intérieur)。然而,这两个音节所代表的只是物质的次要部分;太阳和天空、光和它的帝国,可以说物质的所有高贵部分,或者物质的所有精神元素,都叫作塔罗亚。这种有关精神和物质的阐释,想必在许多文稿中都有明确的记载,从中能够验证它的正确性。如果我们并不完全认同这样的阐释,那么有关毛利人起源的基本学说,其内涵又是什么?难道仅仅是:

伟大而神圣的宇宙,只是塔罗亚的躯壳?

难道这一学说没有建立有关物质统一体的原始信仰吗?在这种对精神和物质的阐释和区分中,难道不存在对单一且独特的实体的双重表现所做的分析吗?无论这种哲学意图在原始社会多么罕见,都不能成为人们拒绝正视它的理由。显然，大洋洲神学认为，创造并保护世界的神明，其行为包含两端：一端是生因，一端是繁衍之物；一端是动力，一端是作用对象；一端是精神，一端是物质。这也清楚地表明，通过发光的精神和它所激活的有感知力的物质之间不断的相互作用——也就是说，通过塔罗亚与表现形式多样的希娜的连续结合——我们可以认识到太阳对万物持续不断且变化多端的影响。透过结合的产物，可以看到光和热频繁地影响着这些元素的变化。一旦我们清楚地理解了在这两股宇宙之力作用下所产生的现象，便能够认识到：在产物中，生因和繁衍之物融合统一；在运动中，动力和作用对象融合统一；在生命中，精神和物质融合统一；刚刚创造的宇宙，只是塔罗亚的躯壳！

第二，从特法图和希娜之间的对话中不难看出，人类和地球必将消亡，但月球和栖居其上的物种必将延续。如果我们还记得希娜代表物质的话，那么，根据"万物皆变，但无物消亡"的科学规则来看，我们必须承认，编造这一传说的古代毛利圣贤，对这个问题的了解和我们一样多。物质不会消亡，也就是说，它不会丧失能通过感官感知到的特性。相反，精神以及光这种"精神性的物质"，都会受到彻头彻尾的改变。有黑夜，也有死亡，当双眼合上，光似乎会从中投射、反射出来。精神，或者说精神的最高真实体现，是人类。"人必将死去……死了便永远不会复活……人应该死去。"但即使人类和地球——这些塔罗亚和希娜相结合的产物全部消亡，塔罗亚依然会永生；同时我们也已经知道了，希娜——也即物质，将继续存在。那么，在所有永恒中，精神和物质，光和它努力照亮的对象，必将存在。它们怀着同样的渴望，迫不及待地想要重新结合在一起，从而在生命的无限进化中开辟出一番全新的天地。

进化！……物质统一体！……谁会想到能够在从前的食人一族的观念中发现这样一种高度文明的证据呢？我可以摸着自己的良心表白：这其中绝对没有任何添油加醋的成分。

特呼拉对这些抽象的概念深信不疑，这一点千真万确。但她坚持把流星当作四处飘荡的"图帕帕"以及遇难的精灵。她和她的祖先持同样的看法，认为天空就是塔罗亚本身，而塔罗亚的后代阿图阿，他们既是神明，也是天体。另外，特呼拉还把人类的情感归因于星辰。我不知道这些充满诗意的想象会在多大程度上阻碍最正统、最先进的科学的进步，也不知道科学将如何谴责那些任由想象力驰骋的人们。

换个角度来看，特法图和希娜之间的对话也可以这样解释：月亮作为女性，她所提出的危险性建议也许带有盲目怜悯和多愁善感的色彩。在毛利人对物质这一概念的阐述中，月亮和女人不需要知道只有死亡才能守护生命的秘密这一点。也许有人认为特法图的回答过于严苛，但这正体现了他的深谋远虑和公正无私。他的法令无不凝聚着他超群的智慧，他深知，为了迎接更高一级的生物到来，现实生活中的个体必须让位，他们必须牺牲自己，只有这样才能让更高一级的生物看到胜利的曙光。

在过去，这一回答拥有更加深远的含义，其中还暗含着对一族命运的预言。一位伟大的先民会研究并衡量他所在一族的生命力如何；他会预见自己所在一族的血液中流淌着死亡的基因，毫无恢复或重生的可能，他会说：

塔希提岛必将消亡，永无复兴之日。

奥 罗

提到阿雷奥斯，特呼拉的语气里充满了一种宗教情感，那就是敬畏。这一组织或者说秘密团体，曾在封建时期统治着整座小岛。

从这孩子颠三倒四的叙述中，我理清了这个可怕而又奇异的团体的过去。根据我的猜测，这是一段悲惨的历史，充斥着以某种名义进行的令人敬畏的杀戮，隐藏着不为人知的秘密，这些秘密早就为时间所封存，如今已经很难揭穿。

特呼拉把她知道的有关这个话题的一切，全都告诉了我。之后，我又四处打听了一番，以期搜寻到尽可能多的信息。

在我的梳理下，这个著名团体的传奇发端就此显现。

奥罗，塔罗亚之子，仅次于其父的最伟大的神明，有一天决定在凡人中挑选一位伴侣。

他希望她是位漂亮的处女，这样他就可以和她一起，在人类当中创建一个地位尊崇、备受拥护的家族。

他大步流星，跨过七重天界，降临帕依亚（Païa）——波拉—波拉（Bora-Bora）岛上的一座高山。他的姐妹们，亦即特乌里（Téouri）女神和奥阿亚（Oaaoa）女神，就住在这里。

奥罗，他变成了一位年轻的勇士，他的姐妹变成了年轻的姑娘，三个人一起踏上了游历岛屿的旅程，寻找值得为神明亲吻的尤物。

奥罗抓起彩虹，把一端放在帕依亚山的山尖上，把另一端放在大地上；如此一来，这位男神和两位女神便可跨过山谷、越过潮水。

每到一岛，人们都争先恐后地热烈欢迎这三位美丽而又尊贵的来客；而这三位来客也会举行盛大无比的宴会，女人们听到消息，全都蜂拥而至。

在宴会上，奥罗仔细打量着她们。

然而，他看得越是仔细，心里就越是难过——他是来寻觅爱人的，但却遍寻不得。他的目光从未停驻，这些人间女子当中，没有一个具备他梦寐以求的美德与魅力。

奥罗苦苦找寻了许多天，但仍是徒劳。就在他决定返回天界之时，忽然在波拉—波拉岛上的瓦塔佩（Vaïtapé）看到了一位美丽绝伦的年轻女子，她正在阿瓦奇·阿尼亚（Avaï Aïa）的一泓小湖中沐浴。

她身材修长，肌肤在太阳灿烂光辉的照耀下焕发出璀璨的光泽，乌黑的秀发也闪闪发亮，散发着爱情的魔力。

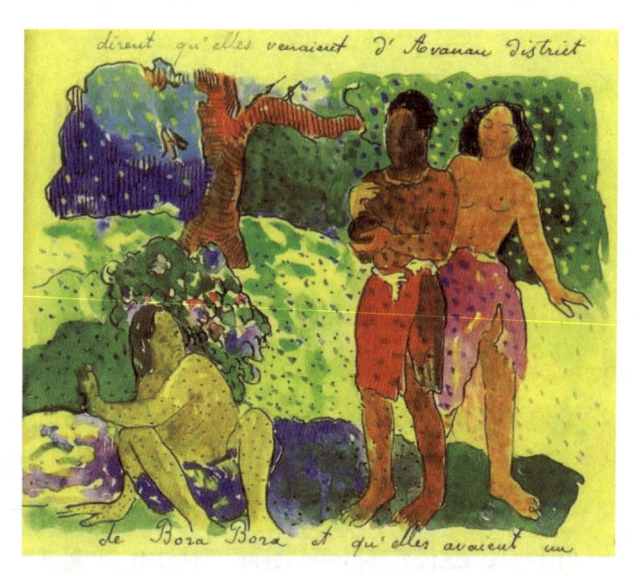

在塔希提岛期间，高更将自己的所见所闻都记录在了笔记本《古老的毛利崇拜》（Ancien Culte Mahorie）里，这幅画便是其中的配图，图上文字为"她们说她们来自波拉—波拉的阿瓦纳地区"

奥罗被她深深迷住了，他恳请姐妹们帮自己一把，给这位年轻女子递个话。

而他自己，则回到了帕依亚山的顶峰，在那里静候佳音。

两位女神来到年轻女子面前，和她打了声招呼，并称赞了她的美貌，之后告诉她，她们来自波拉—波拉的阿瓦纳（Avanaü）。

"我们的兄弟让我们过来，问你是否愿意做他的妻子。"

瓦伊拉马蒂（Vaïraümati）——也就是那位年轻的女子——仔细观察着站在自己面前的两位陌生人，对她们说道：

"你们不是从阿瓦纳来的，不过这倒也没什么关系。如果你们的兄弟是位首领，而且年轻英俊的话，那就让他亲自过来吧。我瓦伊拉马蒂愿意做他的妻子。"

特乌里和奥阿亚一刻也不敢耽搁，赶忙登上帕依亚山，把这个好消息告诉正焦急等待着的奥罗。

奥罗听后，像一开始那样架起彩虹，走下山前往瓦塔佩。

为迎接奥罗的到来，瓦伊拉马蒂准备了一大桌最为可口的水果，还摆上了一张用最上等的填充物和最柔软的席子铺成的卧榻。

就这样，两人神圣地结为了一体。他们一个风姿绰约，一个英姿勃发，时而在柽柳（tamaris）和露兜树下谈情说爱，时而在森林里和海岸边调风弄月。每天清晨，奥罗都会重返帕依亚山的顶峰；到了傍晚，他便走下山来，与瓦伊拉马蒂交颈而卧。

打那以后，再没有人间女子见到过奥罗的凡人之躯。

只有那彩虹，它将帕依亚山和瓦塔佩紧密相连，见证着奥罗和瓦伊拉马蒂炽热的爱恋。

不知经过了多少次月圆月缺，冷清的七重天界里始终没有其他神明知道奥罗的隐居之处。于是，塔罗亚的另外两个儿子，奥罗特法（Orotéfa）和乌雷特法（Oürétéfa）变成人类的模样，动身去寻找他们的兄弟。

他们在各个岛屿之间找来找去，却始终不见奥罗的踪影。最后，当他们靠近波拉—波拉时，看见一位俊朗的神明正同一名女子坐在一株神圣的芒果树的树荫下，这两个人正是奥罗和瓦伊拉马蒂。

他们惊叹于眼前这位妙龄女子的美貌，想要送她一些礼物来表达自己的倾慕之情。奥罗特法摇身一变，把自己变成了一头母猪，而乌雷特法则把自己变成了红色的羽毛。随后，他们又立刻变回人形，但母猪和羽毛并没有消失。他们走近这对恋人，把礼物递到两人手中。

奥罗和瓦伊拉马蒂高兴极了，热情地欢迎了这两位尊贵的来客。

当天晚上，母猪生下了一窝猪崽，足足有七只之多。大家决定：第一只留下来，以备日后之需；第二只用来祭祀众神；第三只献给陌生人作为款待；第四只取名叫作"祭献之猪"，以纪念两人的爱情；第五只和第六只留作繁衍之用，直到生出第一窝猪崽；第七只——也就是最后一只，按照毛利人传承下来的神圣习俗，整个放到烧热的石头上炙烤，然后饱餐一顿。

奥罗的兄弟们回到了天界。

过了几周，瓦伊拉马蒂告诉奥罗，自己就要当妈妈了。

于是，奥罗牵起当初留下的第一只猪，前去位于拉亚塔（Raïatéa）的一座伟大的神庙，那里祭祀着神明瓦波阿（Vapoa）。

在神庙里，奥罗遇到了一位名叫马希（Mahi）的男子。他把猪交给马希，并对他说：

"照顾好这只猪，好好保护他。"（Maiï maitaï oé téïnéï boüaa，塔希提语）

奥罗又庄重地继续说道：

"这是一只神猪。他的血将染红源自我的人类联盟。因为我是这世界的父。这些人将成为阿雷奥斯。我把他们的名字和所拥有的特权告诉你。至于我自己，我不能再在这里待下去了。"

马希找到拉亚塔的首领，把刚刚发生的事情告诉了他。可如果他没有和首领交上朋友，就无法捍卫这份神圣的信任，于是，他又补充道：

"从今往后，我的名字就是你的名字，你的名字就是我的名字。"首领同意了，于是两人共同起了一个名字，叫作塔拉马尼尼（Taramanini）。

与此同时，奥罗回到瓦伊拉马蒂身边，告诉她她会生下一个儿子，并让她给儿子取名叫做霍阿·塔布·特·拉伊（Hoa Tabou té Raï，意为"天界的挚友"）。

等事情全都交待清楚，他说：

《那里是神庙》（Parahi te Marae，高更，1892）

"时间已到，我必须离开你了。"

话音刚落，奥罗便化成一根巨大的火柱腾空而起，巍峨地耸立在半空当中，比波拉—波拉最高的山峰佩里雷（Périréré）还要高。之后，他便从泣不成声的妻子和瞠目结舌的众人的视线中消失了。

霍阿·塔布·特·拉伊长大后，成了一名伟大的首领，为百姓做了数不清的好事。他去世以后升入了天界，而瓦伊拉马蒂也成功跻身女神的行列。

阿雷奥斯之治

奥罗极有可能是位到处游走的婆罗门（Brahmane）[1]，他把梵天（Brahma）[2]的教义带到了大洋洲的各个岛屿，我之前也提起过，从大洋洲的宗教中，能够看到印度宗教的些许痕迹。可这是什么时候发生的呢？……

受这一纯粹的教义的影响，毛利先知们开始觉醒。富有见解的思想相互碰撞，意义非凡的仪式相继举行，这使他们自然而然地从普通民众当中脱离了出来。他们比其他族人更加活络，很快便掌控了岛上的宗教和政权。他们声称自己拥有重要的特权，并利用这些特权建立起了一个强大的封建王国，带领各个岛屿步入了一段最为辉煌的时期。

尽管阿雷奥斯并不懂得书写，但他们却很博学。他们挑灯夜读，

---

[1] 婆罗门（Brahmane）：印度婆罗门教把人分为四个种姓，婆罗门代表（最高的）教士和学者。

[2] 梵天（Brahma）：印度婆罗门教的创造之神，梵文字母的创制者，常被认为是智慧之神。

逐字逐句地吟诵着古老的"神的箴言",一刻都不曾懈怠。如今,他们的教义已经确立,若非焚膏继晷,是无法取得这样的成就的。那时,只有阿雷奥斯能够接触神的箴言,但最多也只是被允许给箴言添加评注而已。不过,这对他们来说已经足够,他们从中汲取智慧的养分、培养冥想的习惯,由此树立起至高无上的权威,让所有人都对他们俯首称臣。

众所周知,在我们中世纪的封建和基督教时代,类似的团体也曾经存在。就我个人而言,我认为没什么比宗教和军事团体更令人畏惧的了。在那个年代,这种团体似乎永远都不会覆灭,他们以上帝的名义作出裁决,掌握着绝对的生杀大权。

阿雷奥斯教导众人,把人类当作祭品供奉便能取悦众神,而他们自己也会在神庙里献祭除长子以外的所有孩子。这种血腥的仪式源自七只猪的传说,除了第一只"神猪"之外,其他六只统统要被杀掉。

我们切莫草率地下定结论,指摘这种行为过于野蛮。许多其他的原始部落,同样也要履行这种残忍的义务,这其中暗含着深层次的社会原因。在生育能力极强的那些部落中,譬如从前的毛利一族,人口的无限增长无论对整个部落还是对个人来说,都是一种巨大的威胁。在热带岛屿上生存,无疑是件非常简单的事情,不需要花费太多力气就能获得日常所需。但是,岛上的地域太过狭小,四周又都是一望无际的大海,单凭弱不禁风的独木舟,根本没法在海上坚持太久。因此,如若人口持续增长,岛上的资源很快就会耗尽。届时,海里的鱼类捕捞一空,林中的果实也摘得精光,人们必将陷入饥饿困顿。如此一来,世界各地都曾发生过的人吃人的惨剧,便会在岛上无休止地上演。

为了避免同类相食，在万般无奈之下，毛利一族只好选择杀死儿童。要特别注意的是，在阿雷奥斯出现之时，食人已经成了当地的一种恶俗，为了与之斗争，将其斩草除根，阿雷奥斯这才推出了杀婴之法。这种带有恶趣性质的观察，纵然很有可能会给滑稽歌舞剧的作者提供创作的素材，但仍会有人评断，称杀婴确实使人吃人的现象得到了显著缓解。

毫无疑问，阿雷奥斯耗费大量精力才取得了如此程度的进展。或许，他们只有假定自己拥有众神赋予的所有权力，并让人们对此坚信不疑，才能达到这样的成果。

最终，杀婴演变成了毛利一族选拔接班人的一种强有力的手段。拥有长子身份，便拥有了莫大的权力，也即生的权力。这种选拔有效地凝聚了一个族群的力量，使其免受枯竭的血液的有害影响；此外，这种选拔还让长子们从小便拥有一种强烈无比的自豪之感。直到今天，我们依然能够从这个伟大但却即将消亡的封建一族的最后一代子孙身上，感受到从他们那根深蒂固的自豪感当中喷薄而出的原始力量。

在不断上演的悲惨场面中，人们逐渐接受了初生旋即回归死亡的现实。这种残酷但却鲜活生动的献祭方式，让毛利勇士学会了蔑视痛苦，也让整个部落更加紧密地团结在一起，从而摆脱了因长期身处热带气候所染上的怠惰和懒散。

史实告诉我们，从法律明令禁止献祭的那一天起，毛利一族便不可避免地走向了衰落。最终，族人们一个个身心俱疲，丧失了曾经的活力。就算禁止献祭并不足以构成毛利人丧失活力的理由，但这种巧合依然值得我们深思。

也许，阿雷奥斯对此更有发言权，他们一定对献祭拥有更加全面的理解，明白其中蕴含着深刻的道德内涵和象征意义……

在阿雷奥斯这个团体当中，卖淫是一项神圣的义务，而我们却改变了这一点。自从我们把自己的文明嫁接到塔希提岛，向这里的人们宣扬我们的仁爱以来，卖淫行为非但没有停止，反而更加猖獗。它不再是种义务，也丝毫谈不上神圣。它变得不可饶恕，从此不再庄重。

从前，阿雷奥斯世代维护着宗教的尊严，打出生起便开始接受相关的启蒙教育。

这个团体起初共有十二个分部，其成员共分三个等级。最高一级的阿雷奥斯共有十二位，他们属于长老级别，每人领导着一个分部。第二级的阿雷奥斯都是些地位显赫的重要人物，而最末一级的阿雷奥斯则是徒众。为便于区分，各个等级的成员会在手臂、体侧、肩膀或者踝关节，文上不同样式的特制文身。

"玛塔姆阿"

在阿雷奥斯统治时期，每逢国王登基，都会举行极具毛利风情的古老仪式"玛塔姆阿"。

登基这天，国王身着华服，在岛上诸位要员的簇拥下离开王宫。阿雷奥斯的十二位长老，头上装饰着珍贵的羽毛，走在这位新统治

《玛塔姆阿》（Matamua，高更，1892）

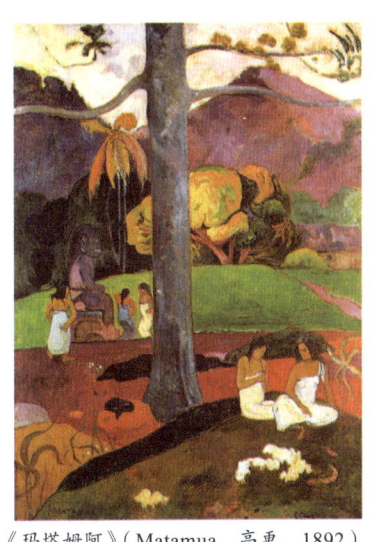

者的前面。

大队人马朝神庙走去。

在神庙门口等待的祭司们望见国王,马上吹响号角、擂起大鼓,宣布仪式开始。

等国王走进神庙,祭司们便抬上一具尸体来,作为祭品供奉在神像面前。

随后,国王和众祭司齐声吟诵祷文。这时,其中一位祭司走上前去,挖下祭品的双眼,把右眼献给神明,左眼献给国王。国王张开嘴,好像要吞掉这只鲜血淋漓的眼睛,祭司见状立即把手收回,将眼睛放在祭品身上[①]。

接下来,祭司们抬起安放神像的雕花圣榻走出神庙,向海边走去。国王坐在两位祭司长的肩膀上,在阿雷奥斯的陪同下跟在神像后面,阵仗大得就好像要出远门一样。一路上,大家跳着轻快的舞步,祭司们的号角声和擂鼓声从未停歇。

普通民众走在队伍最后,安静而又虔诚。

神圣的独木舟在一处小海湾里轻轻摇荡。为了这场仪式,人们给舟身装点了许多绿枝和鲜花。神像被放到了独木舟上。国王脱下华服,在众祭司的引领下走进大海。在海浪中,阿图阿·马霍(鲨神)来到他的身边,抚摸他,荡涤他。

就这样,国王在神明的见证下,经由大海的亲吻得到了第二次圣化,正如他在神庙里由神明亲自亲吻得到第一次圣化一样。之后,国王登上独木舟,大祭司把马罗·奥罗乌(maro oüroü)束在他的腰间,把陶乌·马塔(taoü mata)围在他的额头,这两条织带,象

[①] 这个仪式的象征意义显而易见,无疑是在表示禁止同类相食。——原版注

征着最高统治权。

国王笔直地站在神圣的独木舟的船头,向民众致意。

看到这一幕,人们终于打破了先前的沉默,庄严的呼喊声响彻云霄:

"国王万岁!"(Maëva Arii,塔希提语)

待到欢呼声平息,国王被扶上刚刚用来放置神像的圣榻。而后,众人按着与来时大致相同的顺序列好队伍,准备返回神庙。

祭司们扛起神像,两位祭司长抬起国王,浩浩荡荡的队伍伴着乐律起舞,踏上了回程。

这一次,跟在后面的民众不再沉默,他们欢呼雀跃,不停地喊着:

"国王万岁!"(Maëva Arii,塔希提语)

神像被虔诚地放回了祭坛。

随着这一仪节的结束,这场宗教仪式也画上了句号,热闹的庆典正式开始。

正如在神庙里与众神交流、在海洋里与自然交流一样,此刻,国王也必须与他的子民进行交流[1]。他卧在垫子上,接受着子民们对他致以的最崇高的敬意。

这是野蛮人的一番狂热的致敬。

全体民众共同向一个人表达他们的爱意,而这个人就是国王。这场面宏大到令人恐惧,就像一个人与一大群人之间声势浩大的对话。明天,他就将成为地位尊崇的一国之君,可以随意决定那些臣

---

[1] 令人担心的是,那些记录传统习俗并将其传给我们的传教士,他们会出于一个我们很容易就能猜到的目的,针对这一点污蔑自己的祖先,就像他们在其他方面污蔑自己的祖先一样。但是,不管这一切有多么残忍、荒诞,甚至令人厌恶,我们必须承认,这种最高规格的仪式或许并不缺少一种特殊的美。——原版注

服在他脚下之人的命运，所有人的未来都在他的一念之间。他的子民们，就只剩下最后这点肆意狂欢的时间。

赤身裸体的男男女女把国王围在中间，跳起放荡的舞蹈。他们争先恐后地挤上前去，想要努力靠近国王。如此一来，国王与众人在身体上或多或少的接触便在所难免。这样的亲近让人们愈发兴奋，进入了一种近乎癫狂的状态。在此起彼伏的尖叫声中，原本静谧的小岛竟开始有些摇晃。暮色降临，这场令人眩晕的狂欢仍在继续。

突然，号角吹响，鼓声阵阵。

这场向国王致敬的庆典就此结束，撤退的信号已经发出。就连最亢奋的人也瞬间安静了下来，一切都归于平静。整座岛屿就这样陷入一种突如其来的、绝对的静寂之中。

国王站起身来，在随行人员的陪同下返回王宫，气氛庄严肃穆。

离 岛

捕鱼时节

最近两个星期，苍蝇突然多了起来，这在其他时候是非常少见的。我被这些家伙们搅得心烦意乱，整日不得安宁。

可是，我的毛利朋友们却一个个欢欣鼓舞。鲣鱼和金枪鱼全都游出了水面，到处乱飞的苍蝇像是在宣告捕鱼时节即将到来。这是一个劳动的季节；莫要忘记，在塔希提岛，劳动是件令人愉快的事情。

男人们忙着检查自己的鱼线和鱼钩，看看它们还结不结实。妇女和孩子们也热火朝天地在海边忙碌着,用特制的"鱼栅"——准确来说,就是用椰子树叶片做成的栅网,在近岸海域的海底珊瑚之间拖捕。这样一来,他们就可以捕到金枪鱼特别爱吃的那种小鱼,并把它们作成鱼饵了。

《塔希提渔民》(Pêcheuses Tahitiennes,高更,1891)

出　海

经过不下三周的充分准备,两艘大型的独木舟被绑在一起,推入海中。船头配有很长的杆子,能借助绑在船尾的两根绳子快速抬起。杆子上有个鱼钩,还有些鱼饵,鱼儿一旦上钩,就会被立刻拉出水面,取下暂存在舟中。

一个美丽的清晨,我们乘舟启航——我当然不会落下这样的活动——没过多久便驶过了礁石线。我们大胆地向前行进,驶入了一片开阔的水域。我还看到一只海龟把头伸出水面,目送着我们远去。

渔民们兴致勃勃，卖力地划着桨。不一会儿，我们便划到了一个被称为"金枪鱼洞"（Trou aux Thons）的地方，这里的水极深，与马拉石窟截然不同。

据说到了晚上，金枪鱼会游到鲨鱼无法下潜的深度，在那里睡觉。

一群海鸟在"金枪鱼洞"上方盘旋，它们机警地盯着海面，等待着金枪鱼的出现。只要有鱼露出水面，鸟儿们便会以令人难以置信的速度俯冲而下，随后叼着肉质鲜美的小鱼飞回空中。

于是，在大海里、天空中，还有我们的独木舟上，到处都酝酿或上演着一次又一次的杀戮。

当我问我的同伴，为什么不放下长线，去钓那些在"金枪鱼洞"底部畅游的鱼儿时，他们告诉我，那是一处圣地，绝不可以侵犯。

"海洋之神就住在那里。"

我猜，这背后一定隐藏着一个神秘的传说。我没费多少口舌，便成功地让他们把这个传说讲给了我。

罗亚·哈图（Roüa Hatou），塔希提岛的海神，就沉睡在这片海底。

曾经有一个十分莽撞的毛利人在这里捕鱼，他的鱼钩钩住了神的头发，把神给弄醒了。

神怒不可遏地浮上海面，想看看究竟是谁胆敢惊扰他的睡梦。当他看到闯下大祸的是一个凡人后，便决定毁灭全部人类，以此来为这个大不敬之人赎罪。

然而，在某种难以解释的纵容下，犯罪之人自己却逃脱了惩罚。

神命令他和他的家人前去托阿·马拉玛（Toa Marama），有人说那是一座岛或一座山，也有人说那是一只独木舟或一只"方舟"。

渔夫和他的家人到达了神指定的地点，就在这时，海水开始上涨。水一点一点没过最高的山峰，除了那些逃到托阿·马拉玛上面（或里面）的人，其他所有生灵全被淹死在了水中。

后来，他们不断繁衍后代，让各个岛屿的生命力重新焕发[①]。

我们渐渐驶离"金枪鱼洞"。独木舟的主人派一个小伙子把杆子伸到海面之上，将鱼钩投入水中。

我们等了很长时间，迟迟没有鱼儿上钩。

另一位小伙子接过杆子，这次，一条壮硕的金枪鱼咬住了鱼钩，把杆子都弄弯了。四条强有力的臂膀一起拉动后面的绳子，把杆子抬了起来，金枪鱼随之露出水面。就在这时，一条巨大的鲨鱼从水中跃出，掀起一片海浪。它用它那可怕的牙齿用力撕咬了几下，鱼钩上便只剩下了金枪鱼的头部。

在船主的示意下，我将鱼钩投入水中。

只消片刻，我们就钓到了一条个头很大的金枪鱼。我隐约听到了同伴们的窃笑，他们好像在低声耳语着什么。大鱼的头部受了几下重击，而后被扔到船尾，在痛苦的挣扎中渐渐死去。它的身体变成了一面闪闪发光的多面镜，反射出无数道耀眼的光线。

我又投下鱼钩，幸运再度降临。

没错，法国人总是能够带来好运。我的同伴们都兴高采烈地祝贺我，认定我是位幸运儿，而我也为自己感到骄傲，坦然接受了这份赞美。

然而，在众人一致的赞美声中，我听到了些许不和谐的声音。

[①] 这个传说是毛利人对洪水的众多解释之一。——原版注

和我第一次成功钓到金枪鱼时一样,有人一边偷笑,一边嘀嘀咕咕,让我感到莫名其妙。

我们一直钓到了傍晚。

待所有鱼饵都被用光,夕阳把灿烂的霞光晕染在地平线上时,我们的独木舟里,已经塞了整整十条肥美的金枪鱼。

返　航

他们正为返航做着准备。

等一切都安排妥当,我问其中一个年轻人,为什么我的两条战利品会换来那么多耳语和窃笑。他拒绝回答我的问题。但我坚持追问,我很清楚,毛利人向来缺乏反抗的能力,在强大的压力面前,他们很快就会屈服。

果然,他最后还是妥协了。他告诉我,如果一个人钓到的鱼儿是被鱼钩钩住了下颌——我那两条金枪鱼都是这样钓上来的——那就表示他的"瓦依内"趁"塔内"不在家的这段时间,做出了越轨的事情。

我将信将疑,讪讪地笑了笑。

我们开始往回划船。

热带地区的夜总是来得很快,抢先一步尤为重要。二十二只轻巧的木桨整齐划一地拨开水面,桨手们跟着划桨的节奏喊着号子,给自己鼓劲儿。独木舟驶过之处,波光粼粼。

我感到自己在疯狂地逃逸。愤怒的海洋之主正追赶着我们。受惊的鱼儿好奇地在我们周围活蹦乱跳,像是在上演一场异彩纷呈的演出。

两小时后,我们靠近了最外侧的礁石。

海水猛烈拍打着礁石,让滚滚浪涛中的航道变得异常危险。想要正确地操纵独木舟绝非易事,但当地人却驾轻就熟。我既兴奋又害怕,勇敢地和他们一起划着桨,大家配合得相当完美。

前方的海岸被闪烁的火光照亮,光源来自一根根用椰子树的枝干做成的巨大火把。这是一幅壮美的图景。家人们正在水边的沙滩上,等着我们这些渔民归来。有些人静静地坐在那里;还有些人挥舞着火把,沿着海岸奔跑;孩子们则跳来跳去,他们的尖叫声隔着老远都能听到。

高更《诺阿诺阿》手稿中的配图,沙滩上的人们

独木舟被巨大的推力推到了沙滩上。

人们蜂拥而上,准备瓜分这些战利品。

所有的鱼整齐地摆在地上,船主按人数将鱼分成若干等份,无论是男人、女人还是孩子,只要参与了这次出海捕鱼,或者抓过用来当作鱼饵的小鱼,都可以得到一份。

一共有三十七份。

夜有些凉,我换上干净的衣服,还添了一些外衣。而我的"瓦依内"一刻也没有耽搁,操起短柄小斧劈了一些木头,生起了火。

特呼拉把我的那份鱼给做熟了,她自己的那份还是生的。

她让我把白天发生的所有事情详细讲给她听,我心甘情愿地满足了她的好奇心。她高兴得像个孩子,感到心满意足。我望着她,并没有让她察觉我心中掩藏的秘密。我极力克制自己,可内心深处总有一种莫名的不安,它慢慢袭上心头,扰乱我的思绪,让我再也没有办法保持镇静。我恨不得立刻向特呼拉发问,想要问个清楚……可转念一想,问了也是白问。"问了能有什么好处?"我自问自答,"谁知道呢?"

祈祷之夜

该上床睡觉了。等我们并排躺下,我突然开口:

"你是个通情达理的人吗?"

"当然。"

"那你今天的情人,他还合你的意吗?"

"我没有情人。"

"你说谎。鱼儿都告诉我了。"

特呼拉噌的一下坐了起来,死死盯着我。她脸上挂着一种异样的表情,神秘、严肃,还夹杂着一点奇怪的庄严。我从没有见过这样的表情,也未曾想过有一天会在她那张天真烂漫、稚气未脱的脸上看到这种表情。

小屋里的气氛骤然发生了变化。我感觉到,有一种崇高的东西横在了我和特呼拉之间。我不由自主地受到信仰的影响,我为之屈服，等待着上天的启示。我知道这个启示一定会来，我并不怀疑这一点；但是，从文明社会来到这里的我，仍未能完全摆脱那种无谓的猜忌。尽管我心中的信仰变得越来越坚定，但我依然认为这其中掺有一些迷信的东西。

特呼拉蹑手蹑脚地走到门口，看看门关没关严。而后，她回到房间中央，大声念起了祷文：

救救我！救救我！
现在是夜晚，是众神的夜晚！
请牢牢地守护我，哦，我的神！
请守护我，哦，我的主！
保佑我免受法术和恶毒计谋的侵害。
保佑我远离突如其来的死亡，
以及那些散播罪恶和诅咒之人；
守卫我，让我不因土地的分割而争吵，
愿和平在我们身边永驻！
哦，我的神，请保护我远离盛怒的武士！
保护我不受犯错之人的恐吓，
让我避开那些以让我颤抖为乐的人，
替我赶走那些头发总是竖起的人！
直到我和我的灵魂得到拯救，
哦，我的神！

那天晚上，我也加入了这场虔诚的祈祷。

祈祷完毕后，特呼拉来到我的身边，满眼泪水地对我说：

"你一定要打我，打我很多、很多下。"

从这张脸上的深沉表情中，从这副完美得有如雕像一般的血肉之躯中，我仿佛看到了被特呼拉召唤而来的女神。

如果我的双手抬起，打了这个大自然的杰作，那就让它们受尽诅咒吧！

特呼拉光着身子，清澈的眼睛中噙满泪水。我感觉她好像穿着一件橙黄色的长袍，一件比丘的橙黄色长袍。

她不停地说着：

"你一定要打我，打我很多、很多下；不然的话，你会生很久的气，会生病的。"

我吻了她。

我再没有半点猜疑，对她的爱和对她的钦佩一样多。我喃喃地对自己说着佛陀的忠告：

"你必须靠仁慈来战胜愤怒，靠善良来战胜邪恶，靠真理来战胜谎言。"

那个夜晚，比其他任何一个夜晚都要神圣——黑暗过后，活力四射的一天开始了。

特呼拉的母亲一大早就给我们带来了许多新鲜的椰子。

她用眼神询问着特呼拉。她什么都知道了。

她强颜欢笑地对我说：

"你昨天去捕鱼了。都还顺利吧？"

我答道：

"我希望能马上再去一次。"

分　别

我必须返回法国了。一些繁琐的家务事，正等着我回去处理。

再见了，这片好客的热土，这个自由而又美丽的家园！

我即将离去，年纪比来的时候长了两岁，却年轻了二十岁；整个人比当初野蛮了不少，但更具智慧。

不错，这些野蛮人确实教会了我这个来自古老文明社会的人不少东西；这些单纯的人儿，教给了我很多关于生活和幸福的艺术。

高更《诺阿诺阿》手稿中的照片，令他难以忘怀的"单纯人儿"

最重要的是，他们让我更好地了解了我自己；他们告诉了我最为深刻的真理。

这是你的秘密吗，神秘的世界？光芒万丈的神秘世界啊，你在我心中照进一束光,我渐渐欣赏到你那古意盎然的美,那是古老的大自然焕发出的青春之美。我已经成为更好的自己,只因我了解并爱过属于你这里的人类的灵魂——那是一朵不再盛开的花,从此以后,再没有人能嗅到她的芬芳。

我离开码头,在登船的那一刻,我最后望了一眼特呼拉。

她已经哭了好几个晚上。现在,她精疲力尽地坐在一块石头上,虽然伤心,但很平静。她的双腿自然下垂,结实而又柔软的双脚轻点着被污染了的水面。

那朵她早上别在耳朵后面的花已经枯萎,落在她的膝上。

到处都是和她一样的人,疲惫、沉默、沮丧,目光呆滞地凝望着轮船冒出的浓烟,这艘大船满载和我一样的人——短暂相恋的爱人——驶向远方,永远不再回来。

轮船渐行渐远,站在船桥上用望远镜眺望,似乎依然能够读出他们唇边吟诵着的古老的毛利情诗:

在我头顶温柔嬉戏着的
南风和东风啊,
快到邻近的小岛上去。
你会在那里找到弃我而去的人,
他就在那棵他最爱的树下,在那树影里。
告诉他你曾看见我哭泣。

此前此后

序　言
往事回忆
关于文森特·凡高
关于埃德加·德加
关于艺术
关于人生
在塔希提和马克萨斯
后　记

序　言

　　这并不是一本书。一本书，即使写得很糟糕，也需要严肃对待，把第四章中任何一个精彩的句子放到第二章去，都会影响整本书的铺排布局。书，不是每个人都写得了的。

　　小说，从何处开篇，至何处收尾，才华横溢的卡米耶·莫克莱尔（Camille Mauclair）[①]做出了示范：很明显，须得一个全新的莫克莱尔在恰当的时机出现，一切才会变得有所不同。

　　从现实生活中提取素材，难道现实还不够，还不足以让我们搁笔吗？然后，大家都做出了改变。

　　我曾经对乔治·桑（Georges Sand）[②]很不感冒，而今，乔治·奥内（Georges Ohnet）[③]让我对她的看法有所转变。在爱弥尔·左拉

[①]　卡米耶·莫克莱尔（Camille Mauclair）：真名卡米耶·洛朗·塞勒斯坦·浮士德（Camille Laurent Célestin Faust，1872—1945），法国作家、艺术评论家。他曾在《法国信使》上抨击高更，高更的作品被接受时又表示赞赏。高更视他为眼中钉。

[②]　乔治·桑（Georges Sand）：真名阿曼蒂娜·露西·奥罗尔·杜邦（Amantine Lucile Aurore Dupin，1804—1876），法国小说家，著有《安蒂亚娜》《康素爱萝》《安吉堡的磨工》等。她的爱情生活、男性着装以及男性化笔名在当时有颇多争议，法国作家维克多·雨果称她"在我们这个时代具有独一无二的地位……其他伟人都是男子，唯独她是女性"。

[③]　乔治·奥内（Georges Ohnet，1848—1918）：法国小说家，乔治·桑的崇拜者。作品有《炼铁大师》等。

(Émile Zola)[1]的书中,洗衣女工和看门人都说着让我感到乏味的法语。等他们说完后,左拉毫不犹豫地用相同的语调和相同的法语继续说了下去。

我不是有意要毁谤他,我也并非专业人士。我希望按照自己的方式,像作画那样去写作,即任由想象驰骋,让月亮在前引路,直到很久以后才定下标题。

回忆!这便意味着历史,意味着过去。其中的一切都非常有趣,却令作者大伤脑筋。作者必须告诉读者自己是谁、来自哪里,可自从让—雅克·卢梭(Jean-Jacques Rousseau)之后,忏悔就不再是一件无足轻重的小事[2]。

如果我告诉你们,按我母亲这边来算,我来自阿拉贡(Aragon)的波吉亚(Borgia)家族,是秘鲁(Pérou)总督[3]的后裔,你们会说这不是真的,认为我自命不凡。可如果我说我来自一个下水道清洁工的家庭,你们又会鄙视我。

要是我告诉你们,我父亲那边的人都叫高更,你们会认为这幼

---

① 爱弥尔·爱德华·夏尔·安东尼·左拉(Émile Édouard Charles Antoine Zola, 1840—1902):法国小说家,自然主义文学领袖。作品有系列小说《卢贡—马卡尔家族》,包括《小酒店》《萌芽》《娜娜》《金钱》等二十部长篇小说。

② 让—雅克·卢梭(Jean-Jacques Rousseau, 1712—1778):法国启蒙思想家,在众多领域均有建树,主要著作有政治学论著《社会契约论》,小说《新爱洛伊丝》《爱弥儿》,自传《忏悔录》等。在《忏悔录》开篇,卢梭声称该书是一幅完全依照本来面目和全部事实绘出的人像,是有待创建的关于人的研究的学问的第一份参考材料。

③ 指唐·皮奥·德·特里斯坦·德·莫斯科索(Don Pio de Tristan de Moscoso, 1769—1856):他是高更母亲的叔祖父,参加过秘鲁独立战争,并曾担任秘鲁的临时总督。

稚得令人难以置信；如果我对此加以解释，称自己并不是私生子，你们又会露出怀疑的微笑。

最好的办法就是保持安静，但对于一个想要发声的人来说，这种强加在身的沉默只会压得人喘不过气来。有些人拥有明确的人生目标，有些人则活得稀里糊涂。很长一段时间以来，人们总是喋喋不休地向我谈及有关美德的问题，我明白做人应该具备美德，可我确实不喜欢它。

即便如此，我也并不属于那种感到生活无趣的人。每个人都会经历磨难，但也会体味快乐，无论快乐有多少，总是会让人铭记于心。

零散的记录互不相连，好似迷离的梦境，又好似琐碎的生活。

这些记录里包含着种种情愫，比如对邻居家某件漂亮东西的喜爱。

有时提笔，写下的是孩提时的趣事；有时提笔，纯粹是为了自我消遣；有时提笔，是对自己所认可的想法进行整理——这些想法可能极其疯狂——以抵抗糟糕的记忆；还有时提笔，描绘的是照进我艺术生命核心的缕缕光线。如果艺术作品全部都是即兴之作，那么，这些文字存在的意义将荡然无存。

我认为，影响我作品或部分作品的思想，也影响着成千上万个其他作品，我的作品和别人的作品之间，存在着某种神秘的联系。数日的思想神游，让我回忆起了过去漫长的写生时光，过程枯燥乏味，还常常扰乱心绪：一片乌云飘来，大地被阴霾笼罩，我内心一片混乱，不知该如何是好。要是等到阳光明媚的日子，我的头脑变得清醒起来，我便会专注于某一件事情、某一种观点、某一份读物，

要把它们写进一本薄薄的册子，把记忆保存下来。

……这并不是一本书。

高更《此前此后》手稿封面，左下写着"去哭泣，去痛苦，去死亡"，右下写着"去欢笑，去生活，去享受"

林林总总的片段、不可胜数的想法，以及时而冒出的玩笑话，都呈现在这个小册子里。它们不知从何处来，时而汇集到一起，时而又分散开来；一件童年的玩具，一个变幻无穷的万花筒。有时郑重其事，又常常戏谑不拘，总是轻佻得心血来潮。他们说，人总是拖着自己到处走……

我记得我曾经活过；我也记得我不曾活过……做白日梦和熟睡时做梦，其实没什么差别。睡梦往往更加大胆，有时还更合乎逻辑。

……你们会说"我们已经知道这一点了"，但再重复一遍并没有什么不妥，那就不要停歇，滔滔不绝地说下去吧：道德有如洪水一般裹挟着我们，将自由扼杀，引起对博爱的憎恶。该死的道德，宗教道德，爱国道德，士兵和宪兵的道德。履行职责时的义务，军事法典，德雷福斯（Dreyfus）①派或反德雷福斯派。

德吕蒙（Drumont）②的道德，戴鲁莱德（Déroulède）③的道德。

公共教育的道德，审查制度的道德。

美学道德，尤其是评论家的道德。

地方行政长官的道德，等等。

这些文字并不能改变什么，但是……写下它们也算得上是一种自我宽慰。

讲话闪烁其词，写作避实就虚——作为一名艺术家，含蓄委婉、巧妙迂回的表达方式让我非常受用，可我身体里住着一个野蛮人，这样的风格并不能融入我那颗尚未开化的心，如此坚韧，又如此多情。人们试着领会并运用这样的表达方式；奢华与文明相伴前行，而我并不蔑视它的美。

---

① 阿尔弗雷德·德雷福斯（Alfred Dreyfus，1859—1935）：法国犹太裔军官，1894年被诬陷犯有叛国罪，革职并处终身流放，直至1906年才改判无罪。其间，各种社会势力为此持续争论、冲突，法国陷入严重的社会和政治危机。这就是史上著名的德雷福斯事件。

② 爱德华·阿道夫·德吕蒙（Édouard Adolphe Drumont，1844—1917）：法国民族主义作家、记者。1892年创办《自由言论报》（La Libre Parole），多次发表文章，将犹太人军官歪曲成投机分子；1886年，出版《犹太法国》（La France Juive），声称犹太人将逐步控制法国。

③ 保罗·戴鲁莱德（Paul Déroulède，1846—1914）：法国民族主义诗人。普法战争期间入伍，1882年创立"爱国者同盟"（Ligue des Patriotes），主张对德复仇。这一同盟给以"复仇将军"布朗热（Boulanger，1837—1891）为主角的"布朗热事件"做了铺垫。

让我们试着去实践,并从中找寻乐趣,前提是一定要心甘情愿;我偶尔喜欢听点轻柔的音乐,直至内心回归平静。

有时候,一些野蛮人也会衣冠楚楚。

往事回忆

追忆外祖母

我的外祖母是个了不起的女人。她的名字叫作弗洛拉·特里斯坦(Flora Tristan)[1]。蒲鲁东(Proudhon)[2]曾称赞她天赋异禀,而我对于这一点却一无所知。既然这样,那就姑且相信蒲鲁东所说的吧。

外祖母推出了许多与社会主义有关的东西,工人联盟便是其中之一。工人们对此感激不尽,特意在波尔多(Bordeaux)公墓为她树立了一座纪念碑。

外祖母极有可能不会做饭——一个社会主义女学者,一个无

---

[1] 弗洛拉·特里斯坦(Flora Tristan,1803—1844):法国作家、社会活动家,现代女权主义的奠基人之一,著有《女贱民游记》《工人联盟》等。她在高更出生前就已去世,但仍给他留下不小的影响,甚至可以说,高更的性情狂热和特立独行皆源于这位外祖母。

[2] 皮埃尔—约瑟夫·蒲鲁东(Pierre-Joseph Proudhon,1809—1865):法国政论家,无政府主义奠基人之一。主张和平改良,建立生产者个人占有、自愿互助的社会。从下文高更外祖母的社会实践,可知蒲鲁东对她的影响。

政府主义者。昂方坦神父（Père Enfantin）[①]和人们普遍认为，是她创办了手工业行会（Compagnonnage）[②]，并创立了一种宗教，也即玛帕（Mapa）宗教。据说，在这一宗教中，昂方坦是男神"玛"，而外祖母则是女神"帕"。

在这些故事当中，究竟哪些是真实的，哪些是虚构的，我无从知晓，我只是把我认为有价值的信息全部告诉你们。1844年，外祖母与世长辞，很多组织都派代表前来护送她的灵柩。

不过，有一点我倒可以肯定，那就是弗洛拉·特里斯坦是一位优雅高贵的女士。她是德博尔德—瓦尔莫尔（Desbordes-Valmore）夫人[③]的密友。我还了解到，她把自己的全部积蓄都拿出来支持工人事业，并不辞劳苦地四处奔走。她还曾长途跋涉，前去秘鲁探望过她的叔父——唐·皮奥·德·特里斯坦·德·莫斯科索［(Don Pio de Tristan de Moscoso)，阿拉贡家族］。

[①] 巴泰勒米·普罗斯佩·昂方坦（Barthélémy Prosper Enfantin，1796—1864）：法国空想社会主义者、圣西门学派主要领导人之一，著有《圣西门的理论》。圣西门（Saint-Simon，1760—1825）去世后，昂方坦与其他几位追随者共同创建并领导圣西门主义运动；后来该运动逐渐带有宗教色彩，他因此被称为"最高神父"。

[②] 手工业行会（Compagnonnage）：法国手工业行业组织，旨在帮助业内人员传承知识和技能。一般认为，昂方坦把手工业行会制度的确立归功于弗洛拉·特里斯坦，是因为她为拜访工人而走遍了法国。高更下文即提到她"不辞劳苦地四处奔走"。

[③] 玛塞利娜·德博尔德—瓦尔莫尔（Marceline Desbordes-Valmore，1786—1859）：法国女诗人，作品集结为《诗集》于1842年出版。

弗洛拉·特里斯坦——一位优雅高贵的女士

　　她的女儿，也就是我的母亲，从小在一所寄宿学校里长大。这所学校名为巴斯坎（Bascans），是拥护共和派的。

　　我的父亲克洛维斯·高更（Clovis Gauguin），就是在那里认识我母亲的。当时，父亲是一名政治记者，在梯也尔（Thiers）和阿尔芒·马拉斯特（Armand Marrast）共同创办的《国民报》（Le National）[①]供职。

---

　　① 路易—阿道夫·梯也尔（Louis-Adolphe Thiers，1797—1877）：法国政治家、历史学家，著有《法国大革命史》等。阿尔芒·马拉斯特（Armand Marrast，1801—1852）：法国政论家、政治家。1830年，他们和阿尔芒·卡雷尔（Armand Carrel，1800—1836）等人共同创办《国民报》（Le National）。该报主张实行英国式的议会制，为推翻波旁王朝起过一定的积极作用。

在1848年的事件①发生之后（我是在1848年6月7日出生的），我的父亲是否预见了1852年的政变②？我不知道。但不管预见与否，他都打定了移居利马（Lima）③的主意，并打算在那里创办一份报纸。当时，这对年轻夫妇尚有一些积蓄。

不幸的是，他们乘坐的那条船的船长简直糟糕透顶，给本就患有严重心脏疾病的父亲带来了极大的损害。最终，当父亲就快在麦哲伦海峡的饥饿港（Port-Famine）④上岸时，却永远地倒在了一艘捕鲸船上，死于动脉瘤破裂。

利马时光

这并不是一本书，也不是一本回忆录；我之所以跟你们提起这些，只不过是因为童年时期的回忆刚好浮现在了我的脑海里。

唐·皮奥这位老人，这位年事已高的叔父，很快便喜欢上了自己的侄女，她是那么漂亮，像极了他亲爱的兄长唐·马里亚诺（Don Mariano）。唐·皮奥在八十岁时再度结婚，这段崭新的婚姻给他带

---

① 指1848年爆发的法国"二月革命"，这是一场旨在推翻七月王朝、建立法兰西第二共和国的资产阶级革命。

② 指1851年12月，时任法兰西第二共和国总统的路易—拿破仑·波拿巴（Louis-Napoléon Bonaparte, 1808—1873）发动的政变。1852年1月新宪法颁布，法兰西第二帝国成立，路易—拿破仑·波拿巴于同年12月称帝，是为"拿破仑三世"。

③ 利马（Lima）：秘鲁首都，位于秘鲁西部，濒临太平洋，终年少雨，是著名的"无雨城"。高更1851年来到利马，在曾叔祖父唐·皮奥家中度过了四年的童年时光。

④ 饥饿港（Port-Famine）：又译"法明港"，亦称"汉布雷港"，位于今智利南极区和麦哲伦省首府蓬塔阿雷纳斯以南八十公里处。

来了几个孩子，其中一个名叫埃切尼克（Etchenique），后来担任过几年秘鲁共和国的总统[①]。

这些人组成了一个大家庭，而我的母亲身处其中，被宠爱得像个孩子。

我拥有出众的视觉记忆能力，如今，我仍然记得那些日子，记得我们住过的房子，还有发生过的许多事情；也能够回想起总统府的纪念性建筑以及那座教堂，教堂的穹顶完全由木头雕刻而成，是后来才加盖上去的。

我还能看到我们的黑人小女孩儿，按照惯例，她必须把人们下跪用的小地毯抱到教堂。我同样可以起我们那位中国仆人，他衣服熨得特别平整。正是他把我从一家食品杂货店里找了回去。当时，我坐在两桶糖浆中间吮吸着甘蔗的汁液，而我的母亲正泪眼婆娑地派人到处寻我。

我总是喜欢离家出走。九岁那年，我在奥尔良（Orléans）时心血来潮，肩上扛着一根棍子打算逃到邦迪（Bondy）的森林里去，棍子的末端还系着一块包满了沙子的手帕。

我曾见过一幅十分吸引我的画作，上面画着一个肩扛棍子和包袱的流浪者。要留意这样的形象。

幸运的是，正当我独自一人沿路而行的时候，一位屠夫走了过来，他一边说我是个淘气的孩子，一边牵起我的手，把我领回了家中。我的母亲出身西班牙的名门望族，性子一向急躁，她一上来就扇了我几记耳光，小手好似印度橡胶般柔软，还很有弹性。不过，没几分钟后她便哭了，将我搂进怀里不停地抚摸，事实就是如此。

[①] 高更记忆有误，埃切尼克娶了唐·皮奥的大女儿，所以他实际上是唐·皮奥的女婿。

还是先跳过这件事,回到利马这座城市吧。在利马的那段时光里,天总是很晴,从未下过雨,每间屋子的房顶实际上就是一个露台,每位房主都必须交一份荒唐的税——事情是这样的,每个露台上都有一个用铁链拴着的疯子,房主或房客需要用简单的食物来喂养他。

我记得有一天,我的姐姐、黑人小女孩儿和我正在我的房间里睡觉,通往内院的屋门是开着的;一阵声音吵醒了我们,我睁开眼望向对面,只见露台上的疯子正从梯子上爬下来。月光洒满庭院。我们仨谁也没敢出声。我看到,——我现在依然能够看到,那个疯子走进我们的房间,看了我们几眼,然后又轻手轻脚地爬上梯子,回到了露台。

还有一天,我半夜突然惊醒,房间里挂着一幅精美的老叔父肖像,我看见他在画里盯着我们,而且还在摇晃。那是一场地震。无论你多么勇敢,甚至聪明绝顶,当大地震动时,一样要跟着颤抖。地震发生时,每个人都会有这种感觉,谁都不会矢口否认。

我是在后来才意识到这一点的。当时,我在伊基克(Iquique)[①]锚地外的一艘船上,望见不远处的城市有一部分轰然倒塌,海水恣意嬉戏,就像用拍子击打皮球一样,打得岸边的船只晃来晃去。

我从未想过要成为一名共济会会员,无论是出于对自由的本能渴望还是缺乏社交能力,我始终都不愿加入任何一个组织。可是,我必须承认,这个与水手有关的机构眼下确实起到了很大的作用。

在靠近伊基克的地方,一艘双桅横帆商船在一波巨浪的推动下,就要撞向不远处的岩石。就在这时,商船的桅杆上升起了一面象征

---

① 伊基克(Iquique):智利北部太平洋沿岸的一座港口城市。

着共济会会员身份的三角旗,附近的船只见状,纷纷派出小艇赶去,利用帆脚索把商船拖了回来。这艘商船就这样迅速得救了。

我的母亲总是喜欢讲述那些她在总统府邸以及别的地方玩过的小把戏。

一位有着印度血统的高级军官,吹嘘自己特别喜欢吃红辣椒。有一次家里请朋友来吃晚餐,这名军官也在邀请之列,于是,母亲便吩咐厨房做了两种不同辣味的菜,一种微辣;另一种极辣,放了很多辣椒。

晚餐时,母亲特意坐到军官旁边,其他人上的都是微辣的菜,而我们这位军官上的则是那道极辣的菜。他看到眼前这盘一片火红的菜肴时,并未有所警觉,可当他刚吃了一大口后,热血便瞬间涌到了脸上。母亲故作严肃地问他:

"是菜不合口味吗,还是您觉得菜不够辣?"

"恰恰相反,夫人,菜的味道好极了!"

随后,这个可怜的家伙鼓足勇气,把盘中的食物吃了个精光。

当母亲身着当地服装时,是多么的优雅动人、赏心悦目啊!丝绸头纱遮住了她的脸颊,只留下一只眼睛露在外面,这眼神温柔而又傲慢,纯净而又热切。

我还能看见我们那条街道,秃鹫经常过来翻吃垃圾堆里的食物。那时的利马还不是一座大都市,并不像如今这般繁华。

返回法国

四年的时光就这样安然度过,直到从法国寄来的急件送到家里的那一天。我们得回去处理我祖父的遗产。于是,向来缺乏商业头脑的母亲带着我回到了法国，回到了奥尔良。她不该一走了之，第二年，也就是 1856 年，老叔父厌倦了戏弄"死亡女神"（Madame la Mort）①，任由她把自己带离了这个世界。

高更为《死亡女神》剧本介绍所画的同名配图

唐·皮奥·德·特里斯坦·德·莫斯科索永远地走了。他活了一百一十三岁②。为纪念自己亲爱的兄长，他给我的母亲留下了五千皮阿斯特，约合两万五千多法郎。然而，在老人的病榻前，家人们违背了他的遗愿，掠夺了这笔巨大的财富，之后跑到巴黎大肆挥霍

---

① 法国戏剧家菈希尔德（Rachilde，1860—1953）1891 年创作了《死亡女神》（Madame la Mort），剧本的介绍初见于《艺术剧院》（Théâtre d'Art），高更画了一个蒙着面纱的女人作为配图。菈希尔德真名玛格丽特·瓦莱特—艾梅里（Marguerite Vallette-Eymery），作品还有《维纳斯先生》等。

② 高更记忆有误，唐·皮奥去世时八十七岁。

115

了一番。如今，这家人中只有一个非常富有的堂姐还住在利马，只不过她已经几乎成了一具木乃伊。秘鲁的木乃伊可是远近闻名的。

过了一年，埃切尼克主动提出要与母亲达成和解，一向高傲的母亲答道："要么都给我，要么别给我。"结果我们一分也没有得到。打那时起，我们虽不至于一贫如洗，却也过得极其朴素。

多年以后，我记得应该是1880年，埃切尼克以大使的身份再次来到巴黎，负责与贴现银行（Comptoir d'escompte）处理秘鲁贷款担保的问题［鸟粪贸易（affaire du Guano）］[1]。他就住在夏约大街（Rue de Chaillot）[2]，他的姐姐在那儿有一栋富丽堂皇的豪宅。身为大使的他守口如瓶，告诉姐姐一切都很顺利。于是，我的这位远房亲戚便像所有投机倒把的秘鲁女人一样，急匆匆地跑到德雷福斯银行做多秘鲁债券。

事实恰好相反，没过几天，秘鲁债券就卖不出去了。她因此遭受了数百万的损失。

"亲爱的（Caro mio，意大利语）！"她对我说，"我破产了，马厩里现在只剩下八匹马了。我该怎么办呢？"

她有两个漂亮可爱的女儿。我对其中一个还有些印象，她和我年纪相仿，我好像试图强奸过她。那时我才六岁，说是强奸确实有

---

[1] 19世纪，因工业革命引发人口激增，粮食需求日益增加。为提高农作物产量，欧洲人将目光投向秘鲁的鸟粪岛，希望进口鸟粪作为肥料。1840—1880年间，秘鲁从"鸟粪贸易"中赚取约一亿英镑，成为拉美最富有的国家之一。当时为建设铁路，秘鲁政府以未来鸟粪的生产作为抵押，在国际金融市场大规模举债，最终因对外国资本过分依赖，加之政策失误等其他因素，秘鲁出现严重金融危机，"鸟粪时代"也宣告结束。

[2] 夏约大街（Rue de Chaillot）：位于巴黎西部的第十六区，该地区有许多高档住宅区，自十九世纪以来便是巴黎上流社会家族的聚居地。

点小题大做，兴许我们两个人都只是把它当成了天真的游戏。

先前我向你们讲述我在利马的童年时，忘记告诉你们一件与西班牙人的骄傲有关的事情了。你们应该会对这件事比较感兴趣的。

利马曾经有一处印第安式的墓地：有很多格架，格架上存放着棺材，还有各种碑文。法国的实业家莫里（Maury）想出一个主意，即拜访那些富裕人家，向他们推荐用大理石雕刻的墓碑。他的做法很快就取得了成效。某某将军、某某上校，等等。光顾他生意的，全都是些大人物。他还为客户们提供了许多张在意大利雕刻好的墓碑的照片。

接下来的几年间，莫里的生意做得顺风顺水，无数艘船只载着在意大利雕刻好的大理石驶抵利马，这些大理石价格十分低廉，在利马引起了不小的轰动。

……正是莫里让人为教堂雕刻了一个木制的穹顶，雕好的部件只需要组装起来，放到旧穹顶上就可以了。我的母亲从前在寄宿学校里学过绘画，她用墨水画下了这座教堂以及教堂那用篱笆围起来的花园。整幅画看上去有一种说不出的感觉，也可以说是糟糕透顶。可还是孩子的我，却认为这幅画非常漂亮，它毕竟出自我母亲之手，我相信你们一定可以理解我。

在巴黎，我又见到了莫里，他已经老态龙钟，全凭两个侄女照料，她们是他仅有的两位继承人。莫里收藏有一套精美绝伦的瓶子（印加陶器），还拥有许多件由印第安人打造的纯金首饰。可这些东西后来都哪儿去了？

我的母亲也有几个秘鲁瓶子，而且她还收藏了不少用纯银铸造的小雕像，纯银的色泽还像刚从银矿里开采出来那样耀眼。后来，这些藏品连同家中大量的藏书,还有几乎所有的家庭证件,都在普鲁士人于圣克卢(Saint-Cloud)燃起的那场大火中付之一炬了①。

一看到书的封面上印有拉马丁(Lamartine)②的名字,我便会想起我可爱的母亲,她从不放过任何一个诵读《约瑟兰》(Jocelyn)③的机会。

书!多么珍贵的纪念!

1890年,高更根据母亲的一张照片和自己的记忆,画下了这幅名叫《艺术家的母亲》(La Mère de l'Artiste)的油画

---

① 指普法战争期间的一场大火。1870年,拿破仑三世在巴黎圣克卢宫下令发动对普鲁士人的战争,后来普鲁士人包围并攻破巴黎,烧毁了圣克卢宫。

② 阿尔封斯·马里·路易·德·普拉·德·拉马丁(Alphonse Marie Louis de Prat de Lamartine,1790—1869):法国作家,著有长诗《约瑟兰》《天使谪凡记》,小说《一个女仆的故事》《圣普安的石匠》等。

③ 《约瑟兰》(Jocelyn):拉马丁1836年创作的长诗,歌颂青年教士约瑟兰为履行宗教职责而牺牲爱情的精神。

学生时代

我有个热心肠的叔叔住在奥尔良，大家平时都喜欢叫他"鸡鸡"（Zizi，取法语儿语意），因为他的名字叫作伊西多尔（Isidore），而且身材又瘦又小。

他告诉我，我们刚从秘鲁回来的时候，住的是我祖父的房子。那时我七岁，经常跑到花园里跺脚，还把沙子撒得到处都是。叔叔看见了总会问我："好了好了，我的小保罗，你这是怎么啦？"每每得到他的关注，我便会跺得更加卖力，一边跺一边答道："小孩子就是这么淘气。"

虽然还是个孩子，但我已经能够对自己的行为作出判断，也懂得了让别人知道这一点的必要性。有时，我会一动不动地站在榛子树下，安静地望着树出神。榛子树的旁边还有一棵无花果树，它们点缀了花园的一角。

"你在做什么，我的小保罗？"

"在等榛子掉下来。"

那个时候，我才刚开始讲法语，也许因为说惯了西班牙语，我发每一个字母的音都显得很不自然。

没过多久，我开始尝试削东西，削了一个匕首的手柄出来，还做了一些雕刻——但并没有削出匕首；我心中怀有很多大人们无法理解的小小梦想。有位老妇人，她是我们家的朋友，看到我削的匕首手柄后赞叹道："他将来会成为一名伟大的雕塑家。"遗憾的是，这位老妇人并不是先知。

后来，我成了奥尔良一所寄宿学校的走读生。学校里的老师说："这孩子要么是个白痴，要么就是个天才。"可我长大后既没变成白痴，也没变成天才。

一天，我揣着几颗彩色玻璃弹珠回到家中。母亲恼羞成怒，问我弹珠是从哪儿来的。我低下头，说是用自己的皮球换来的。

"什么，你，我的儿子在和别人做交易？"

在母亲的认知里，"交易"是一个可鄙的字眼。可怜的母亲！她既是错的，也是对的。其实，还是孩子的我，已经意识到了这世上有很多东西都是不能买卖的。

十一岁那年，我来到一所由牧师开办的中学读书，取得了不小的进步。我在《信使》（Mercure）[①]上读到了几位文人对这种神学院式教育价值的看法，后来，他们不得不从中解脱出来。我不会像亨利·德·雷尼埃（Henri de Régnier）[②]那样，称这种教育方式对我的智力发展毫无用处；相反，我认为这对我很有帮助[③]。

至于其他方面，我认为正是这种教育方式，让我小小年纪就开始憎恶伪善、虚伪的美德以及告密（总是三个）[④]；也让我开始怀疑所有与我的直觉、内心和理智相悖的东西。

---

① 《信使》（Mercure）：《法国信使》（Mercure de France）的简称，1672年由让·多诺·德·维泽（Jean Donneau de Visé，1638—1710）创刊于里昂，1995年终刊。该刊主要登载文艺作品，是法国权威文学刊物之一。

② 亨利·德·雷尼埃（Henri de Régnier，1864—1936）：法国象征主义诗人，著有诗集《翌日》《古传奇诗集》《乡村迎神赛会》等。

③ 一般认为，在奥尔良，神学院式的教育形式多样、内容广泛，赋予了高更深厚的文化背景。

④ 当时宗教学校规定"永远不要两个，总是三个"（Nunquam duo, semper tres），意在鼓励学生之间相互告发。

正是这种教育方式,让我学到了一点儿埃斯科瓦尔(Escobar)[1]的诡辩精神。我们得承认,在斗争中,这是一股不容小觑的力量。

也正是这种教育方式,让我习惯了遵从本心,持续关注老师们的一举一动,为自己制造欢乐,也为自己制造悲伤,并承担由此带来的全部责任。

我的老师博杜安(Baudoin)老爹,是滑铁卢(Waterloo)战役中幸存下来的一名掷弹兵。他擅长给让·尼古特(Jean Nicot)[2]调味,街坊四邻对此都赞不绝口。

在宿舍里,我们常会撩起睡衣,很不恭敬地说:"立正!枪上肩!"每当这时,老爹眼里总是噙满泪水,他准是又想起了伟大的拿破仑(Napoléon)。伟大的拿破仑能够让他们死,也能够让他们生。"都过去了,再也没有士兵了。"这是博杜安老爹嘴边经常挂着的一句话。

水手生活

一个故事引出另一个故事。我记得在勒阿弗尔(Le Havre)[3]的

---

[1] 安东尼奥·德·埃斯科瓦尔·伊·门多萨(Antonio de Escobar y Mendoza,1589—1669):西班牙道德神学家,耶稣会传教士。他是当时著名的诡辩论者,其名字后来成为"闪烁其词的伪君子"的代名词。

[2] 让·尼古特·德·维耶曼(Jean Nicot de Villemain,1530—1604):法国外交家、学者。1559年作为大使前往葡萄牙,在里斯本接触到烟草并引入法国,烟草中特有的成分烟碱因此被命名为"尼古丁"(nicotine)。在文中的"让·尼古特",是当时人们对一种烟斗的幽默称呼。

[3] 勒阿弗尔(Le Havre):法国北部海滨城市,其港口是法国第二大港,仅次于马赛港。

一天晚上（那段时间我在一艘商船上做水手），我喝了些酒。到了午夜时分，我沿街而行，朝家的方向走去。我撞上了一扇半推开的百叶窗，差一点儿就弄断了鼻梁。"该死的！"我一边大喊，一边使劲拍打百叶窗，可它却怎么也合不上。信不信由你，那儿肯定有个吊死鬼不愿意让窗户关上。我不再管它，继续走我的路（我确实喝得有点儿多），一边走一边大声地自言自语道："讨厌鬼！这也太不关心路过之人的死活了，早晚会有人被撞得脑袋开花。"

高更笔下的港口

我作为学徒的第一次航行，乘坐的是卢齐塔诺（Luzitano）号（装货人联盟，从勒阿弗尔到里约热内卢）。

这艘船就停泊在里约热内卢的锚地。那是一个晴朗的夜晚，天气酷热难耐，每个人都想找到一处清凉之地。水手们睡在前甲板上，长官们则聚在船尾闲聊，试着入睡。

突然，一声尖叫传来："有人落水了！"掉进水里的是船上的一名服务员，他还是个孩子。他一定是在睡梦中不知不觉地失去了平衡，现在水流已经把他冲到船尾那边去了。

这孩子不会游泳。大家都在张望，就好像在剧院里一样。船上的黑人厨师被这阵骚动吵醒，好奇地走了过来。等看明白发生了什么事后，他大喊道：

"啊，我必须，见鬼，他会淹死的！"

他毫不犹豫地跳进水中，把男孩儿带到了船尾的梯子边。这时，大家纷纷抓起绳子扔给男孩儿，可男孩儿已经顺着梯子爬了上去。恐惧和愚蠢占据着我们的内心，直到一个果敢聪慧的人挺身而出，大家也才因此变得果敢聪慧起来……

就在我们从勒阿弗尔出发驶向里约热内卢的前几天，一个小伙子找到我说："您就是那位接替我的学徒吧？烦请您帮忙把这个小盒子和这封信送到这个地址。"我读了一下信封上的名字："艾芙·鲁阿·德·奥维多（Aimée Rua d'Ovidor）夫人"。

"您会见到一位仪态万方的夫人"，他说，"我必须向您隆重介绍一下她。她和我都是波尔多人。"

读者诸君，我就不和你们唠叨这段航程中发生的事情了；那只会让你们感到无聊。我就只提下面几句：托巴雷尔（Tombarel）船长有四分之一的黑人血统，是个魅力十足的人物；卢齐塔诺号是一艘重达一千两百吨的漂亮巨轮，非常适合载客，在顺风的条件下航速能达到每小时十二节。我们一路上行驶得非常顺利，未曾遇上任何风暴。

正如你们所想的那样，我上岸后做的第一件事，就是把小盒子和信送到那个地址。这可真是一桩美差。

"真好，他还想着我。而你，我的宝贝儿，快让我好好看看。

123

你长得多英俊啊！"

那时的我个子还很矮，虽然已经十七岁半了，但看起来还像十五岁一样。尽管如此，登船前，我还是在勒阿弗尔第一次偷吃了禁果，直到现在我的心还怦怦直跳。接下来的一个月真是令人心情愉快。

迷人的艾美，虽然已年过三十，但还是那么楚楚动人，在奥芬巴赫（Offenbach）①的歌剧中扮演着主要角色。如今，我依然能看到华衣锦服的她坐在一辆四轮马车里，马车被一头矫健的骡子拉着向前行进。人人都向她大献殷勤……

艾美让我的道德彻底沦丧。肉体一定得到了极大满足，因为我已经变得十分浪荡。

回程时，我们迎来了几位女乘客，她们当中有一个体态丰腴的普鲁士女人。这一次，轮到船长被迷得神魂颠倒了，他完全敞开了心扉，却并未得到任何回应。那个普鲁士女人和我在帆缆库里找到了一个绝佳的隐秘之处，库门刚好通向楼梯旁的船舱……

如你们所见，我的生活一直都不太安定，经历了许多磨难。我是一个拥有多重性格的混合体。粗鲁的水手。那就这样吧。但我的身体里也流淌着贵族的血液，或者，说得好听点，我拥有两种血统，属于两个家族。

---

① 雅克·奥芬巴赫（Jacques Offenbach，1819—1880）：德裔法国作曲家，法国轻歌剧的奠基人和杰出代表，代表作有《霍夫曼的故事》《地狱中的奥菲欧》《美丽的海伦》等。

丹麦印象

我极其讨厌丹麦，厌恶那里的气候，也厌恶那里的人[1]。

嗨，不过丹麦也有一些好的方面，这是不容置疑的。

……丹麦在教育、科学，尤其是医学领域进行了很大的投入。哥本哈根医院凭借其庞大的规模及一流的设施，被认为是同级别医院中最为出色的医院之一。

这点让我们向丹麦致敬。除此以外，我看到的全部都是负面的东西。抱歉，我差点忘了一件事：这里的房屋从构造到设施都是极为考究的，冬可御寒，夏能通风，整座城市看上去既整洁又美观。

我还得补充一点，丹麦人一般都会在餐厅招待客人，为客人提供可口的菜肴。不得不说，这样的招待方式的确非常周到，大家边吃边聊，时间总是消磨得很快。但不要觉得这样的聊天太过单调乏味："你们的国家很强大，你们肯定认为我们十分落后。我们的国家太小了。您觉得哥本哈根怎么样，我们的博物馆呢，还有……？其实也没什么大不了的。"对方之所以提起这些，是为了让你说出截然相反的答案；而出于礼貌，你肯定会那样说的。

风俗！

他们的博物馆！老实说，里面并没有什么绘画藏品，只有几幅旧丹麦画派的作品、梅索尼埃（Meissonier）[2]风格的风景画以及描绘小船的画作。希望如今这样的现象能有所改观。这里还有一座专

---

[1] 高更1884年至1885年间曾与家人住在丹麦哥本哈根。

[2] 让—路易—欧内斯特·梅索尼埃（Jean-Louis-Ernest Meissonier，1815—1891）：法国画家，作品以风俗和军事题材为主，风俗画笔法细腻，富有生活情趣。

托尔瓦德森的纪念碑雕塑作品《垂死狮子像》

门为伟大的雕塑家托尔瓦德森（Thorvaldsen）[①]建造的纪念碑，他是丹麦人，曾在意大利生活过，并在那里走完了自己的一生[②]。我看见了，清楚地看见了，我的脑袋嗡嗡作响。希腊神话变成了斯堪的纳维亚神话，然后被新教覆盖。维纳斯们垂下目光，谦逊地将湿布披在身上。仙女们跳起吉格舞。看啊，先生们，她们跳的正是吉格舞：快看她们的脚步。

在欧洲，人们称他为"伟大的托尔瓦德森"，但这些人并没有见过他。他那头著名的狮子，是去瑞士旅游的人唯一可看的东西：

[①] 巴特尔·托尔瓦德森（Bertel Thorvaldsen，1770—1844）：丹麦雕塑家。早期作品多取材于希腊罗马神话和历史事件，晚期则多为肖像和纪念碑雕塑，代表作有《亚历山大攻陷巴比伦》《哥白尼像》《卢塞恩之狮》等。1848年，丹麦政府筹建"托尔瓦德森博物馆"，收藏他的雕塑和绘画作品。

[②] 据考证，托尔瓦德森晚年回到出生地哥本哈根，几年后在哥本哈根逝世。

活像一只鼓起来的大丹犬①。当我将这些话说出口时,我知道丹麦人一定会跑到各个角落去烧糖,以此来消除我对他们最伟大的雕塑家所说的贬损言论。

……让我带你们到一间如今已经很难见到的沙龙去看看吧。这间沙龙属于一位伯爵,他在丹麦贵族中的地位非常显赫。

房间四四方方,很是宽敞;墙上有两块为这个家族特别定制的巨幅德国挂毯,它们的精致程度绝对超乎你们的想象;在两扇门的上方,挂着透纳(Turner)②笔下的威尼斯风光;木质家具上雕刻着家族徽章,桌子也镶嵌着图案;织物富有时代特色——布置得高贵典雅。

有人领你走进沙龙,向你致意。你坐在一个包着红色天鹅绒的螺旋状软垫凳上,做工精致的桌子上放着从廉价商店里买来的价值几法郎的装饰小垫,还有一本相册和几个质地相同的花瓶。破坏艺术的摆设!

沙龙旁边是一间装潢考究的收藏室。里面陈列着绘画作品、伦勃朗(Rembrandt)③所画的一位先人的画像,等等。所有东西都散发着一股霉味儿。没人走进去过。这家人更愿意待在新教教堂,那

---

① 指托尔瓦德森的纪念碑雕塑作品《垂死狮子像》(Löwendenkmal)。作品位于瑞士卢塞恩的街头公园,用以纪念1792年"八月起义"中为保卫巴黎杜伊勒里宫而战斗的瑞士雇佣兵。大丹犬为原产德国的犬种,体型高大,性格温顺。

② 约瑟夫·马洛德·威廉·透纳(Joseph Mallord William Turner,1775—1851):英国画家。他曾悉心研究海上的光线、云气和风雨活动,尤其擅长描绘水汽弥漫的风景。代表作有《海上渔夫》《雨、蒸汽和速度——西部大铁路》等。

③ 伦勃朗·哈尔曼松·凡·莱因(Rembrandt Harmenszoon van Rijn,1606—1669):荷兰画家。他擅长运用明暗法,"用黑暗绘就光明",法国画家、批评家欧仁·弗罗芒坦(Eugène Fromentin,1820—1876)曾称他为"夜光虫"。代表作有《尼古拉·特尔普教授的解剖课》《夜巡》等。

儿是诵读圣经的地方，那里的一切会让你的思想变得僵化。

还有一点很值得一提，那就是丹麦的订婚制度，它的优势在于不需要你作出任何承诺（人们像更换手帕一样更换未婚夫或未婚妻），同时还能让你兼顾爱情、自由和道德。你们订婚了，所以你们可以一起去散步——甚至去旅行——订婚的外衣可以掩盖所有。可以把这一切权当一场游戏，这对双方都有好处，既能让两个人学会关心对方，也能避免陷入麻烦。

每订一次婚，像鸟儿一样的女人便会失去大量的小羽毛，然而，用不了多久，全新的羽毛就会神不知鬼不觉地生长出来。丹麦人就是这么现实。浅尝辄止即可，千万不要用情太深，否则你一定会后悔。要时刻牢记，丹麦女人是最现实的。不要误会我的意思：这是个小国家，所以她们必须谨小慎微。就连孩子们都被教育得能够说出这样的话："爸爸，我们得有一些钱；不然的话，我可怜的父亲，你就出局了。"我见过这样的情况。

按照丹麦北部地区民众的衡量标准，世界上最宽广的心也抵不过一枚价值一百苏的硬币。我曾留心观察过北边，我所发现的最好的东西当然不是我的岳母，而是她烹饪的味道鲜美的野味。鱼吃起来也很不错。结婚之前，一切都是美好而又惬意的，一旦结了婚，要当心了，兄弟；事情可没那么简单，好酒也会变成酸醋。

在易卜生（Ibsen）[①]的戏剧《人民公敌》（Un Ennemi du Peu-

---

① 亨利克·易卜生（Henrik Ibsen, 1828—1906）：挪威戏剧家，以"易卜生式"的"社会问题剧"而闻名。代表作有戏剧《玩偶之家》《群鬼》《人民公敌》《培尔·金特》等。

ple）① 中，妻子变得（但只是到了最后才变得）配得上她的丈夫。她和大多数人一样平庸、自私，甚至比其他人更以自我为中心；一生中，她只在那一分钟里融化了自己心中那来自北方的寒冰。

……我还知道一位人民公敌,他的妻子不仅不跟随丈夫的脚步，还把孩子们培养得连自己的父亲也不认识；而这位一直身处狼群之中的父亲，从未听到过孩子们在他耳边轻声呼唤："亲爱的爸爸。"要是他过世后留有什么遗产，那孩子们就会出现了，一定会出现。

生活二三事

除非待在一个能让自己非常安心的地方，否则不要抱有阅读埃德加·坡（Edgar Poë）② 作品的想法。尽管你认为自己很勇敢，但事实可能并不是你所想象的那样 [正如魏尔伦（Verlaine）③ 所说]，到时你就会感到后悔。还有一点至关重要，那就是不要试图在看过

---

① 《人民公敌》（Un Ennemi du Peuple）所描写的故事发生在挪威的一个海滨小镇。小镇为吸引游客、繁荣社会，计划建设温泉浴场。项目顺利进行中，医生斯多克芒发现制革厂污染浴场水源，严重影响居民和游客的健康，建议改建供水管道。由于公开实情有碍发展、改建又需增加投资，斯多克芒遭到全面反对，并最终以表决方式被宣布为"人民公敌"。

② 埃德加·爱伦·坡（Edgar Allan Poë，1809—1849）：美国作家、评论家，作品以怪异恐怖著称。代表作有《怪异故事集》《莫格街凶杀案》《黑猫》等。

③ 保尔·魏尔伦（Paul Verlaine，1844—1896)：法国象征主义诗人，1894 年被选为"诗人之王"。作品有诗集《感伤集》《智慧集》《平行集》《好歌集》等。

奥迪隆·雷东（Odilon Redon）[1]的画作后入睡。

法国作家于斯曼曾称雷东的画是"病和狂的梦幻曲"，这幅《独眼巨人》便是如此

让我给你们讲一件真实发生过的事情。

我和我的妻子俩人坐在壁炉前面看书。屋外很冷。我妻子正在读埃德加·坡的《黑猫》（Le Chat Noir）[2]，而我正在读巴尔贝·德·奥尔维利（Barbey d'Aurevilly）的《罪恶中的幸福》（Le Bonheur

---

[1] 奥迪隆·雷东（Odilon Redon，1840—1916）：法国画家，十九世纪末象征主义画派的领军人物。代表作有《独眼巨人》《维奥蕾特·海曼像》《长颈瓶中的鲜花》等。

[2] 《黑猫》（Le Chat Noir）：爱伦·坡的经典恐怖短篇。故事中，妻子阻拦"我"砍死在地窖里差点把"我"绊倒的黑猫，结果"我"转而砍死妻子，并将尸体封入地窖的墙里；不料黑猫也被封入其中，它的叫声最终帮助警察找到了"我"杀妻的证据。

dans le Crime）①。

炉火快要熄灭了，天气太冷了。该去取些木炭了。于是，我的妻子到画家约贝—杜瓦尔（Jobbé-Duval）转租给我们的小房子的地窖里去了一趟②。

在台阶上，一只黑猫受到惊吓跳了起来，我的妻子也跟着跳了一下。犹豫了片刻之后，她还是选择继续往下走去。铲了满满两铲木炭后，一颗头骨从木炭堆中露了出来。我妻子吓得瑟瑟发抖，撇下所有东西飞快跑上楼梯，最后晕倒在了卧室里。我来到地窖，想要再多铲一些木炭，结果发现了整具骨架。那是约贝—杜瓦尔曾经用过的一具老旧的用金属线串制的骨架，后来散架了，约贝—杜瓦尔便把它扔在了地窖里。

如你们所见，这些事情其实并不复杂，但碰到一起所形成的巧合却令人毛骨悚然。要小心埃德加·坡。我继续看书，看着看着，便不由得想起了那只黑猫，继而又联想到了巴尔贝·德·奥尔维利的《罪恶中的幸福》，想到了这一离奇的故事中作为引子出现的那头黑豹。

在阅读的过程中，我们总能发现，作者讲述的事件似曾相识。

---

① 儒勒—阿梅代·巴尔贝·德·奥尔维利（Jules-Amédée Barbey d'Aurevilly，1808—1889）：法国作家，著有小说《图什骑士》《着魔的女人》等。《罪恶中的幸福》（Le Bonheur dans le Crime）是作者短篇小说集《魔怪集》（Les Diaboliques）里的一篇，讲述一位伯爵爱上一个女击剑手，两人合谋毒死伯爵夫人，最终幸福地生活在一起的故事。

② 阿尔芒·费利克斯·马里·约贝—杜瓦尔（Armand Félix Marie Jobbé-Duval，1821—1889）：法国画家。作为学院派画家，他画风严谨，作品也多为教堂和公共建筑的壁画。他出租的住宅位于巴黎西南部第十五区的卡塞尔街八号，带有工作室和花园，高更和妻子1880—1881年间曾住在这里。

有的时候，我会去参加斯特芳·马拉美（Stéphane Mallarmé）[①]举办的星期二沙龙[②]，他是位可敬的诗人。在某个周二的沙龙上，话题转到了公社上面，我也跟着一起谈论了起来。

这件事发生后不久，有一天，我在从交易所回家的路上走进了马扎兰（Mazarin）咖啡馆。有位军人模样的绅士坐在其中一张桌子旁边；他让我忽然想起了我的一个老同学，我不由得盯着他看了好一会儿，他捋了捋胡子，傲慢地说道："我欠你什么东西吗？"

"不好意思，"我开口道，"您是不是在洛里亚尔（Lorial）那儿待过[③]？我是保罗·高更。"

他答道："我是登内布德（Denneboude）。"

我们一下子就想起了对方，热络地聊起了毕业后所发生的事情。他在圣西尔军校（Saint-Cyr）[④]受训后当上了军官，一度被普鲁士

[①] 斯特芳·马拉美（Stéphane Mallarmé，1842—1898）：法国诗人，现代主义和象征主义诗歌的代表。1896年被选为"诗人之王"。作品有《牧神的午后》《骰子一掷，不会改变偶然》，诗集《徜徉集》等。

[②] 星期二沙龙：自1880年起，马拉美开始在家中举办沙龙，因在星期二举行，故称"马拉美的星期二"（Les Mardisde Mallarmé）。该沙龙在当时法国文化界最为著名，魏尔伦和诗人兰波（Rimbaud，1854—1891）、作曲家德彪西（Debussy，1862—1918）等，都是沙龙的常客。

[③] 高更于1862年至1864年间曾是一所私立中学的寄宿生，学校的经营者为洛里亚尔（Lorial）先生，地址位于巴黎地狱街四十九号。

[④] 圣西尔军校（Saint-Cyr）：全名"圣西尔军事专科学校"（École Spéciale Militaire de Saint-Cyr），位于巴黎西南郊外凡尔赛宫附近的圣西尔。1802年由拿破仑创办，是法国最早的军校，也是与美国西点军校齐名的世界四大军校之一。

人俘虏。在凡尔赛军队进入巴黎时①,他指挥着一个营。他带领队伍经由香榭丽舍大道(Champs-Élysées)抵达协和广场(Place de la Concorde)②,而后又向圣—拉扎尔车站(Gare Saint-Lazare)③前进,其间攻克了一个街垒,并抓了一些俘虏。在这些俘虏当中,有一个约莫十三岁的巴黎小伙子,他很勇敢,被俘时手里还拿着步枪。

"抱歉,长官,"小伙子喊道,"临死之前,我想去和我那可怜的祖母道个别,您看,她就住在那边的阁楼上;您放心,我不会耽搁太久的。"

"那就快去!"

听到这里,我几乎忍不住要上前和我这位儿时的伙伴——好心的登内布德握一握手,但是我没有。

他继续讲了下去:"我们沿着街道向克利希街垒(barrière Clichy)④走去,还没到地方,那个小伙子就上气不接下气地跑上前来喊道'长官,我来了'。"

---

① 指凡尔赛军队进攻巴黎,镇压巴黎公社。1871年,法国在普法战争中战败,梯也尔政府在凡尔赛与普鲁士签订和约草案,并任由普鲁士军队包围巴黎,巴黎工人自发成立公社进行反抗;梯也尔政府在普鲁士军队的帮助下,纠集凡尔赛军队,对巴黎公社进行了镇压。

② 香榭丽舍大道(Champs-Élysées):又称"凯旋大道",位于巴黎西北部的第八区,在卢浮宫与新凯旋门连心中轴线上。协和广场(Place de la Concorde):位于香榭丽舍大道的中段,是法国著名广场之一。

③ 圣—拉扎尔车站(Gare Saint-Lazare):1837年建成,位于巴黎西北部的第八区,随着法国第一条铁路——巴黎—圣日耳曼线的通车投入使用。

④ 克利希街垒(barrière Clichy):位于巴黎西北部第八、九、十七、十八区的交界处,在1814年的巴黎战役中为保卫巴黎所建,因通往克利希村而得名。如今,那里已演变成为克利希广场。

法国画家霍勒斯·韦尔内（Horace Vernet，1789—1863）1820年创作的油画《克利希的街垒》

我，高更，焦急地问道："你对他做了什么？"

"呃，"他说，"我开枪打死了他！你明白的，这是我作为一名军人的职责……"

从那一刻起，我想我理解了"军人的良知"这一宝贵概念的含义。当侍者朝我走来时，我掏出我们两个人的酒钱，没再多说一个字，带着纷乱的心绪迅速起身离开了。

斯特芳·马拉美取下一本维克多·雨果（Victor Hugo）[①]的作品集，用他那收放自如、富有魔力的嗓音，读起了我刚刚讲述的那则故事；

[①] 维克多·雨果（Victor Hugo，1802—1885）：法国作家，著有长篇小说《巴黎圣母院》《悲惨世界》，诗集《惩罚集》《沉思集》等。他被誉为"法兰西的莎士比亚"，法国文学家罗曼·罗兰（Romain Rolland，1866—1944）曾评价称："在文学界和艺术界的所有伟人中，雨果是唯一活在法兰西人民心中的伟人。"

只是在结尾，雨果出于对人类生命的尊重，没有让年轻的英雄倒在枪下。

关于文森特·凡高

初到阿尔勒

一直以来，我都想提笔写一写凡高（Van Gogh）[1]，等时机成熟，我一定会这样做的；现在，我要告诉你们一些与他有关的事情，更准确地说是关于我们两个人的事情，以此来平息在某些圈子里流传的谣言。

在我的一生中，几个和我经常待在一起谈天说地的男人最后都疯了，这当然只是一个巧合。

凡高两兄弟就是这样，不少人认为是我害得他们精神错乱，下此结论的人中，有一部分是蓄意诽谤，有一部分则是妄加揣测。诚然，有些人总是会或多或少地给自己的朋友带去一些影响，但这远不足以构成发疯的原因。在那次悲剧发生很久以后[2]，文森特从他接受治疗的疗养院给我寄来一封信。他对我说："你能待在巴黎实在是太幸福了！毕竟那里人才济济，不用费多大力气就能找到一位

---

[1] 文森特·威廉·凡高（Vincent Willem van Gogh，1853—1890）：荷兰后印象派画家，表现主义的先驱。代表作有《星月夜》《吃土豆的人》《有乌鸦的麦田》，以及自画像和向日葵系列等。

[2] 那次悲剧：指凡高割掉自己的耳朵。下文有具体叙述。

专家治疗你的疯癫。我们不是都疯了吗?"

这个建议很不错;正因为如此,我才没有遵循它,主要是出于一种矛盾的心理。

几年前,文森特曾在《信使》上发表过一封信,读者从中不难发现,他让我来阿尔勒(Arles)①的意愿有多么强烈,他希望和我一起按照他的设想创立一间画室,并由我来担任负责人。

那时,我正在布列塔尼(Bretagne)的阿旺桥(Pont-Aven)②开展我的艺术事业,也许是因为一切进展顺利还不想离开,又或许是因为某种模糊的直觉让我预感到了一些反常之事,我迟迟没有动身;然而,有一天,我还是被文森特炽热的友情征服,启程前往阿尔勒。

我很晚才到,于是便走进一家通宵开放的咖啡馆等待天亮。老板看着我,突然惊叫道:"原来你就是他的那位密友!我认出来了。"

我给文森特寄过一张自画像③,这足以解释老板惊叫的原因。文森特给他看过我的画像,告诉他上面画的是自己的一位朋友,这位朋友很快就会过来。

---

① 阿尔勒(Arles):又译"阿尔",法国东南部城市。1888年,凡高来到这里,根据当地风物创作了代表作《夜间的露天咖啡座》《阿尔的吊桥》《罗讷河上的星夜》等;高更同年应邀前来。

② 阿旺桥(Pont-Aven):法国西北部地区布列塔尼的一个小山村。1886年,高更听从约贝—杜瓦尔的建议来到这里,在当地极具特色的风土人情和民俗服饰吸引下重燃激情,创作了《沐浴》《田间》《妇女和儿童》等作品。此后,他又先后几次来到这里,创作了《水塘边的柳树》《在浪中》《黄色基督》等。

③ 指高更1888年创作的油画《名为"悲惨世界"的自画像》(Autoportrait dit "Les Misérables")。在1888年10月8日写给舒芬尼克的信中,高更对这幅画进行了详细的阐释,详见《书信一束》。

凡高于1888年创作的油画《夜间的露天咖啡座》

  我过去叫醒了文森特,不早也不晚。这一天是我搬进来的日子,我俩不停地聊着天,还出去散了散步,欣赏阿尔勒的美景和女人。顺便提一句,这里的女人可没能燃起我哪怕一丁点的激情。

  第二天,我们便投入到了工作当中——他继续画还未完成的作品，而我则重新开始。我必须要告诉你们的是，我并不具备像其他画家那样挥翰成风的能力。像这样的人下了火车，取出调色盘，只消片刻便能够生动地描绘出一派阳光灿烂的景象。待颜料晾干，作品便被立即送往卢森堡，画上的署名赫然写着：卡罗勒斯—杜兰（Carolus-Duran）[①]。

我并不欣赏这幅画，可我佩服这个人。

他那么自信，那么镇定。

而我却那么犹豫，那么焦虑。

每到一处，我都要蛰伏一段时间；每一次，我都得对周遭的一切进行深入了解，直至能够准确辨认各种各样的植物和树木，充分熟悉当地的自然环境。大自然是如此的多姿多彩，它千变万化，从不愿透露自己的秘密，也决不会向世人屈服。

因此，直到在这里住了好几个星期之后，我才充分地感受到了阿尔勒及其周边地区的苦涩气息。在适应的过程中，我依然奋力地工作着，文森特也一如既往。他和我，我们两个人，一个像火山，另一个也同样性烈如火，可以这么说，我俩迟早会压制不住内心的怒火，引发一场争斗。

最让我震惊的是，一切都凌乱无章。颜料盒就快要盛不下那些挤过的颜料管，用完也从不拧上盖子。然而，纵使周围混乱不堪，他的油画依然光鲜亮丽，而他也依然谈笑风生。

[①] 卡罗勒斯—杜兰（Carolus-Duran）：真名查尔斯·奥古斯特·埃米尔·杜兰（Charles Auguste Émile Durand，1837—1917），法国学院派画家，擅长肖像画，以为上流社会成员作画而闻名。他在1853年赴巴黎深造时，给自己取名为"卡罗勒斯—杜兰"。代表作有《爱德华·马奈的肖像》《菲利普·波尔蒂的肖像》《戴手套的女士》等。

都德（Daudet）[1]、德·龚古尔（de Goncourt）[2]、圣经，它们都在这个荷兰人的大脑里燃烧。阿尔勒的码头、小桥和船只令他流连忘返，对他来说，整个法国南部都变成了荷兰。他甚至忘记了用家乡的文字书写，在他那些公开发表的写给弟弟的信中，通篇都是法语，而且运用自如，类似"tant que"（只要）、"quant à"（至于）一类的词极为常见。

虽然我已竭尽所能，希望从他纷繁的思绪中为他那些批判的观点找出合乎逻辑的理由，但我仍无法对他作品和观点之间存在的矛盾作出解释。比如，他对梅索尼埃钦佩之至，而对安格尔（Ingres）[3]却深恶痛绝。他声称对德加（Degas）[4]大失所望，还认为塞尚

---

[1] 阿尔丰斯·都德（Alphonse Daudet，1840—1897）：法国作家，著有短篇小说集《磨坊书简》《月曜故事集》，长篇小说《小东西》《达拉斯贡城的达达兰》等。都德最为国人熟知的作品，是《月曜故事集》中的《最后一课》。

[2] 埃德蒙·德·龚古尔（Edmond de Goncourt，1822—1896）：法国作家、史学家，与弟弟茹尔·德·龚古尔（Jules de Goncourt，1830—1870）并称"龚古尔兄弟"，合著有《大革命时期的法国社会史》《十八世纪的艺术》以及小说《勒内·莫普兰》等。以他的名字命名的"龚古尔文学奖"，至今在法国国内外仍具有重要影响。

[3] 让·奥古斯特·多米尼克·安格尔（Jean Auguste Dominique Ingres，1780—1867）：法国画家，新古典主义的代表，擅长肖像画。代表作有《阿伽门农的使者》《瓦平松的浴女》《大宫女》《泉》等。

[4] 埃德加·依列尔·日耳曼·德加（Edgar Hilaire Germain de Gas，1834—1917）：法国印象派画家，擅长描绘芭蕾舞演员、浴女以及赛马，自称是"运用线条的色彩画家"。代表作有《舞蹈课》《调整舞鞋的舞者》《盆浴》《赛马场的马车》《新奥尔良棉花事务所》等。

(Cézanne)① 不过是个骗子。一想起蒙蒂切利(Monticelli)②,他还会泪流满面。

有件事让他很生气,那就是不得不承认我的聪明睿智,虽然我额头很低,很容易被大家误认为又蠢又笨。我还是个极富柔情的人,更确切地说,我推崇福音书(Évangile)中描述的那种利他主义。

从第一个月起,我就发现我们两个人的共同账目不清不楚,也是一片混乱。该怎么办才好?局面很棘手。他的弟弟就职于古皮尔(Goupil)公司③,会适当接济我们;而我这边收入的主要来源则是卖画。这个问题必须摆到桌面上来谈,就算会触碰到他极度敏感的神经,我也要冒险一试。于是,我一改平日里的火爆脾气,耐下心来,审慎地同他进行了一番讨论。结果,问题很快便得到了解决,整个过程顺利得完全超出我的预期。

在一个匣子里,我们放了一些用来夜间闲逛和保健散步的钱,一些购买烟草的钱,还有一些作为额外开销,包括房租。匣子里还放了一张纸和一支笔,用于如实地记录两个人分别从中支取的金额。

---

① 保罗·塞尚(Paul Cézanne,1839—1906):法国后期印象派画家。他反对忽视素描、模糊物象,重视色彩视觉的真实性,力图表现物体的体积感。代表作有《圣维克多山》《玩牌者》《三位沐浴的女子》《窗帘,水壶和水果》等。

② 阿道夫·约瑟夫·托马斯·蒙蒂切利(Adolphe Joseph Thomas Monticelli,1824—1886):法国印象派画家。他用色大胆,喜欢厚涂颜料,经常使用冷暖色和高纯度色彩,有时还直接在画布上调色。代表作有《花瓶里的野花》《有水果的静物》《日出》《干草车》等。1886 年,凡高在巴黎看到蒙蒂切利的作品,深受启发,开始采用更加明亮的色调,形成更加大胆的视觉冲击。他曾说:"我有时觉得我真的只是在继续那个男人的工作。"

③ 古皮尔公司当时经营着世界上最大的画廊,凡高有个叔叔是这家公司的合伙人,经营着公司在荷兰海牙的分支,凡高与弟弟提奥都曾在叔叔那里工作过。

在另一个匣子里，剩下的钱被平均分成四份，作为每周饮食的花销。

我们不再下馆子，我负责用一个小煤气炉做饭，文森特负责到离家不远的地方采买食物。一天，文森特心血来潮，想要做个汤；我不清楚他是怎样把食物混合到一起的——兴许就好似他在作画时混合色彩那样吧。总之，我们根本下不了口。最后，我的文森特突然大笑起来，高声喊道："达拉斯贡！都德老爹的大盖帽①。"

黄　色

在文森特·凡高三番五次地邀请下，我来到阿尔勒与他会合。他说他想成立"南方画室"（Atelier du Midi），并由我来担任负责人。这个可怜的荷兰人满腔热忱。通过阅读《达拉斯贡城的达达兰》（Tartarin de Tarascon）②，他对"南方画室"有了一个非凡的设想，那就是要表达火焰的迸发。

铬黄在他的画布上绽放；那耀眼的光芒充斥着整个农舍，也照亮了整片卡马尔格（Camargue）③平原。

……在我黄色的房间里，长着紫色眼睛的向日葵在黄色背景的映衬下显得格外醒目；它们茎秆的末端沐浴在黄色桌子上的黄色花瓶里。画上还附有画家的签名：文森特。黄色的阳光透过我房间里的黄色窗帘照射进来，为那盛开的花朵镀上了一层夺目的金色。

---

① 凡高在这里指的是都德的长篇小说《达拉斯贡城的达达兰》。

② 《达拉斯贡城的达达兰》（Tartarin de Tarascon）：都德的长篇小说，讲述爱慕虚荣、胆小如鼠的达达兰，在去非洲猎狮过程中发生的一系列洋相百出、令人啼笑皆非的故事。

③ 卡马尔格（Camargue）：阿尔勒下辖地区，地处罗讷河三角洲的两条支流间，多盐沼和草地，生物多样。

清晨，当我从床上醒来，身边的一切闻起来总是那么令人愉悦。

凡高的名作《花瓶里的十五朵向日葵》，创作于 1888 年

哦，是的！他爱极了黄色，画得不错的文森特，来自荷兰的画家，被太阳的光芒温暖着的不喜云雾的心灵。这是他对温暖的一种渴求。

我和文森特同在阿尔勒的那段日子里，我们两个都疯了，不停地与鲜艳的色彩做着斗争。我钟爱红色，可我要到哪里才能找到完美的朱红色？而他，手持纯黄色调的画笔，在忽然变紫的墙上写道：

我精神健全（Je suis sain d'Esprit），
我是圣灵（Je suis Saint-Esprit）。

在我黄色的房间里，有一幅小小的静物画，一件紫色的作品。还有两只巨大的、破旧不堪的、走形了的鞋子。文森特的鞋子。一个明朗的早晨，他穿着它们从荷兰徒步向比利时走去，那时它们还是簇新的。这位年轻的牧师（他刚刚完成了神学的学习，以便同他父亲一样做个牧师）轻装简橐，前去看望那些他称之为兄弟的矿工。这些矿工就像他在《圣经》里看到的那样——简单质朴、饱受压迫，为权贵们的奢华享受拼命工作。

与他那些老师，那些聪明的荷兰人教导他的相反，文森特信奉爱护穷人的耶稣，他的内心充满仁爱，渴盼能够用安慰的话语和甘愿牺牲的精神帮扶弱者，并为他们与强者进行斗争。毫无疑问，文森特早已经变成了一个疯子。

我相信，他在矿区广传福音的做法，对身处地下的矿工们大有裨益，却令高高在上的当权者大为不快。他很快就被叫了回来，失去了这份工作；他的家人聚在一起开了个家庭会议，大家一致认为他确实疯了，应该关进精神病院。幸好有他弟弟提奥（Théo）[①]的帮助，他才没有被真的关起来。

一天，暗无天日的矿井被铬黄吞没，那是爆炸迸发的可怕火光，富人们的炸药从不会失效。当时，人们在肮脏的煤堆里匍匐前行，向生命告别、向人类告别，但并没有亵渎神明。

有位矿工惨遭重创，面目也被烧得模糊不清，文森特见状便收留了他。"可他已经危在旦夕，"医生说，"除非有奇迹发生，或者

[①] 提奥·凡高（Théo van Gogh，1857—1891）：荷兰画商，凡高的弟弟。他在经济和精神上都给了凡高巨大支持，凡高曾说他是自己的"至亲、知音和支柱"。凡高自杀半年后，提奥精神崩溃，意外死亡，最终和凡高葬在了一起。

他能够得到慈母般的悉心看护。不,谁也不会蠢到去照顾他的。"

文森特相信奇迹,相信慈母般的爱。

这个疯子(毫无疑问,他疯了)在那个垂死之人的病榻前守了四十天;他小心翼翼地照料着病人,不让空气接触伤口,还支付了药费。这位牧师为病人带去了安慰(毫无疑问,他疯了),病人终于可以开口说话了。他疯狂的事业心让一个本已没有生还希望的人,一个基督徒,获得了新生。

当那个受伤的人最终脱离危险,又下到矿井当中继续工作后,文森特说,你可以看见殉道的耶稣,看见他头上的光环和布满尖刺的荆棘王冠,还有矿工那灰黄色额头上的红色伤疤……

毫无疑问,这个人疯了。

在那段时光里,有两个人在不为人知的情况下完成了大量的工作,这对他们双方都大有裨益。也许对其他人也很有帮助?一些事情取得了不小的进展。

我初到阿尔勒时,文森特正沉浸在新印象派的世界里,他不停地挣扎着,痛苦不堪;不是因为这个流派和所有流派一样不好,而是因为它并不符合文森特急躁、独立的个性。

那些紫色与黄色的组合叠加,那些用互补色进行的随意涂抹,使他的作品呈现出一种柔和、局部、单调的和谐:强烈的号召力消失了。

于是,我开始启发他,这对我来说易如反掌,因为我发现他的创作土壤本就肥沃、富饶。和那些精神独立、个性鲜明的人一样,文森特从不惧怕人们的评论,也绝对不会固执己见。

打那天起,我的朋友凡高取得了惊人的进步;他似乎完全认清了自己，此后，一轮接一轮的太阳喷薄而出，和真正的太阳一起蓬勃地跳动①。

你们看过那位诗人的画像吗②？

凡高的油画《欧仁·博赫的肖像》

---

① 高更在1902年9月写给安德烈·丰丹纳（André Fontainas，1865—1948）的一封信中，非常明确地指出了自己的贡献。"仔细看看我与凡高一起待在阿尔勒之前和之后他的作品。受新印象派的影响，凡高的绘画技法总是拘泥于运用互补色形成强烈的对比，如在紫色上添加黄色等。而到了后来，在我的建议和指导下，他的技法变得与先前迥然不同。他开始在黄色的背景上描绘黄色的太阳，类似的例子还有很多，这让他学会了运用一种颜色的不同深浅程度来进行搭配。如此一来，在一幅风景画中，那些从前必不可少的一贯杂乱的静物，被极具共鸣的高饱和度色彩所取代，唤起了整体的和谐。"

② 指凡高1888年创作的作品《欧仁·博赫的肖像》（又名《诗人》）。欧仁·博赫（Eugène Boch，1855—1941）是比利时画家、诗人，凡高的朋友。

145

面部和头发用铬黄。

衣服用二号铬黄。

领子用三号铬黄，再配上用四号铬黄作为底色的翡翠绿领带。

这是一位意大利画家告诉我的，他还补充道：

"见鬼，他妈的，全是黄色，我都不知道他究竟在画什么。"

我并不想在这里讨论技术上的细节。我只是要告诉你们，凡高完全没有失去他的独创性，而且还从我身上得到了很多启迪。他每天都对我心存感激，这也是他在给奥里埃（Aurier）先生[①]的信中说自己非常感谢保罗·高更的原因所在。

不欢而散

我初到阿尔勒时，文森特还在摸索着前进，而我，年纪比他要大得多，也成熟得多。但是，在帮助文森特的同时，我也从他那里得到了许多：首先，这段经历让我坚定了自己早些时候形成的对绘画的观点；其次，即使身处最为艰难的时期，我也不会忘记有人过得更不快乐。

我们究竟在一起待了多久？我说不上来，因为我已经完全不记得了。虽然悲剧发生得很快，虽然我早已开始废寝忘食地工作，可对我来说，那些日子仍如同一个世纪般漫长。

[①] 加布里埃尔·阿尔贝·奥里埃（Gabriel Albert Aurier，1865—1892）：法国诗人、艺术评论家。1890年1月，奥里埃在《法国信使》上发表《孤立的人：文森特·凡高》，称凡高是"单纯而真诚的艺术家"。次月，凡高回信表示感谢，并推荐了高更，称高更的画作更符合他所追求的象征主义目标。

我在这里逗留的日子快要结束时,文森特时而变得异常粗鲁和吵闹,时而又突然沉默不语。有好几个晚上,他从床上起来,就那么直挺挺地站在我的床边。

我当时怎么就碰巧醒了呢?

不管出于何种原因,只要我非常严肃地对他说:"你怎么了,文森特?"他便会一声不吭地回到床上,倒头呼呼大睡。

我决定给他画张像,就描绘他在画自己最喜欢的静物向日葵时的样子。画像完成后,他对我说:"不错,那是我,但却是疯了的我。"

高更文中所指,就是这幅《画向日葵的凡高》(Van Gogh Peignant des Tournesols,1888)

当天晚上,我俩去了咖啡馆。他点了一杯淡淡的苦艾酒。忽然,他抄起玻璃杯,连杯带酒冲我脸上扔了过来。我设法躲开,然后一把抓起他,把他拽出咖啡馆,穿过了维克多·雨果广场。几分钟后,文森特便躺在了自己的床上,不过几秒钟的功夫就睡着了,一觉睡到天明。

他醒来后,整个人已经完全平静下来,他还对我说:"亲爱的高更,我隐约记得自己昨晚冒犯了你。"

我答道:"说真心话,我愿意原谅你,但昨天的情景可能会重现,如果我被击中,可能会难以自控,把你给勒死。所以,请允许我给你的弟弟去信,告诉他我要回去了。"

天啊,多么糟心的一天!

傍晚时分,我简单吃了一点东西,觉得自己有必要独自出去散散心,闻一闻盛放的月桂花散发出的香气。当我就快走到维克多·雨果广场的另一头时,身后突然传来一阵细碎而又急促的脚步声,听上去非常熟悉。我转过身,只见文森特手里拿着一把打开的剃刀,正朝我奔来。那一刻,我一定目光如炬,因为他立马停下脚步,耷拉着脑袋朝家的方向跑了回去。

我当时是不是太胆小了?我是不是应该解除他的武器,尽力安抚好他?我经常扪心自问,但却找不到任何可以责备自己的地方。谁要是想冲我扔石头,那就来吧。

我径直走到阿尔勒一家条件还不错的旅馆,问过时间后便开了一间房上床睡觉了。我心烦意乱,直到凌晨三点左右才睡着,所以醒得也有点晚,大约在七点半。

我来到广场,看见一大群人聚集在一起。我们的房子附近有几名宪兵,还有一个戴着圆顶礼帽、个头矮小的男人,那是警察局的局长。

事情的经过是这样的:凡高回到家后,立即割下了自己的一只耳朵,几乎是紧挨着脑袋割下去的。他应该费了好一番功夫才把血止住,因为第二天,楼下两个房间的石头地板上躺着好几条湿漉漉的毛巾。到处都是血,不光这两个房间,就连通往我们卧室的狭窄楼梯上也血迹斑斑。

他缓过来后,拿起一顶巴斯克贝雷帽戴在头上,把帽子压得低低的,朝一栋房子走了过去。在那里,如果你找不到和自己同乡的女孩儿,至少可以找个人聊聊天。他把自己那只清洗过并装在信封里的耳朵交给了看门的男人。"拿着,"他说,"作个纪念。"随后,他飞快逃开,一路跑回家里,倒在床上睡了过去;入睡之前,他还费了一番周折,先是把百叶窗关上,又点了一盏灯,放在窗户旁边的一张桌子上。

不出十分钟,妓女们的喧闹声便响彻整条长街,人们不禁议论纷纷。

当我走到家门口时,根本没料到会发生这样的事,那个戴着圆顶礼帽的男人直截了当地向我发问,语气十分严厉:"呃,先生,您对您的同伴都做了些什么?"

"我不明白……"

"但你做了……你应该再清楚不过……他死了。"

真希望这种突如其来的冲击不会发生在任何人的身上,过了好一会儿我才回过神来,并抑制住自己慌乱的心跳。

狂怒、愤慨、痛苦几乎令我窒息,人们向我投来的目光更让我深感耻辱,我觉得自己就快要被撕裂。我结结巴巴地开口:"好、好吧,先生,我们上、上楼再谈。"

文森特蜷在床上,身上严严实实地裹着一张床单,整个人看起来毫无生气。我轻轻地碰了碰他的身体,很轻很轻;那微热的体温让我确信他还活着。我感到自己又恢复了活力,头脑也开始清醒起来。

我压低嗓音对警察局长说道："先生，麻烦您务必小心一点，轻轻地叫醒这个人，如果他问起我来，就告诉他我已经动身回巴黎了；他醒来以后要是看到我，又会受到致命的打击。"

从那一刻起，警察局长可以说是尽了自己最大的努力，他变得非常礼貌，还明智地派人叫来了医生和一辆四轮马车。

文森特一醒来就开始打听自己的同伴，还要自己的烟斗和烟草，甚至还惦记着搁在楼下的我俩放钱用的匣子。没错，他对我起了疑心——我已经把自己武装起来，准备抵御一切苦难了！

文森特被送进了医院，刚到医院，他就又开始胡思乱想起来。至于其他事情，那些感兴趣的人都已经知晓，我就没有必要在这里重复了，不外乎一个在精神病院饱受折磨的人，每个月都能够清醒一段时间，恢复自己的理智，了解自己的状况，并疯狂地描绘那些令人叹为观止的图画。

凡高的代表作《星月夜》，就是他于1889年在精神病院创作的

我收到的最后一封信，是他在离蓬图瓦兹（Pontoise）不远的奥维尔（Auvers）①写的。他告诉我，他曾经希望自己在康复以后，来布列塔尼与我相聚，但如今他不得不接受这样一个事实，那就是自己的病情已经不可能治愈了。

"亲爱的大师（这是他唯一一次这样称呼我），在认识了您，又给您带去那么多痛苦之后，在神志清醒的状态下死去，要比在颓败不堪的状态下死去更加值得。"

后来，他朝自己的腹部开了一枪，而后躺在床上，叼着烟斗，清醒地等待着死亡的来临。过了几个小时，他便带着对艺术的无限热爱，无怨无悔地离开了这个世界②。

在《怪物》（Monstres）中，让·多朗（Jean Dolent）③这样写道："当高更开口说'文森特'时，声音里满是柔情。"他并没有听到，但他猜出来了。让·多朗说得没错。你们都知道为什么。

粉红色的虾

（之前）1886年冬

已经开始下雪了，冬天如约而至，我就不把它说成是裹尸布了，只是普通的雪而已。穷人们在天寒地冻里备受折磨，有房子的人往

---

① 蓬图瓦兹（Pontoise）：法国北部城市，属于巴黎都市圈，塞尚和另一位画家毕沙罗曾长期居住于此。奥维尔（Auvers）：巴黎郊外瓦兹河畔的一座小镇，如今那里塑有凡高雕像。
② 凡高是在1889年7月27日自杀的。
③ 让·多朗（Jean Dolent）：真名查尔斯—安托万·福尼耶（Charles-Antoine Fournier, 1835—1909），法国作家、艺术评论家，著有《艺术爱好者》《表达方式》《怪物》等。

往体会不到这一点。

就在这个十二月的一天,在巴黎这座美好的都市,在勒皮克街(Rue Lepic)①,人们行色匆匆,步伐比平日里快了许多,丝毫没有闲逛的意思。他们中间,有个穿着古怪、瑟瑟发抖的人,朝街上疾步走去。他裹着一身山羊皮,头戴一顶皮帽——可能是兔皮,还留着一把浓密的红色胡须,一身牧人的打扮。

不要只是漫不经心地瞥上一眼,也不要光顾着在冰天雪地里继续赶路,而忽略了那双白皙、漂亮的手以及那对清澈、敏锐的蓝色眼睛。他的确是个贫穷的可怜人,但他并不是牧人,而是位画家。

他的名字叫作文森特·凡高。

他快步走进一家经营原始箭镞、废铁和廉价油画的店铺。可怜的艺术家!你不得不卖掉这幅注入自己一部分灵魂的油画。

这是一幅小小的静物画,粉红色的虾,画在粉红色的纸上。

"您能收下这幅画,给我一点钱,好让我把房租付了吗?我的房租马上就要到期了。"

"唔,我的朋友,客人们越来越难伺候了;他们竟然连米勒(Millet)②的画都要跟我砍价。而且,"店铺的老板继续说道,"你知道吗,你的画色彩并不是很鲜艳;现如今,满大街都是文艺复兴时期的作品。不过,他们说你很有天赋,我很乐意为你做点什么。喏,这一百苏你拿去。"

---

① 勒皮克街(Rue Lepic):位于巴黎北部的第十八区,凡高和弟弟提奥在1886年至1888年间曾住在勒皮克街五十四号的一间公寓里。

② 让—弗朗索瓦·米勒(Jean-Francois Millet,1814—1875):十九世纪法国以表现农民题材而著称的画家。他出身农民家庭,曾说:"无论如何,农民这个题材对于我是最合适的。"代表作有《播种者》《拾穗者》《晚钟》《牧羊女与羊群》等。

凡高笔下的虾

硬币在柜台上叮当作响。凡高并没有讨价还价，他拿起硬币，谢过老板后便离开了店铺。他拖着沉重的步子沿着勒皮克街往回走去。快到住所时，一个从圣—拉扎尔监狱释放出来的穷女人向他露出了微笑，期待着他的光顾。于是，一只漂亮白皙的手从外套里伸了出来；凡高喜爱读书，眼前的情景让他想到了《勾栏女艾丽莎》（La Fille Élisa）①，随后，他那枚价值五法郎的硬币，成了那个不幸女人的财产。他好像对自己的施舍感到有些羞愧，飞快地逃开了，依旧饥肠辘辘。

（之后）1894年冬

这一天终将来临，我能清楚地看到那时的场景，就如同它已经到来。

---

① 《勾栏女艾丽莎》（La Fille Élisa）：埃德蒙·德·龚古尔创作的小说，讲述勾栏女艾丽莎因杀死爱上自己的士兵被判死刑，后改为终身监禁，在狱中回忆往昔爱情、最终发疯的故事。

我来到拍卖场的九号房间，拍卖师正在拍卖一批藏画。我走了进去。"《粉红色的虾》（Crevettes Roses）四百法郎，四百五十，五百。来啊，来啊，先生们，这幅画可不止这个价。"

没有人响应。卖出去了，文森特·凡高的《粉红色的虾》。我若有所思地离开了这里，在想《勾栏女艾丽莎》，在想凡高。

关于埃德加·德加

德加其人

有谁知道德加？要说没人知道的话，那未免有些夸张。但这样的人——我是说熟悉他的人，确实少之又少。就连他的名字，都不为那些数以百万计的日报读者知晓。只有画家赞许德加，大部分人出于敬畏，其他人则出于尊敬。可他们真的了解他吗？

德加生于……我也不知道是什么时候，但早在很久以前，他就已经和玛士撒拉（Mathusalem）[①]一样老了。我之所以提到玛士撒拉，是因为我猜玛士撒拉一百岁的时候，肯定和现在的普通人三十岁时没什么两样。实际上，德加还很年轻。

德加敬重安格尔，这也意味着他尊重自己。如果你们看见他，就会发现他戴着一顶大礼帽、架着一副蓝眼镜，十足的公证人，又或是路易—菲利普时代的资产阶级模样，就连手拿雨伞这个细节

[①] 玛士撒拉（Mathusalem）：圣经记载的人物，活到了九百六十九岁，后来成为西方长寿者的代名词。

也没有落下。

如果说有人不想让自己看起来像个艺术家的话，那么这个人非德加莫属；可他偏偏就是位艺术家。他讨厌各种标签，就连这一个也不例外。他人非常不错，却因为心直口快，背负了恶语伤人的名声。言辞犀利和恶语伤人，这是一回事吗？

有位年轻的评论家，他有一种怪癖，喜欢像宣示神谕那样来表达自己的观点，他曾这样评价德加："德加，他就是个心地善良的粗人！"德加是个粗人！他这个人哪怕外出散步，都会保持宫廷大使般的风度。心地善良！这真是句微不足道的称赞。他的好远不止于此。

……啊，我明白这是怎么回事了！一个粗人。德加在与人谈话时总是回避问题。画家们期待他的褒奖，请他评价自己的作品，可这个粗人，这个不会说恭维话的人，为了隐藏自己的真实想法，总是和蔼地说："抱歉，我看不清楚，我眼神不太好……"

相反，他不会等你闯出名声再作判断。他慧眼识珠，能够准确地识别出年轻的画家中究竟哪些富有才华；他造诣深厚，点评往往一针见血。他对自己说：没错，到一定的时候，他会知道的。他还会用父辈的口吻对你说："你的功底很不错。"就如同他当初对我说的一样。

在大师级别的画家中，没有人可以与他匹敌。

德加鄙视那些关于艺术的理论。他一点也不关心技巧。

在我于杜朗—卢埃尔（Durand-Ruel）[①]的画廊举办的最后一次画展"塔希提岛作品1891—1892"上，两个和善的年轻人不太能理解我的作品。他们是德加的好友，都很尊敬他，所以想请他来谈一谈对作品的看法，好受到些启发。

德加露出了他那慈父般的亲切笑容，看上去是那么容光焕发。他背诵了《狗与狼》（Du Chien et du Loup）[②]这则寓言，然后说："明白了吗，高更就是那匹狼。"

德加其画

德加其人就是这样。那他又是怎样一位画家呢？

在德加最早为人所知的作品中，有一幅描绘的是新奥尔良棉花收购的场景[③]。为什么要作这样的画呢？不妨去看上一看，最好仔细地欣赏一番，起码不要跑来对大家说："再没有人能画出比这更好的棉花了。"那幅画与棉花无关，甚至不关棉花种植的事。

[①] 保罗·杜朗—卢埃尔（Paul Durand-Ruel，1831—1922）：法国画商。他通过为画家举办个人画展并让公众免费参观，建立起艺术品和金融之间的紧密联系，从而帮助画家获得收入、赢得声誉，因而被公认为国际艺术市场的开创者。他是印象派的忠实拥护者，不仅为该派画家举办画展，还收藏有包括雷诺阿、毕沙罗、马奈、莫奈（Monet，1840—1926）、西斯莱（Sisley，1839—1899）等印象派画家在内的共约五千幅画作。

[②] 《狗与狼》（Du Chien et du Loup）：拉·封丹的一则寓言，故事中一只骨瘦如柴的狼向狗讨教生存之道，被狗说服一起去找狗的主人，路上发现狗脖子上有一圈没毛，得知狗每天几乎都被主人用颈圈拴着、没有自由时，便扭头跑了。

[③] 指德加于1873年创作的布面油画《新奥尔良棉花事务所》，这是一幅家庭肖像画，是他在美国新奥尔良的亲戚家逗留期间所作。

德加的油画《新奥尔良棉花事务所》

  他自己也很清楚这一点，所以继续进行其他类型的尝试……显然，他虽年纪尚轻，却已称得上是位大师。已是个粗人。他聪慧的内心并没有显露太多柔情。

  他自幼生活在高雅的环境里，常常大胆地跑到和平街（Rue de la Paix）①上的女帽店门前驻足欣赏。那些漂亮的花边让他着迷，巴黎女裁缝的精湛技艺更让他拍手叫绝，她们不用费太多力气，就能摆弄出一顶繁复奢华的帽子。用不了多久，这些帽子便会出现在赛马场，它们高傲地立在发髻之上俯瞰着下方，你可以从帽檐下瞥见你所能想象到的最俊俏、最倔强的小鼻子。

  结束白天的工作后，夜晚，德加喜欢去歌剧院放松自己。他总对自己说，那里的一切都是虚假的——灯光、舞台布景、芭蕾舞

---

  ① 和平街（Rue de la Paix）：位于巴黎中部的第二区。这条街在十九世纪初期就已拥有时装店和皮鞋店，到十九世纪末期已经发展成为"风尚大道"，并延续至今。

女演员的发髻，还有她们的紧身胸衣和微笑。唯一真实的，是它们所呈现出来的效果，是演员们的身体、骨架、动作，以及翩跹的舞姿。多么矫健，多么轻盈，多么优雅！

在某一时刻，男演员加入进来，在一连串的空中交叉跳跃后，稳稳接住倒下来的女演员。是的，她倒下来了，也只有在这样的时刻，她才会倒下。所有梦想和芭蕾舞女演员睡觉的人，千万别指望她会对你投怀送抱。没有这样的美事：芭蕾舞女演员只有在舞台上才会如此主动。

镶木地板那一排排笔直的线条一直延伸到很远、很高的地方，最终消失在画面的边缘，一排芭蕾舞女演员穿梭在这些线条之间，踩着富有韵律的、矫揉造作的、精心编排的舞步向前行进。

德加笔下的芭蕾舞女演员不是真正意义上的女人。她们是有着优美而又匀称的线条，翩翩舞动着的机器。她们极尽巧思，把自己装扮得宛若一顶和平街的帽子，美艳动人。透明的薄纱轻轻飘动，却并未勾起人们欣赏裙摆下风景的心思，那雪白的舞裙，甚至不曾沾染一丝脏污。

"她们的胳膊太长了。"一位手持卷尺，按比例熟练测算的先生说道。我明白，如果把这些作品看成是静物画，那胳膊画得确实有些长了。可这是在描绘舞台、描绘场景，而不是风景。德·尼蒂斯（De Nittis）[①]也这样画过，效果非常理想。

[①] 朱塞佩·德·尼蒂斯（Giuseppe de Nittis, 1846—1884）：意大利画家，画作融会了印象派和沙龙艺术的风格。代表作有《那不勒斯附近的海洋》《布洛涅森林中的竞赛》等。

德加的油画《舞蹈课》

  赛马和骑师是德加风景画里的常客。他还画过一些猴子骑老马的形象。

  这些作品全然没有矫饰的痕迹；只有生命体的线条、线条、更多的线条。这就是他的风格。

  他为什么要在画上签名？没有人比他更不需要签名了。

  最近，他创作了大量的裸体画。评论家看到的往往是"女人"，而德加看到的则是"女人……"。其实这些画和女人没有任何关系，就像他先前的作品和芭蕾舞女演员无关一样；充其量是一些不检点生活片段的揭露。这意味着什么呢？作品"地气"太过了，得把它们立起来。当我看这些裸体画时，不禁对自己说：现在它们立得住了。

  无论是普通人德加还是画家德加，都为世人树立了榜样。奖项、荣誉、财富，这些对德加来说唾手可得，可他却不争不抢、视如敝屣，大师中能做到这一点的屈指可数。他走在人群中，看上去多么朴素！他那位上了年纪的荷兰女管家已经逝去，不然的话，她一定会说："这钟声绝对不是为您敲响的。"

有个画家，他和许多其他画家一样声称自己属于独立派，这样他就可以说自己是独立派人士了。他对德加说："嗨，德加先生，我们是否有幸在不久的将来看到您加入独立派呢？"

德加友好地笑了笑……而你们却说他是个粗人！

人们从德加那里借走了很多东西，但他从不抱怨。他的绘画技法是那么丰富，多一个或是少一个，对他来说根本无关紧要。

有人说："伦勃朗和米开朗基罗（Michel-Ange）[1]都太粗俗，我更喜欢卓别林（Chaplin）[2]。"一个其貌不扬的女人告诉我："我不喜欢德加，因为他画得都是些丑陋的女人。"她又补充道："您在沙龙里看到热尔韦（Gervex）[3]给我画的画像了吗？"

卡罗勒斯—杜兰笔下穿着整齐的女人总是那么肮脏，德加笔下的裸体女人却很纯洁。她们是在浴盆里洗澡的！这正是她们非常

---

[1] 米开朗基罗·迪·洛多维科·博那罗蒂·西蒙尼（Michelangelo di Lodovico Buonarroti Simoni, 1475—1564）：意大利雕塑家、画家，文艺复兴时期雕塑艺术最高峰的代表。代表作有雕塑《大卫》《摩西像》，壁画《创世纪》《最后的审判》等。

[2] 查尔斯·乔舒亚·卓别林（Charles Joshua Chaplin, 1825—1891）：法国画家、雕塑家，擅长风景画和肖像画，尤以描绘优雅的年轻女性闻名，马奈曾评价他非常了解"女人的微笑"。代表作有《年轻女子侧面像》《年轻的女孩与花束》《女孩与一个巢》等。

[3] 亨利·热尔韦（Henri Gervex, 1852—1929）：法国画家，作品包含神话和现实题材，展示人体或人像是画作的突出特色。代表作有《罗拉》《热尔韦夫人像》《手术前》等。

干净的原因。你还可以看到坐浴盆、灌洗器，还有洗脸盆！就和家里的一模一样。

在一间餐馆里，几位名画家无休止地争论着，他们询问德加的意见：

"这完全取决于，"他说，"这幅画是怎么挂的。"

关于艺术

三位讽刺漫画家

加瓦尔尼（Gavarni）[1]，优雅讨喜；

杜米埃（Daumier）[2]，雕刻讽刺；

福兰（Forain）[3]，提炼丑恶。

---

[1] 保罗·加瓦尔尼（Paul Gavarni）：真名叙尔皮斯—纪尧姆·谢瓦利耶（Sulpice-Guillaume Chevalier，1804—1866），法国画家，以版画创作闻名，在画报和流行杂志上发表插画四千多幅，主题轻松欢快。代表作有《信箱》《克利希》《顽童》等。

[2] 奥诺雷·杜米埃（Honoré Daumier，1808—1879）：法国画家、雕塑家，十九世纪法国讽刺画大师。代表作有《三等车厢》《三个交谈的律师》《立法肚子》等。波德莱尔称他是"一位最重要的人物，不仅是他的讽刺画，还包括他的现代风格的作品"。

[3] 让—路易·福兰（Jean-Louis Forain，1852—1931）：法国画家，德加的追随者和门生。作品以描绘巴黎流行娱乐表演和揭露社会生活著称。代表作有《身穿粉红舞裙的舞蹈演员》《自助餐》《法庭观众》等。

马　奈

我还想起了马奈（Manet）[①]。他也是位难以超越的艺术家。有一次，他看到了我（早期）的一幅画，觉得我画得很不错；我谦恭地回答这位大师说："哦，我只是个外行。"那时我还是个经纪人，只有在晚上和假日才能抽出空儿来研习艺术。

"你可不是外行，"马奈说，"那些画得不好的才是。"这话让我深感欣慰。

雷诺阿

……在意大利大道（Boulevard des Italiens）[②] 举办的一次展览上，我看到了一颗奇怪的脑袋。不知道为什么，我的内心发生了一些变化；也不知道为什么，站在这样一幅画面前，我竟听到了奇妙的旋律。这是一位学者的肖像，他面色苍白，双眼并没有看向观众——不是在看，而是在听。

在画展的目录上，我看到了

雷诺阿的油画《瓦格纳》

[①] 爱德华·马奈（Édouard Manet，1832—1883）：法国画家，印象派奠基人之一。善于描绘人物，擅长处理色彩，并受到日本浮世绘及西班牙画风的影响。代表作有《春天》《草地上的午餐》《奥林匹亚》《吹笛少年》等。

[②] 意大利大道（Boulevard des Italiens）：位于巴黎中部的第二区，在巴黎歌剧院附近。

这幅画的名字——《瓦格纳》(Wagner),作者是雷诺阿(Renoir)①。答案不言自明。

柯 罗

……阿夫赖城(Ville-d'Avray)的柯罗(Corot)②老头说:"那么,马蒂厄(Mathieu)③老伙计,你喜欢这幅画吗?"

"哦,当然,这些岩石看起来就像真的一样。"

那不是岩石,而是奶牛。

"林泽的仙女们,我愿她们永生"④,可敬的马拉美让她们得到

---

① 皮埃尔—奥古斯特·雷诺阿(Pierre-Auguste Renoir, 1841—1919):法国印象派画家,善于将印象派和古典技法相结合。代表作有《包厢》《煎饼磨坊的舞会》《游艇上的午餐》等。1882年,雷诺阿在意大利拜访德国作曲家理查德·瓦格纳(Richard Wagner, 1813—1883)时,为其创作了肖像画。当时,他仅用三十五分钟便完成了画作,瓦格纳看后说:"啊!啊!我看上去像一个新教牧师!"

② 让·巴蒂斯特·卡米耶·柯罗(Jean Baptiste Camille Corot, 1796—1875):法国画家,擅长风景画。代表作有《蒙特枫丹的回忆》《池塘边的三头牛》等。阿夫赖城(Ville-d'Avray)在巴黎附近,是柯罗自幼生长的地方,该地的池塘、树林及劳作的农民都曾绘入他的画作。

③ 这里的马蒂厄,或指勒南三兄弟中的马蒂厄·勒南(Mathieu Le Nain, 1607—1677)。他们都是法国农民画家,作品有《铁匠铺》《卖牛奶的一家》《掷骰子》等。

④ 马拉美于1876年所作诗歌《牧神的午后》(L'Après-midi d'un Faune)开头的诗句,原文为"Ces nymphes, je les veux perpétuer"。这首诗是法国象征主义诗歌的代表作,诗人瓦莱里(Valéry, 1871—1945)称其为"法语文学中无可争议的最精美的一首诗"。1894年,德彪西将其改编成管弦乐《牧神的午后前奏曲》(Prélude à l'après-midi d'un Faune),后来成为印象主义音乐的经典作品。

了永生——她们因爱情、肉体和生命感到欢愉,并时刻保持着警惕;她们就在阿夫赖城,在那常春藤的附近;常春藤缠绕着柯罗笔下的大橡树,金灿灿的颜色在四周流淌,动物的气息在四周弥漫;在这里,热带风情的独特魅力经久不衰,历久弥新。

绘画和文字是作者的真实写照。思想只关注作品。看着观众,作品崩溃了。

塞　尚

塞尚描绘了一道亮丽的风景:群青色、墨绿色和微亮的赭色丰富了整片背景;树木站成一排,透过相互交错的枝桠,不远处他朋友左拉的房子清晰可见[1];白粉墙透出点点铬色,那朱红色的百叶窗在墙壁的映衬下,呈现出橘红的色泽。

怒放的维罗纳绿为花园中精心修剪过的草木增添了一抹亮色,前景中的紫蓝色荨麻则为这处景致平添了一分庄重,在两者形成的鲜明对比下,原本简单的小诗被谱成了一首层次清晰的管弦乐曲。这个地方叫作梅塘(Médan)[2]。

有个自命不凡的路人看到了这幅画,他很是震惊,觉得这简直是在浪费色彩,十分可悲。他认定这幅画出自业余爱好者之手,于是便以教授的姿态微笑着对塞尚说:"这么说,你是个画家。"

---

[1]　塞尚与左拉的友谊开始于中学时代,并延续三十多年;左拉的妻子早年穷困时,曾做过塞尚的模特。

[2]　梅塘(Médan):左拉故居,位于巴黎西郊。1877年《小酒店》成功出版后,左拉在梅塘置办了一处带花园的房产。除了塞尚,莫泊桑(Maupassant,1850—1893)、于斯曼(Huysmans,1848—1907)等自然主义作家也来过这里,他们结成"梅塘集团",合著小说集《梅塘之夜》。

塞尚和左拉的合影

"是的，没错，但算不上一位大家……"

"好，好，我明白了。你看，我曾经是柯罗的学生，如果你同意的话，我想给这幅画巧妙地添上那么几笔，收拾一下残局。色调，色调——这才是关键所在。"

说完，这个艺术的破坏者厚颜无耻地拿起画笔，在熠熠生辉的油画上轻率地涂抹了几下。暗淡的灰色遮住了东方的丝绸。

塞尚感叹道："先生，您真是个幸运儿，您要是作肖像画，一定会在鼻尖处加些亮色吧，就像在椅子横档上加亮色一样。"

塞尚拿回他的调色盘，用小刀一点点刮掉了那个人胡乱涂抹上去的东西。

沉默一会儿之后，他放了个响亮的屁，然后转过身对那人说道："啊，现在感觉舒服多了！"

鲁 容

鲁容（Roujon）[1]，学者，美术处的负责人。他接受了我的求见，让人把我带了进来。

两年前，在我动身到塔希提岛研习之际，就曾和阿里·勒南（Ary Renan）[2] 一道，被带进同一间办公室；当时，为了给我即将展开的工作提供便利，公共教育部长派给我一项任务。在这间办公室里，我被告知：

"这个任务没有报酬，但按照惯例，等您回来以后，我们会做出一些补偿，出钱购买几幅您的画作，先前画家杜默兰（Dumoulin）[3] 赴日本执行任务时，我们就是这么做的。请放心，高更先生，等您回来后写信告诉我们，我们会给您寄去足以覆盖旅费的资金。"

诺言，诺言……

现在，我就在尊敬的美术处负责人鲁容的办公室里。

他装腔作势地对我说："我没有办法支持您的艺术，您的作品

---

[1] 昂利·鲁容（Henry Roujon, 1853—1914）：法国学者、作家。1891—1903 年任公共教育部下属美术处主任；1899 年当选法兰西美术院（Académie des Beaux-arts）自由院士，1903 年成为终身秘书；1911 年当选法兰西学术院（Académie Française）院士。

[2] 科尼利厄斯·阿里·勒南（Cornelius Ary Renan, 1857—1900）：法国象征主义画家，法国学者欧内斯特·勒南（Ernest Renan, 1823—1892）之子。他曾赴亚、非两洲旅行、创作，代表作有《潜水员——珊瑚渔民》等。

[3] 路易—儒勒·杜默兰（Louis-Jules Dumoulin, 1860—1924）：法国海军官方画家。1888 年，他受公共教育部委派远赴日本，此后又曾多次游历东亚，创作了许多描绘东亚风土人情的作品。代表作有《日本渔民》《日落时分布列塔尼的风景》等。

不大符合我的审美,我不是很能理解;更何况您的艺术太具革命性,免不了会在我们美术处引发争论,而我身为这里的负责人,我的各项工作都是由众位监察员在背后给予支持的。"

窗帘飘动了几下,我仿佛看见了布格罗(Bouguereau)①,另一位负责人(或许他才是真正的负责人,谁知道呢)。他当然不在那儿,可我的想象肆意驰骋,在我看来,他就在那儿。

什么! 我这个崇敬拉斐尔的人,是个革命者? 什么是革命艺术? 它何时不再具有革命性? 如果说不遵从布格罗或鲁容就算是革命的话,那么我承认,我就是绘画界的奥古斯特·布朗基(Auguste Blanqui)②。

随后,针对先前给出的承诺,这位杰出的美术处负责人(中间偏右派)问我:"您有什么书面材料吗?"

难道说,这些负责人还不如巴黎最底层的卑微百姓吗? 他们在证人面前说出的话,还要附上签名才算数吗? 面对这样的情况,但凡有点尊严的人,能做的就只有一件事,那便是离开。因此,我立刻站起身来,扭头就走。不过少了一些资助而已。

我动身前往塔希提岛(第二次航行)一年以后,这位看起来和蔼可亲、实际上老奸巨猾的负责人,从某个天真之人——不用猜,肯定是我的崇拜者,他仍然相信这样的机构会施行善举——那里

---

① 威廉—阿道夫·布格罗(William-Adolphe Bouguereau,1825—1905):法国学院派画家。他始终坚持唯美主义风格,拒绝技法创新,排斥其他艺术流派。作品有《殉道者的凯旋》《年轻的牧羊女》《维纳斯的诞生》等。

② 路易—奥古斯特·布朗基(Louis-Auguste Blanqui,1805—1881):法国空想社会主义者、革命家。在十九世纪中期的工人运动中,布朗基主张依靠少数革命家的密谋活动推翻统治阶级,建立少数人的革命专政。这种冒险主义革命思潮被称为"布朗基主义"。

听说，我在塔希提岛贫病交加，于是非常正式地给我寄来了两百法郎，"用来支持我"。你们猜想得不错，这两百法郎又回到了那间办公室里[①]。

你欠一个人钱，却对他说："瞧，这是我赠予你的一笔小钱，用来支持你。"

无关痛痒的评论

一些乡下打扮的人从四面八方走来，他们聚集在小路上，一个个呆头呆脑，不知在找些什么。

这样的作品可能出自毕沙罗（Pissarro）[②]之手。

海边有一口井：几个巴黎人身穿杂色条纹衣服，嗓子干得快要冒烟；他们急不可耐，想要从这口早已干涸的枯井之中，喝上一口水来解渴。整幅画是用五彩纸屑创作而成的。

这样的作品可能出自西涅克（Signac）[③]之手。

[①] 高更曾给好友查尔斯·莫里斯（Charles Morice，1861—1919）去过一封信，从信中可知，他回到塔希提岛大约一年之后，也就是1896年7月前后，政府寄来了两百法郎，由鲁容批准赞助。后来，高更回信，拒绝接受这笔资金。

[②] 卡米耶·毕沙罗（Camille Pissarro，1830—1903）：法国印象派画家，代表作有《塞纳河和卢浮宫》《雪中的林间大道》《蒙福科的收获季节》等。毕沙罗去世前一年，高更在塔希提岛写道："他是我的老师。"

[③] 保罗·西涅克（Paul Signac，1863—1935）：法国新印象派（点彩派）创始人之一，主要画风景，经常使用被许多人斥为"撒满五彩纸屑"的点彩技法作画。代表作有《圣特罗佩港的出航》《马赛港入口处》《菲尼翁肖像》等。

西涅克于 1892 年创作的点彩画《普罗旺斯井边的年轻女人》

  美丽的色彩的确存在，只是我们并没有留心观察；若稍加注意，便可发现，它们就在谦虚的面纱笼罩之下。有这样一群小姑娘，她们心怀爱意，双手轻抚，给人们的心灵带去了温柔。看到这样的作品，我会毫不犹豫地告诉你，它一定出自卡里埃（Carrière）①之手。

---

  ① 欧仁·卡里埃（Eugène Carrière，1849—1906）：法国画家。作品主要描绘家庭生活和母子关系等，画面模糊难辨，色彩以黑白为主。代表作有《病孩》《贡库尔》《保罗·维莱纳像》等。

拾荒的女人，廉价的红酒，上吊者的房子。这样的场景不可名状。最好的办法是：亲自去看上一看。

熟透了的葡萄垂在高脚果盆的边缘；桌布上，果绿色的苹果和梅红色的苹果混合放在一起。白色的东西画成蓝色，蓝色的东西画成白色。这个可恶的画家，正是塞尚。

通过艺术桥（Pont des Arts）[①]时，他邂逅了一位已经成名的同行，这位同行从相反的方向过来：

"嘿，塞尚，你这是要到哪儿去？"

"你也看到了，我这条路是往蒙马特（Montmartre）[②]去的，而你这条路，是往学院去的。"

一个年轻的匈牙利人告诉我，他曾是博纳（Bonnat）[③]的学生。

"祝贺你，"我答道，"你的老师刚刚凭借在沙龙展出的作品赢得了邮票奖。"

我的这句恭维马上就传遍了大街小巷；你们可以想象博纳喜笑颜开的样子，第二天，那个年轻的匈牙利人差点儿把我揍上一顿。

X是位点彩派画家。啊，是的！就是点画得特别圆的那个。

[①] 艺术桥（Pont des Arts）：巴黎塞纳河上的一座人行桥，1804年由拿破仑下令兴建。

[②] 蒙马特（Montmartre）：位于巴黎北部第十八区的一处高地，当时是许多画家的聚集地，塞尚、凡高、毕沙罗、雷诺阿等人都曾到这里寻找艺术创作灵感。

[③] 莱昂·约瑟夫·弗洛伦廷·博纳（Léon Joseph Florentin Bonnat，1833—1922）：法国画家，巴黎国立高等美术学院教授。他以肖像画闻名，代表作有《维克多·雨果》《儒勒·格雷威》《邦纳特夫人》等。

素　描

评论不加任何修饰。但却是以如此不同的方式。

有个评论家来我的住处欣赏我的作品,而后气喘吁吁地对我说想要看看我的素描。我的素描!绝对不行。它们是我的秘密,我的隐私。

一面是公众人物,一面是普通之人。你们想知道我是谁:怎么,我的作品还不足以让你们了解吗?哪怕是当下,在我书写这些文字的时候,我也只是在展示我想展示的东西。你们也经常能够看到赤裸的我:这并不重要,重要的是你们要看到我的内在。更何况,有时候就连我自己也不能完全看清自己。

什么是素描?别指望我针对这个问题发表演讲。评论家可能会认为就是用铅笔在纸上画些什么,他们大概觉得可以由此判断出一个人是否懂得绘画。懂得绘画和画得出好画是两码事。这位评论家,这个有本事的人,是否意识到了:沿着一张画好的脸勾勒轮廓,能够创作出一幅看上去迥然不同的作品?在伦勃朗给旅行者画的肖像[拉卡兹画廊(Galerie Lacazes)]中,人物的头部是方的。勾勒出它的轮廓,你会发现,头部的高度是宽度的两倍。

我还记得有那么一段时间,大家都在讨论皮维·德·夏凡纳(Puvis de Chavannes)[1]的草图是怎么画出来的,并推断称,尽管皮维在构图方面很有天赋,但他却不会画素描。令人吃惊的是,有一天,他

---

[1] 皮埃尔·皮维·德·夏凡纳(Pierre Puvis de Chavannes,1824—1898):法国象征主义画家。他的作品往往改变直观感觉、简化素描,带有装饰性,许多作品不同程度地影响了高更。代表作有《文艺女神在圣林中》《贫穷的渔夫》等。

夏凡纳的壁画《文艺女神在圣林中》

在杜朗—卢埃尔的画廊举办了一场展览，展出的作品全部都是仅由黑色铅笔和红色粉笔绘制而成的画稿。

"看啊，看啊，"着迷的观众自言自语，"原来皮维也和其他人一样会画素描；他懂解剖学，也懂比例，还懂很多东西。可他作画的时候，为什么不会素描呢？"

在任何一群人当中，总有那么一个人要比其他人都聪明一些。这个自以为无所不知的家伙说道："你们没发现皮维在愚弄你们吗？他就是个特立独行的画家，想做点和别人不一样的事情。"

我的上帝，我们到底要怎样才好？这兴许就是那位问我要素描作品的评论家想要搞清楚的，他心想："看看他究竟会不会素描。"他不必担心。我正要告诉他。我从来都没有画出过一幅完整的素描作品，也始终没能学会如何使用纸擦笔和面包团。我总觉得少了些什么：色彩。

我面前有张塔希提女人的脸。空荡荡的白纸让我心烦意乱。

卡罗勒斯—杜兰对印象派画家多有抱怨，尤其是他们使用的调色盘。这些调色盘太过单调，他说："看看委拉斯开兹（Velázquez）[1]。一块白色，一块黑色。"

就是这么简单，委拉斯开兹的白与黑！

我喜欢听这样的人讲话。在那些糟糕透顶的日子里，当你觉得自己一无是处，当你扔掉画笔，只要想起他们，希望之火便会重新燃起。

雕　塑

在一次纪念性雕塑的比赛中，一个雕塑家和一个建筑师因为雕塑的基座争论起来。雕塑家认为高大的基座会妨碍他的雕塑，建筑师则认为他设计的基座才更重要。

在这个纪念性雕塑中，主体是什么，陪衬又是什么？

噢！比赛……

热罗姆（Gérôme）[2]对我说："你看，雕塑尤为重要的一点便是计算并搭制好作品的内部骨架……"你认为呢，罗丹（Rodin）[3]？

---

[1]　迭戈·罗德里格斯·德·席尔瓦·委拉斯开兹（Diego Rodríguez de Silva y Velázquez，1599—1660）：西班牙画家。擅长肖像画，作品笔触自然、色彩明亮。代表作有《镜前的维纳斯》《宫娥》《纺纱女》等。

[2]　让—莱昂·热罗姆（Jean-Léon Gérôme，1824—1904）：法国画家、雕塑家，新古典主义的继承者。作品主要以历史和传说为题材，代表作有《角斗士》《土耳其浴室》《法庭上的芙丽涅》等。

[3]　奥古斯特·罗丹（Auguste Rodin，1840—1917）：法国雕塑家，十九世纪现实主义雕塑大师。创作注重呈现原始材料的质感，不刻意打磨平滑作品表面。代表作有《思想者》《青铜时代》《巴尔扎克》《加莱义民》等。

教　堂

作为一个怀疑论者，我看着那些圣徒，却感受不到一丝生气。只有在教堂的壁龛里，他们的存在才富有一定意义。还有滴水嘴兽（gargouille）[①]这种让人过目不忘的异兽；我神色从容地注视着这些怪异的家伙，凝望着它们的轮廓。

优美的拱门缓和了纪念碑带来的厚重感；气派的台阶吸引着好奇的路人进来参观。钟楼：顶端的十字架。宽阔的耳堂：内部的十字架。

牧师在讲坛上气急败坏地谈论着地狱；女士们坐在椅子上七嘴八舌地畅聊最新款的时装……

嵌金属丝花纹的花瓶

在日本，离我家乡很远的地方，那里的村落银装素裹，大家都待在屋子里。

门窗全部紧闭，为了避免你们从烟囱里爬进来一探究竟，让我为你们介绍一下日本家庭的室内生活。一年里，他们有九个月当农民，而在属于冬天的三个月里，他们则变成了艺术家。室内的景象足以给你们带去启发。每个家庭都很相似，同样的生活，同样的工作，最重要的是拥有同样的快乐。屋子里功能齐备，有小作坊，有卧室，还有餐厅，等等。

[①] 滴水嘴兽（gargouille）：用来疏导屋顶雨水，防止雨水冲蚀墙面的一种雨漏装置，通常雕刻成鬼怪或动物的模样，中世纪广泛运用于哥特式的宗教建筑。

……在日本家庭里，一切都很简单，自然和想象配合得十分融洽。

……啊！当你用自己制作的杯子品茶时，茶水是多么的清香甘甜，杯身上的纹样随心而绘，看上去是那么自由。

那些可爱的小篮子，是为在晴好的天气里采摘樱桃而准备的：编织它们的双手相当灵巧，每个篮子上都带有日式的装饰图案。

还有这些嵌金属丝花纹的精美花瓶，需要付出多少的耐心，运用怎样的技巧，拥有多高的品味啊。家家户户都在制作花瓶，待到繁花盛开的时节，好在花瓶里插上一束美丽的鲜花。

农民！除了文人，乡下人、城里人，没什么不同。

高更创作的带有日本风格的油画《马头静物》（Nature Morte a la Tête de Cheval，1885）

……首先，日本农民细致地在一张展开的白纸上勾勒草图，这张纸卷起来就像花瓶那么大。他们懂得绘画，小时候在学校里跟着老师学习了基本方法，不像我们画得那么随性。

或飞翔或栖息的鸟儿，房屋，树木，大自然中的一切都拥有固定的造型，就连孩子也能够很快掌握其中的技巧。哪怕没有学过构图，他们也可以凭借想象很好地完成。

瞧，这个日本农民坐在一个铜质花瓶前，他的草图就搁在他的旁边，一眼就能够看到。

钳子、剪刀、压扁的铜丝：这便是他要用到的工具和材料。

他先是用压扁的铜丝娴熟地折出和草图上一模一样的形状，然后再把折出的形状利用硼砂黏附到铜质花瓶上，位置和草图完全相符。这道工序需要足够的细心和技巧，完成后再用不同颜色的陶土填满剩下的部分即可[①]。虽然填充陶土有点像是孩子们的游戏，但也得开动脑筋，不仅要设计得丰富多彩、与众不同，还要兼顾整体的和谐，保证一次性成功。

……艺术家创作完自己的艺术品后，摇身一变，成了一个烧匠，所要做的就是烧制花瓶。所有商人家里都有耐高温的土炉，而农民家里的炉子并没有标准的规格。炉子上开了一扇小门，用来放取烧制时所需的温度计。妇女和孩子也参与进来，大家一起围在炉边，小心翼翼地点燃炭火。每个人都挥动扇子，好让炉火逐渐变旺，这又是个孩子的游戏。

……屋里越来越热，扇子越扇越快：滚烫的作品即将烧成……

天晚了，年轻的人们静了下来，可怕的炉子也凉了下来，一切

[①] 高更这里所介绍的，日本称"七宝烧"，源于我国的"铜胎掐丝珐琅"（即"景泰蓝"）。

都慢慢、慢慢地冷却了下来。到了休息的时候。

清晨,一片宁静,在一个镶嵌着珍珠母的日式小橱上,花瓶第一次亮相。虽然还没有彻底完工,但大家都等不及要先庆祝一番。远观,再走近,艺术家审视着自己的作品。

如果他低声咕哝,孩子们就会觉得是花瓶做得很丑;如果他很和善,还给孩子们分糖吃,那么最小的孩子会说"好",然后安静下来,接着,最大的孩子则会赞美道:"爸爸,它真漂亮!"当然,他是用日语说的。

为了完善这个花瓶,大家每天都会对它细致地反复打磨。

到了春天,人们成双成对,幸福快乐地在花丛中漫步,醉人的芬芳不断刺激着感官,让身体又恢复了活力。大家挑选着花朵,把它们插在嵌金属丝花纹的花瓶里,简直再合适不过。

又及:我曾经把这些讲给一个我认为很有才智的人听,等我讲完,他对我说:

"但是,这些日本人都是粗鄙的猪!"

是的,可在猪圈里,一切是那么美好。

对德国影响力的调查

对德国影响力的调查。收到的答复很多,我聚精会神地逐一阅读,突然间笑出了声。布吕内蒂埃(Brunetière)[①]!

怎么?《法国信使》竟然敢对《两大陆评论》(Revue des

[①] 费迪南·布吕内蒂埃(Ferdinand Brunetière,1849—1906):法国作家、评论家,提出以达尔文的进化论应用于文学史的研究。著有《批评研究》(八卷)、《历史和文学》(三卷)等。

Deux Mondes）^①评头论足，还提出了质疑？

　　布吕内蒂埃花了那么长时间，却仍未下定决心，不知该委托谁来为自己塑像。罗丹。或许吧！可他塑造的《巴尔扎克》（Balzac）那么粗糙^②，《加莱义民》（Bourgeois de Calais）也不够精妙^③。

罗丹的雕塑作品《加莱义民》

---

　　① 《两大陆评论》（Revue des Deux Mondes）：法国著名知识性刊物之一，1829年创刊，至今仍保持着较为稳定的发行量。布吕内蒂埃曾先后担任该刊撰稿人、副主编、主编等。

　　② 《巴尔扎克》（Balzac）：罗丹为法国作家巴尔扎克（Balzac，1799—1850）所作雕像。1891年接受法国文学家协会委托开始创作，1897年作品完成后，协会称其为"粗制滥造的草稿"，拒绝接受；但罗丹却称其为自己"一生的顶峰"。此后有关争论持续不断，直至1939年，协会才将其铸成铜像置于巴黎街头。

　　③ 《加莱义民》（Bourgeois de Calais）：罗丹所作群雕。1884年应法国加莱市之请开始创作，用以纪念百年战争时期拯救加莱的六位市民，1886年完成。群雕六个人物分为前后两组，每组三人，各人脸部朝向不同、神态各异。

他还说："如今，人人都一无所知，却都高谈阔论。"

现在看来，《信使》似乎对每个人都在胡乱抨击。可怜的罗丹和巴托洛梅（Bartholomé）①，他们还以为自己学会了雕塑。可怜的雷·德·古尔蒙（Remy de Gourmont）②，他还以为自己对文学略知一二。

而我们，可怜的民众，还以为除了布吕内蒂埃先生之外，还有别的艺术家。

……好在没人向我发问，因为我这个一无所知的人可能会忍不住大胆回答，称柯罗和马拉美相当法国。要真是那样的话，我现在可能会非常难堪。

艺术家

今天，我又回忆起了从过去一直到现在的每一件事，我不得不正视这样一个事实（它如此明显），那就是几乎所有我知道的艺术家们——特别是那些近来我曾给过建议和支持的年轻人——都已经不再认识我了，这是为什么呢？

我不愿弄清其中的原委。

然而，我也做不到假装谦虚。

---

① 保罗·艾伯特·巴托洛梅（Paul Albert Bartholomé，1848—1928）：法国雕塑家，代表作有《亚当和夏娃》《哭泣的女孩》等。

② 雷·德·古尔蒙（Remy de Gourmont，1858—1915）：法国象征主义作家、评论家，著有随笔《文学漫步》《哲学漫步》，以及诗集《西蒙娜集》、小说《西克丝蒂娜》等。1890年，停止运营数十年的《法国信使》复刊，古尔蒙是大力支持者，曾连续多年在该刊发表有关现代生活的评论。

无论十岁、二十岁还是一百岁，无论初出茅庐、风华正茂还是雪鬓霜鬟，艺术家永远都是艺术家。

在他的艺术创作生涯中，是否会迎来辉煌时期和巅峰时刻？他是不是永远也做不到十全十美，因为他是个活生生的人？一位评论家告诉他"北方在那边"，而另一位却说"北方即南方"——他们把艺术家当成了风向标，吹来吹去。

艺术家过世了，他的继承人欣然接受了他的作品；版权、拍卖场的房间、未发表的作品，以及其他所有东西，都归继承人所有，艺术家被搜刮得一干二净。

一想到这儿，我干脆事先把自己脱了个精光；这样就轻松多了。

关于人生

生命不过是一秒钟的事情。

然而，这么短暂的时间却铸就了永恒！

我想成为一头猪：因为只有人是荒谬可笑的。

从前，野兽还会咆哮；如今，它们却像是稻草做的。昨天，我还身处十九世纪；今天，我来到了二十世纪。我敢向你们保证，你们和我，我们都看不到二十一世纪。我们活着，我们梦想会有所回报，我们必须让梦想得以实现。然而，梦想破灭了，鸽子也飞走了，一切不过是场游戏。

……我的身体以一个细微的改变为代价得到了满足，而我的心依然静如止水。

因此,人们把我说成是一个没有感情的动物,不会为了一个"玛格丽特"(Marguerite)①出卖自己的灵魂。我不是"维特"(Werther)②,也不会是"浮士德"(Faust)③。谁知道呢? 兴许梅毒患者和酗酒者将成为未来的领导者。在我看来,道德和科学以及其他事物一样,也正朝着全新的方向发展,可能还会变得和今日截然相反。婚姻、家庭,还有一大堆人们在我耳边絮聒的美事,于我而言就如同乘坐一辆高速行驶的机车,旅行了一段相当长的距离。

你们这群资产阶级,还想让我站在你们这边吗?

在塞得港(Port-Saïd)④,我买了几张照片。罪行已经犯下……我并没有遮遮掩掩,把它们直接挂在了壁龛上。男人们、女人们和孩子们都笑了——事实上几乎所有人都笑了,但他们只笑了那么一会儿,便不再计较了。只有那些自诩"正派"的人不再与我往来,只有他们一整年都在记挂着这些照片。

---

① "玛格丽特"(Marguerite):德国作家歌德(Goethe,1749—1832)诗剧《浮士德》(Faust)中的女性,是书中主人公浮士德博士与魔鬼靡菲斯特达成出卖灵魂之约,返老还童后爱情生活的追逐对象。

② "维特"(Werther):歌德小说《少年维特的烦恼》(Die Leiden des Jungen Werther)中的主人公。小说讲述少年维特因爱上一个已同别人订婚的姑娘,在爱情上饱受挫折,加之同当时社会格格不入,感到前途无望而自杀的故事。

③ "浮士德"(Faust):歌德诗剧《浮士德》中的主人公。浮士德是生活在十五世纪的一个真实人物,博学多才。在后世传说中,人们称他拿自己死后的灵魂与魔鬼交换,让魔鬼满足他在世时的所有要求。在歌德诗剧中,浮士德竭力探索人生意义和社会理想,在经历书斋生活、爱情生活、政治生活、追求古典美四个阶段后,最终通过建功立业找到了人生的真谛。

④ 塞得港(Port-Saïd):埃及东北部的一座港口城市。

在很多地方，牧师在聆听忏悔时都会打探信息；几个修女的脸色越来越苍白，还出现了黑眼圈。深思熟虑一番，然后把一些下流之物牢牢钉在你房门最显眼的地方；从今往后，你将彻底摆脱"正派人士"这种上帝创造的最让人难以忍受的生物。

高更《此前此后》手稿中的配图，图上文字为"秀色可餐的人"

洪水。过去，怒涛汹涌激起千层浪；而今，海浪平息轻拍岸边岩。换句话说："你看，我的女儿，从前我们是在往上走，可如今我们是在往下走。"虽然走的是下坡路，但人们知道一定会有再走上坡路的机会。

你对社会负有责任。

多少？

社会又曾亏欠我什么？

太多。

它给过我吗？

从未（自由、平等、博爱）。

在我的左边，有一个住着高级动物的木棚。为了维护和谐而演奏的不和谐的管弦乐队：两个可怜的小丑，一些人类。万物之灵，他们竟互相拳打脚踢。但凡受过点教育的猴子，都不会去模仿他们。

在我的右边，是一间矿工们居住的简陋木屋。漂亮、纯真的孩子们走进屋来，用温柔的目光追寻着人类创造的物件，望向那些用来刨土的、铁质的小型黑色工具。当他们走出屋门，还不忘赞叹这些工具的美丽。

卖报纸的小贩边走边喊："矿工们要罢工。"

想象一下生活和社会的景象。

不要和那些厚颜无耻之人交往……道路越来越崎岖，我们已不再年轻。当对丑恶之事的回忆烟消云散，意识里的天鹅绒盖住荆棘，伤口便不会像先前那般疼痛。

要是地基打得不牢，吹一口气就会让它土崩瓦解，那就没有什么荣耀可言了。更何况，真正有能力的人会避开那些所谓的光环。当一个人意识到自己的罪恶，渴望得到解脱，同时又对未知的将来彷徨无措时，遗忘是多么可贵，孤独是多么美好啊。

人终有一死，无论你多么伟大，这一点也足以让你不再高傲。

我们想要解决的问题，一开始并不复杂，临到终了，却发现它已变成斯芬克斯之谜。

我曾努力工作，为了不虚度光阴，我甚至绞尽脑汁，无所畏惧地过着自己的人生。并未哭泣。没有撕裂任何东西，尽管我牙口很好。

我的戏剧，对我来说，就是生活。我从中找到了一切，演员和布景，高贵和平庸，泪水和欢笑。

我常常激情澎湃，从观众变成了演员。

我想说，一切都是相互关联的，我们永远无法确定我们创造了什么。要懂得观察和聆听。

人只有干了蠢事，才会知道自己有多么愚蠢。有时，我们会对自己说："天哪，我可真蠢！"然后，我们才意识到自己本可以做得更好。不幸的是，当我们认识到这一点，觉得应该开始反思的时候，已是两鬓斑白。

既然别无选择，那就顺其自然。让我们放弃流派，无拘无束地生活吧。

我讨厌无用功，讨厌半途而废。

你想让我明白自己的内心：首先请你先明白你自己的内心。等你看清了，我也就有可能看清了。我们都有责任去解决问题。

无休止的劳作；否则，生活会是什么样子？

我们就是我们一直以来的模样，我们就是我们永远的模样，我们就像是一台机器，被从四面八方刮来的风吹拂着。

富有远见的水手们能够逃出死亡的魔掌，其他人则无法避开这样的危险。在同样的处境下，我不知道究竟是什么样的因素，能够让一些人得以生存，让另一些人走向毁灭。

有的人防患未然，有的人放任自流。

我认为生命本身并不具有任何意义，除非你按照自己的意愿生活。美德、善恶不过是写在纸上的言辞。只有把它们碾碎浇筑起一座心灵的大厦,并在生活中进行实践,它们才具有真正的意义。把自己的命运交到造物主手中,无异于放弃生命,然后死亡。

没有人是善良的,也没有人是邪恶的;每个人都那么相似,又那么不同。不要去说那些狡猾之人口是心非。

人的一生多么短暂,却仍有足够的时间做出一番成就,为人类共同的事业尽绵薄之力。

我想爱,可我无能为力。

我不想爱,可我亦无能为力。

人们心里住着两个自己,然而这两个自己却相处得十分融洽。我有时善良;我并不以此为傲。我常常邪恶;我并不因此而悔。

高更《此前此后》手稿中的配图,图上文字为"你在想什么?我并不知道"

当有人对我说"必须"时,我奋起反抗。

当本性(我的本性)对我这么说时,我只得屈服。

我们说"来,再来";只有当你受苦的时候,这句话才能体现出它的价值。

我想基于自己的智慧建立一种更高的智慧,如果有人适合这种智慧,我甘愿奉献。

努力是痛苦的,但不是徒劳的。这是骄傲,不是虚荣。

文明人!你们以不食人肉为荣。在救生筏上你们就会吃了……另一方面,你们每天都在啃噬身边之人的心。

在塔希提和马克萨斯

登 岛

有个人读罢《旅行杂志》(Journal des Voyages)[①],打算离开巴黎,那里的文明令他十分困扰。他先乘火车,之后在马赛坐上了一艘豪华的轮船。乘船出海航行几天后,他渐渐开始了解这片殖民地——这个世界的存在,他从来都不曾怀疑过。

[①] 《旅行杂志》(Journal des Voyages):创刊于1875年,全名《旅行杂志——陆地和海洋的冒险》,每周出版一期。主要登载结合旅行和探险经历的奇幻故事,并配有生动的插图。1949年终刊,共发行了两千二百九十期。

……每天都有盛大的宴会，鲜美多汁的菜肴摆满了整张长桌。一位军官负责主持宴席。"管事儿的！这都是些什么？你觉得这样的东西我能吃得惯吗？政府是付了钱的，我希望你们提供的餐食对得起这份钱。"

　　在家里，公职人员的午餐一般是价值两个苏的无花果和价值一个苏的萝卜。到了星期天，会吃上一些沙拉，还有一小份面包蘸蒜味醋。在船上，情况就大不相同了；他正在度假，因此想一边胡吃海喝，一边对这趟公费旅行大发牢骚。

　　这些公职人员，在家里扮演丈夫的角色时一个个都千依百顺，偶有机会当一次无赖，口味就变得异常刁钻。许多长满青春痘的、堕落颓废的孩子，和自己的父母简直是一个模子里刻出来的，他们早已被打上平庸的烙印——这是义务教育给他们带去的福祉。

　　在无涯之海的某个地方，有一艘船刚刚靠岸，抵达了一座尚未在地图上标记的小小岛屿。然而，就是这么一个不起眼的小岛，却也拥有这样三类人：总督，传票送达员，以及拥有邮票销售许可的烟草商。竟然早就有了！

　　……塔希提岛到了。返程的旅客做好换车的准备。每个初来乍到之人都应该四处参观一番［难以用语言形容的吉布斯帽（chapeau Gibus）①］，总督，还有清洁工。他们在一旁交头接耳……最后彬彬有礼地问你："您有钱吗？"

　　不过，先别急着失望：到了夜晚，你就会感受到被文明遗忘的

---

　　① 吉布斯帽（chapeau Gibus）：一种装有弹簧、可折叠的男式高顶黑礼帽，1823年由安托万·吉布斯（Antoine Gibus）根据传统高顶礼帽改良而成。因帽子佩戴的主要场合为歌剧院，且在折叠时会发出奇特声音，故又名"歌剧帽"。

滋味。在小广场的中心，有一个小亭子，刚够容纳交响乐团的所有成员，亭子里那一盏盏小油灯和正在演奏的动听的现代音乐，定会让你着迷。

当你瞧见一个戴着鸭舌帽的售票员正在出售木马车的车票，你误会了，买了一张玛德莲（Madeleine）[①]—巴士底（Bastille）[②]的公共马车车票。你总是这么心不在焉，就这样坐上了一辆由木马拉着的车。车开始旋转，转啊转，转个不停。这不是巴士底。错了！这是塔希提岛。

检察官

如果下面的不幸遭遇发生在你身上，别想着去结识一位法兰西共和国的检察官。你会和我一样，感到后悔的[③]。

让我给你们讲讲这个经历，不从头讲起，因为你们可能会感到无聊。

……连同军舰指挥官在内的每一个人，都极力劝阻我不要卷入这样一场冒险之中。"您根本不知道在殖民地，总督或者检察官是什么样的角色，"他们对我说，"您还不如在彗星的尾巴上放一粒盐，来阻止彗星呢。"

---

① 玛德莲（Madeleine）：指玛德莲广场，巴黎著名建筑玛德莲教堂即坐落于此。

② 巴士底（Bastille）：指巴士底广场，位于巴黎东部，跨第四区、第十一区和第十二区，曾是巴士底狱所在地。

③ 此处暗指1899年，高更与法国检察官爱德华·查理尔（Edouard Charlier）因一系列小偷小摸事件而发生的争论。作为受害者，高更提出指控，但查理尔不屑一顾。正是缘此，高更才投身到了唇枪舌战的新闻业当中。

在众说纷纭中，我当上了一名记者，你们也可以说我成了一名善辩者。但是，想要在暗礁之间航行而不被撞得粉身碎骨，绝不是件容易的事。我必须兼顾所有的细节，掌握每件事情的来龙去脉，才能让自己免遭牢狱之灾。

在南纬十七度，一切和其他地方并没有什么区别，一样有议员、法官、官员、宪兵，还有一位总督。

……一位胖胖的检察官，一位公诉人，在盘问完两个年轻小偷后来到了我的住处。我的小屋里有些古怪的陈设，说它们古怪，是因为都是些不常见到的东西，有日本版画，还有绘画作品的照片——包括马奈、皮维·德·夏凡纳、德加、伦勃朗、拉斐尔、米开朗基罗以及荷尔拜因（Holbein）[①]。在这些名字后面，并没有我的名字（我敢肯定）。

这位胖胖的检察官（他是个业余爱好者，人们都说他画得不错，而且很聪明，都是用铅笔作画）看着它们，随后驻足在一张绘画作品的照片前。这幅画由德累斯顿博物馆收藏，是荷尔拜因给一个女人画的肖像，检察官看着它对我说："这照得是一件雕塑作品……不是吗？"

"不，这是荷尔拜因的一幅画，他是德国画派的。"

"好吧，也没什么差别，我蛮喜欢它的，还不错。"

荷尔拜因！还不错？

[①] 汉斯·荷尔拜因（Hans Holbein，约 1497—1543）：文艺复兴时期德国画家。擅长肖像画，代表作有《伊拉斯谟像》《死神之舞》《索洛图恩的圣母》等。

荷尔拜因的肖像画以风格细腻著称，这幅1539年创作的《克里维斯的安妮画像》就体现了这一点

他的马车正在等他，他继续乘车远行，再往前走走，便可看到奥罗黑纳（Orohena）的景致，可以在草地上一边享用美味的午餐，一边欣赏四周秀美的风景。

他是位绅士吗？我无从知晓。

刻板印象

让我告诉你们一个这里的人普遍拥有的刻板印象，我对此大为光火：毛利人来自马来群岛。当旅客乘坐在太平洋上往来的船只，行至塔希提岛登岸时，那些无所不知的官员们会对旅客说："先生，毛利人是马来群岛出口的。"

"为什么这么说？"旅客惊叫道。

没有"为什么"。这就是个刻板印象,早已被所有摄影师接受并套用。

……只有马来群岛存有人迹。人类在古老的大洋洲世代繁衍!

我们这个地球,是从什么时代开始有人类存在的?不重要,因为就像我刚刚说的,只有马来群岛……

在哪个时代,动物性的人类开始拥有思想,并在积累一定的基础要素后,通过喉咙里发出的那些原始的粗野之音,产生了语言的最初形态?

想想看,最初的思维模式和最初的语言模式大致相同,这样的假设是否合理?

……甚至到了很久以后,人们会发现,马来群岛、大洋洲、非洲等地的原始人类能够说出一些通用的词汇,并且拥有相同的思维模式,这并没有什么好惊讶的。

人们所观察到的、触摸到的、感觉到的,一定是从一开始就先于其他而想到过的;而后,人们便产生了拿取的欲望,拿取的方式,就是用手。

如此一来,便有了单词"rima"或"lima",也即"手"。而且这个单词几乎可以在每一种语言中找到,不光是在马来群岛,在其他地方也一样,只不过发音或多或少有些不同罢了。难道拉丁语中的"rama"一词,和上面两个单词不像吗?同样,人们也都是用数字"五"来代表一只手,用数字"十"来代表两只手。追溯至人类有所记载的久远时期,野蛮人是用他们的臂展作为测量单位的;有时也会用脚来测量。

……这个有关语言的问题,正是人们接受马来—毛利这一刻板印象的主要原因之一。

与其误知,不如不知。

我声明,在我看来,毛利人并不是马来人……

游廊小憩

在游廊惬意地小睡,万物静止。我茫然地凝望前方,隐约感觉到,自己就是脚下这片无尽之地的起点。

莫雷阿岛出现在了地平线上,太阳正向它靠近。我怔怔地注视着它,看着它沉着、缓慢地亮相。刹那间,我又感受到了一种永恒的动力,从此刻起,万物在这股力量的推动下,必将生生不息。

夜幕低垂,万物沉寂。我闭上双眼,却不知为何看到梦想在无尽的空间里飘摇,我产生了这样一种微妙的感觉:我的希望正在挣扎中前行。

移 居

……我对自己说,是时候离开这里,去一个官员更少、更纯朴的地方了。我打算收拾行李,移居马克萨斯。那是一方乐土,有许多未经开发的土地,有肉,有家禽,还有一个温和如羔羊的宪兵,带着你四处游走。

一想到这儿,我立即动身,乘船来到了阿图奥纳(Atuona),希瓦瓦岛(Hiva Oa)的首府。一路上,海面风平浪静,而我也心如止水,就像未谙世事的少女一样,相信自己对未来作出的判断。

然而,我不得不放弃许多美好的憧憬。蚂蚁不肯出借食物,这是它一个微不足道的缺点;而我就像一只知了,整整一个夏天都在

高更《此前此后》手稿中的配图，拥有美丽景致的小屋

歌唱[1]。

我刚到这里，就迎来了一个不好的消息：不租赁或出售土地，除非教会许可。恰巧主教不在，必须等上一个月；我只好把行李和一大堆建筑木材留在了海滩上。

正如你们所想，在接下来的一个月里，我每个礼拜天都去参加弥撒，假扮一个真正的天主教徒和反新教的善辩者。这一举动给我带来了不错的名声，主教大人丝毫没有怀疑我的伪装，同意（作为恩惠）以六百五十法郎的价格卖给我一小块布满灌木的石地。我紧锣密鼓地施起工来，多亏主教推荐给我的那几个伙计，我才得以如此舒适地安顿下来。

虚伪也有它的好处。

我的小屋刚一完工，我便失去了和新教牧师唇枪舌剑的斗志，

---

[1] 参见拉·封丹的寓言《知了和蚂蚁》（La Cigale et la Fourmi）。

因为他是个文质彬彬、思想开明的年轻人；我也再打不起精神重返教堂。

一个小妞儿突然造访，爱火就此点燃。

我说一个小妞儿，其实是在谦虚；事实上，所有小妞儿都不请自来了。

食人一族

当你来到马克萨斯，看见身上和脸上满是纹身的人，你会对自己说："他们真是些可怕的家伙。他们曾经还是食人族。"

你完全错了。

马克萨斯的原住民并非可怕的家伙，恰恰相反，他们充满智慧，完全没有邪恶的念头。他们性情随和，甚至有些傻乎乎的，只要面对发号施令的人就会感到胆怯。你说他们以前吃人肉，并认为这一阶段早已过去，可你错了。他们依然是食人者，但却并不凶残。他们喜欢人肉，就如同俄罗斯人喜欢鱼子酱、哥萨克人喜欢兽脂蜡烛一样。要是问起一位恹恹欲睡的老人他喜不喜欢人肉，他会立马醒来，双眼散发着光芒极其温柔地回答你："哦，太美味了！"

当然，也有一些例外，虽十分罕见，但足以令所有人感到恐惧。

我给你们讲个故事，是关于不久前去世的奥朗（Orans）老神甫的，你们可能会比较感兴趣。那时，我们的这位传教士还很年轻，独自一人勇敢地走在通往某个地方的小路上，他要去办点事。几个恶毒的魔鬼——就是我刚才提到的"例外"——跟上了他，魔鬼们商量着，觉得可以把他给吃掉。

就在魔鬼们准备执行计划时，听觉灵敏的奥朗神甫突然转过身来，非常镇静地问他们想要什么。魔鬼们都愣住了，随后，其中一个问奥朗神甫有没有火柴可以点燃烟斗。于是，奥朗神甫从口袋里掏出一个大透镜，用透镜点着了长袍的边缘。魔鬼们惊讶于白人的力量，都毕恭毕敬地向奥朗神甫鞠躬致意，不过，透镜还是成了这些土著人的财产。

合法婚姻

在这里，在这个国家，婚姻开始流行起来；它使男女之间的关系变得合法化。到此地传教的基督徒打起十二分的精神，积极投身到了这项非同寻常的工作当中。

宪兵身兼市长之职。两对新人转变思想，接受了婚姻这一概念，他们身着新衣，认真聆听着婚姻誓词的宣读。在一句"我愿意"之后，他们便结为夫妻。走出市政府后，其中一个新郎对另一个说："咱们交换一下妻子怎么样？"于是，两人带着各自的新欢，兴高采烈地向教堂走去，那儿的钟声听上去总是那么欢快。

主教大人以传教士特有的慷慨激昂，猛烈抨击着通奸之人，而后向新人表示祝福。殊不知，在这个神圣的地方，他们已经开始了通奸行为。

还有一次，当大家走出教堂的大门，新郎对伴娘说："你可真美。"而新娘对伴郎说："你可真帅。"话音刚落，其中一对新人便向右转身离开，而另一对则向左转身离开，一直走进了丛林深处。在香蕉树的树荫下，在全能的上帝的注视下，两对新人，而不是一对，结合在了一起。主教大人满意地说："我们带来了文明。"

公兔和蚕豆

在某个非常袖珍的小岛上——我已记不起它的名字和纬度,有个主教乐此不疲地开展着基督教传教活动。岛上的民众说他活像一只公兔。尽管他竭力克制自己心灵和肉体上的欲望,可还是爱上了教会学校里的一个小姑娘,这种爱是纯粹的、父亲般的爱。不幸的是,魔鬼有些时候偏偏喜欢掺和与自己毫不相干的事情。有那么一天,我们这位主教正在林中散步,忽然撞见了自己心爱的姑娘,她正光着身子,在河里浣洗衣裳。

潺潺流水小溪畔,
小泰蕾兹洗衣衫。
一年发生十二次,
脏污绝对非偶然。①

哎呀,她成熟了,主教喃喃自语道。

她当然很成熟!问问那天晚上去找过她的那十五个精力充沛的年轻人就知道了。等轮到第十六个小伙子时,她变得很不情愿。

这个惹人喜爱的孩子嫁给了一位住在教会里的教区执事。她麻利地把主教大人的房间打扫得一尘不染,还给香水做了分类。她的丈夫在礼拜时负责手持蜡烛。

---

① 原文如下:
Petite Thérèse le long d'un ruisseau
Lavait sa chemise au courant de l'eau,
Elle était tachée par un accident
Qui arrive aux fillettes douze fois par an.

这个世界多么邪恶。那些爱说三道四的人议论纷纷，弄得谣言满天飞。事实上，我完全相信那个极端女天主教徒对我说的话，她有一天对我说："你还不明白吗？"（说到这儿，她将杯中的朗姆酒一饮而尽，连眼睛都没眨一下。）"你还不明白吗？亲爱的，这只是个玩笑；主教大人并没有和泰蕾兹睡觉，他只是听了她的忏悔，以此来试着压抑自己的渴望。"

泰蕾兹是蚕豆皇后。不要试图去理解我接下来将要向你们解释的事情。

帝王节（Jour des Rois）①这天，主教大人让仆人烤了一块很棒的蛋糕。泰蕾兹的那份里面有一颗蚕豆，于是她就成了皇后；国王当然是主教大人。从那天起，泰蕾兹保持着皇后的身份，而教区执事，是皇后的丈夫——你们明白我的意思了吧？

唉，只可惜这颗珍贵的蚕豆变老了，而我们的公兔，他聪明极了，跑到几公里外，在那里找到了一颗新蚕豆。

不妨想象一下，这是一颗来自中国的蚕豆，饱满圆润，足够饱餐。而你，正在找寻美丽题材的画家，快快拿起你的画笔，让眼前的景象永驻人间吧。

深栗色的骏马，马饰上有主教的印章。我们的公兔笔直地坐在马鞍之上，还有他的蚕豆，那前凸后翘的曲线，足以让教皇的阉伶歌手重获新生。又一个姑娘的衣衫……你们懂我的意思……不需要我再重复。他们四次下马……

---

① 帝王节（Jour des Rois）：法国传统节日，节期在每年的1月6日。节日当天，家人分食"帝王蛋糕"，后来演变成甜饼，里面藏有一颗象征幸运的蚕豆，吃到者会被封为国王（皇后），并挑选自己的皇后（国王），之后全家举杯高颂："国王干杯！皇后干杯！"又称"主显节"。

主教大人是一只公兔，而我则是一只老公鸡，非常强硬，声音还很嘶哑。如果我说是公兔挑的头，那我只是将事实和盘托出。企图宣判，让我发下守贞的誓言！这可有点过了。做不到的，莉塞特（Lisette）①。

切下两块上好的黄檀木，把它们刻成马克萨斯人的模样，这对我来说轻而易举。一块刻的是有角的魔鬼[《放荡的神父》(Père Paillard)②]，另一块刻的是柔媚的女人③，头发上插着花。

高更的雕塑作品《放荡的神父》和《泰蕾兹》

---

① 莉塞特（Lisette）：对轻浮女人的一种称呼。在法国十九世纪流行的歌曲中，这个名字代表了放荡、轻佻的工薪女孩。

② 《放荡的神父》(Père Paillard)：高更于1902年给主教大人创作的雕像，他真名叫约瑟夫·马丁（Joseph Martin）。

③ 指高更在1902年给泰蕾兹创作的雕像，雕像的名字就叫作《泰蕾兹》（Thérèse）。高更曾与她发生性关系。

198

"爱弥儿"

让—雅克·卢梭作出了忏悔。与其说是一种需要，不如说是一种信念。平民出身的人虽然肮脏，却能够净化自己。人们不愿相信这一点，却又不得不信。这与伏尔泰（Voltaire）[①]对贵族阶层所说的"你们是可笑的,我们是可笑的,让我们继续可笑下去"并不相同。

"老实人"（Candide）[②]是个天真的孩子；是该有一些这样的人。让我们保持自己的本色。

"宿命论者雅克"（Jacques le fataliste）[③]注定要继续做仆人。

而让—雅克·卢梭，则是另外一回事。

"爱弥儿"（Émile）[④]的教育！它让无数正派人士心烦意乱。它仍是人类试图打破的最沉重的枷锁。在我自己的国家，我可不敢这么想。如今身处此地,我变得开明起来,开始用超然的眼光看待事物。

[①] 伏尔泰（Voltaire）：真名弗朗索瓦—马利·阿鲁埃（François-Marie Arouet，1694—1778），法国启蒙思想家、哲学家、文学家，著有《哲学通信》《路易十四时代》，以及戏剧《欧第伯》、小说《老实人》等。

[②] "老实人"（Candide）：指伏尔泰哲理性讽刺小说《老实人》（Candide）中的主人公憨第德。小说讲述出生在德国一位男爵府邸中的"老实人"，因爱上表妹被男爵逐出家门，在独自探索世界的旅程中摒弃盲目乐观主义，变得中庸实际的故事。

[③] "宿命论者雅克"（Jacques le fataliste）：指法国启蒙思想家德尼·狄德罗（Denis Diderot，1713—1784）小说《宿命论者雅克》（Jacques le Fataliste）中的主人公。小说以雅克及其主人在骑马旅行中的对话为线索，讲述旅行过程中所发生的一系列故事；故事中，雅克头脑里充满宿命观念，认为主人的马要丢失、自己的头要撞上大门横梁，皆为命中注定。

[④] "爱弥儿"（Émile）：指卢梭教育小说《爱弥儿》（Émile）中的主人公。书中以爱弥儿为理想学生，叙述其从出生到二十岁的成长和教育过程，阐述作者的"自然教育"思想。

我曾见过一位当地的酋长——如果没有法国的统治,他本可以当上国王——向一个娶了白人女性为妻的白人殖民者提出请求,想要一个他的孩子。如果白人殖民者接受了这一请求,那么作为回报,酋长将把自己几乎所有的土地都送给他,还会从自己的积蓄中拿出五百皮阿斯特一并奉上。

在这里,每个人都把孩子看作大自然给予的最伟大的恩赐,大家你追我赶,争着收养孩子。毛利人就是这么野蛮。我接受这种野蛮。

我所有的疑虑就此消除。我是野蛮人,现在是,将来也是。

基督教对这里一无所知。幸运的是,尽管基督徒们付出了种种努力,还把文明世界的律法搬了过来,这里的婚姻仍不过是一场为了好玩而举行的仪式。和过去一样,这里到处都是私生子和奸生子,而对我们的文明世界来说,他们却是怪物一般的存在。

在这里,"爱弥儿"的教育得到了充分发展,像纯净的阳光般普照大地;他被人自愿收养,被整个社会收养。

微笑着的年轻姑娘可以自由地将"爱弥儿"们带到世间,想带多少,就带多少。

马克萨斯艺术

我想和你们聊聊马克萨斯人,可在当今这个时代,谈论这个话题着实难度不小。没有什么值得赞颂的古雅事物。就连语言,如今也被那些误读的法语单词破坏了——"cheval"(马)读作"chevalé"(支撑),"verre"(玻璃杯)读作"verra"(看见),等等。

欧洲人好像并没有意识到,新西兰的毛利人和马克萨斯人已经发展出了一种非常先进的装饰艺术。要是万事通评论家误认为它是

"巴布亚艺术"的话,那他就大错特错了!

特别是马克萨斯人,他们对装饰有一种独到的审美。随便给马克萨斯人一件东西,不管它是什么样的几何形状,哪怕是弓背的、圆形的几何形状(géométrie gobine),他们也能够设计得巧妙和谐,不会留下任何看上去显得生硬、突兀的空白。这种艺术是以人体或面部为基础的,且以面部居多。你以为那是一个奇怪的几何图形,却惊讶地发现它其实是一张面孔。总是一样的东西,却又不尽相同。

今天,即使你出再高的价钱,也难以找到他们过去用骨头、龟壳或硬木制作的那些精巧物件了。宪兵队偷走了所有东西,并把这些物件卖给了收藏爱好者,而且政府也从未想过在塔希提岛建造一座展示整个大洋洲艺术的博物馆,这对他们来说不过是举手之劳。

那些自称受过良好教育的人,没有一个能够认清马克萨斯艺术家们的价值。官员们的妻子在看到他们创作出来的艺术作品时,无不惊呼:"这也太糟糕了!简直太野蛮了!"野蛮!这是她们最爱挂在嘴边的词。

高更《此前此后》手稿中的配图,图上文字为:"讨人喜欢、不做作的伙伴。她们不是女黑人,她们是毛利人。作者想让大家知道这一点——这是一个需要告知评论家的问题。"

她们一个个庸脂俗粉、打扮老套，从头到脚看上去就像是一根棍状面包，庸俗的臀部，被束身内衣挤走的肚子，假冒的珠宝，手肘要么尖利得吓人，要么肥得像根香肠。在这里，只要她们出席盛会，必将毁掉整个气氛。可她们是白种人，大腹便便的白种人。

非白种人是绝对优雅的……一个人说"她们是巴布亚人"，另一个人说"她们是女黑人"……让我们称她们为毛利人。

我再重申一遍：绝对优雅。任何一个女人都能自己做衣服、编帽子，还会用丝带给帽子进行装饰，手艺丝毫不逊色于巴黎的那些女帽制作师，甚至还要高超一些；她们插花的水平也是一流，堪比玛德莲大道（Boulevard de la Madeleine）①的花卉市场。

在花边薄纱连衣裙的衬托下，她们那从未用鲸骨塑过形的身体凹凸有致，一举一动尽显自然之美。从衣袖里伸出的双手，简直就是贵族的象征；相反，那又宽又壮、不穿系带靴的双脚，乍一看去却会令人感到不快，不过，才一会儿工夫，系带靴反倒变得碍眼了。

在马克萨斯，还有一件事情令迂腐守旧之人颇感不悦，那就是所有的女孩儿都抽烟斗；而对于那些无论走到哪里都能看到"野蛮人"的人来说，这些女孩儿抽的无疑是和平烟斗（calumet）②。

无论怎样，不管发生什么事情，毛利女人都不会穿得邋里邋遢、滑稽可笑，即使她们想这样做。她们生来便具备对装饰的审美，自打我研究马克萨斯艺术以来，一直都很欣赏其中所体现出来的装饰之美。可是，难道就只有这些吗？难道就只是一张微笑时露出可爱牙齿的漂亮嘴巴吗？……还是对束身内衣极其抗拒的饱满乳房和

---

① 玛德莲大道（Boulevard de la Madeleine）：位于巴黎西北部的第八区，是巴黎最短的大道之一，玛德莲花卉市场就在这条大道附近。

② 和平烟斗（calumet）：一种长管烟斗，象征和平，起源于印第安人。

粉红色乳头？真正让毛利女人不同于其他女人的，是她们的身材比例，但这也常常让她们看起来和男人无异。狩猎女神狄安娜（Diane），就是宽肩窄臀。

……毛利女人的腿，从臀部到脚踝构成了一条迷人的直线。她们的大腿很沉，但并不粗胖；这种重量增加了腿部的圆润程度，缩减了两腿之间的空隙，让她们不至于像我们国家的有些女人那样，两条腿就像一把镊子。

她们的皮肤是古铜色的，这是事实，可有些人觉得这样的肤色很难看。但其他方面，尤其是光着身子时，真的有那么难看吗？更何况几乎不必有任何花费，便能够赢得她们的芳心。

然而，在马克萨斯，有这样一件事始终困扰着我，那便是她们对香味的过分喜爱。店家卖给她们一种可怕的麝香和广藿香的混合物，当她们集中在教堂里时，这种香味实在叫人难以忍受。但是，过错还是在欧洲人。在这里，你闻不到一丝薰衣草花水的味道，因为这里不准向当地人出售哪怕一滴酒，所以他们只要一沾到薰衣草花水，就会立刻拿起喝掉。

让我们回过头来，接着谈论马克萨斯艺术。托传教士们的福，它已经消失了。那些传教士把雕刻和装饰视作拜物教，是对基督教上帝的冒犯。这是问题的症结所在，那些可怜的人儿只好屈服。

从摇篮里开始，他们的下一代便开始用难以理解的法语唱赞美诗、背诵教理问答……

如果一个心灵手巧的小姑娘采了一些鲜花，把它们编成一顶漂亮的花冠戴在头上，主教大人必定会大发脾气！

用不了多久，马克萨斯的原住民将不再会爬椰子树，也再不会走进深山，寻找可以让他们充饥的野生香蕉。孩子们待在学校里，失去了锻炼身体的机会,总是穿戴整齐(为了体面起见);久而久之,他们变得十分脆弱,失去了在山里过夜的能力。他们全部开始穿鞋,双脚从此以后变得极其敏感,无法在崎岖的道路上奔跑,也无法踩着石头横跨溪流。

由此,我们目睹了一个族群走向灭亡的凄惨景象。大多数人患上肺病,人们的生殖器不能生育,卵巢也因汞而受到损伤。

宪 兵

我的面前有椰子树,也有香蕉树;放眼望去,四周一片绿色。为了讨西涅克开心,我会告诉你们,还有星星落落的红色(互补色)散布在绿色中间。就算是这样,有一点也依然会惹恼西涅克,我承认,在这绿色之中,还能看到一大片蓝色的斑点。别搞错了,那不是蓝天,只是远处的高山。

我能对这些椰子树说什么呢?可我需要倾诉。于是,我用写作来代替交谈。

哈!小维陶尼(Vaitauni)正朝河边走去……这个雌雄同体般的人儿那么与众不同,当你像疲倦的徒步旅行者一样感到无力之时,她能够刺激你的感官。她拥有你能想象到的最圆润、最迷人的乳房。我注视着那金色的、近乎赤裸的身体走进清凉的河水之中。

小心,我亲爱的姑娘;那个毛发浓密的宪兵,表面上是道德的守护者,背地里其实是好色之徒,他正窥视着你。一旦他饱足眼福,便会给你开上一张罚单,以报复你激发了他的欲望,违反了公共道德……

啊,善良的法国本土民众,你们根本不知道殖民地的宪兵是个

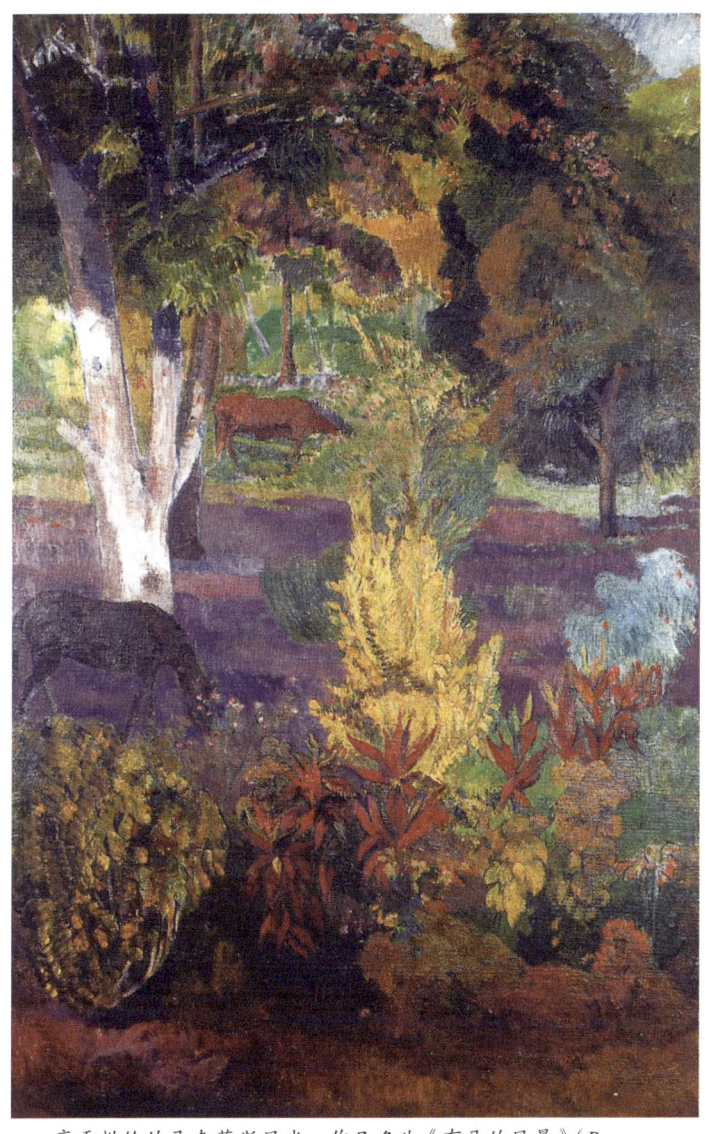

高更描绘的马克萨斯风光,作品名为《有马的风景》(Paysage aux Chevaux,1901)

什么样子。亲自过来看看吧，你们会发现一种令人难以置信的肮脏垃圾。

现在，宪兵队的队长正竭力说服当地人，称自己，而非高更先生，才是负责……他和潘多拉（Pandore）真是天生一对。

给他洗衣服的小泰亚（Taia）可不是傻瓜。当她想从他那里骗来十个苏的时候，她会对他说"您知道的可真多"，这样，他便会把钱给她了。

"我才是负责的那个，不是高更先生。"

你们觉得小泰亚怎么样？我觉得她是个典型的马克萨斯姑娘。又大又圆的眼睛，像鱼一样的嘴唇，还有一排可以打开沙丁鱼罐头的牙齿。可别把罐头放在她身边太久，不然的话，她会把它吃掉的。总之，她对那位队长的事情，知道得已经够多了。

……他才是负责的那个，不是高更先生。奖章在他胸前闪闪发光，酒精在他红润的脸颊上泛着暗淡的光。

"兹证明，因此，随后，我们递交了他的身份证明，并附上了对他的描述。"

捕鲸船

一段时间以来，已经有三艘捕鲸船航行到了我们这片水域，把宪兵队折腾得够呛。为什么会有这么多的骚动，这么多潜藏的敌意？捕鲸者！

……捕鲸者不习惯随身携带硬币，因为他们很清楚，在海上，金钱不能当饭吃；而在陆地上，则有瞧不起贱金属的哲学家。

于是，被这些错误观念灌输的捕鲸者们，身无分文地来到马克萨斯，登上了塔瓦塔岛（Tahuata）。他们盼着能在岛上补给淡水，并用一些小玩意儿和轻质法兰绒面料换取香蕉、家畜和其他食物。

什么！把没有纳税的货物卸到岸上？绝不可能！但当地人十分乐意用那些他们不知道该怎么处理的农产品，来交换自己心仪的东西。他们在心里嘀咕，不知道我们到底希望他们是好还是坏。但是，有那么三四个做鳕鱼生意的小商贩，明确地抱怨这是"不公平竞争"。

等该说的都说了、该做的都做了，宪兵已经累得上气不接下气；而那艘船上的货物，到了晚上已被全部卸空。补给充足后，它又出海了。

塔瓦塔岛因这些欧洲产品变得比其他岛屿更为富裕。这有什么害处呢？为什么抗议的呼声如此强烈？

那时，塔瓦塔岛经历了一次可怕的海啸，整座小岛都遭到了破坏。海浪为收藏爱好者们卷来了大块的珊瑚，还有无数的贝壳；有了珊瑚，他们便可以制作石灰了。

那些捕鲸者个个都是了不起的水手，当他们看到气压计在搞恶作剧时，就已经知晓即将到来的是怎样的天气，随后，他们便迅速离开了——不过，他们也给宪兵留下了一些不错的礼物。贿赂？啧啧，是礼物（还附着发票）！

"唔，毕竟，"船长们说，"走私贩子总要和宪兵搞好关系。"

暴风雨

总是被我冒犯的上帝，这一次却让我幸免于难：就在我写下这几行字的时候，一场异乎寻常的暴风雨刚刚造成了可怕的破坏。

前天下午，持续多日的恶劣天气终于积累到了骇人的程度。晚上八点左右，狂风暴雨大作。我独自一人待在小屋里，担心这间房子随时会轰然倒塌。

在热带地区，那些枝繁叶茂的大树根系往往很浅，而且它们生长的土壤一旦被水浸泡就会变得十分松动；现在，小屋四周的大树一棵棵东倒西歪，伴随着一声声巨响重重砸在地上，尤其是面包树这种枝干极脆的树木，最是弱不禁风。

一阵狂风刮过，吹得我那用椰子叶铺成的轻薄屋顶晃个不停；风从四面八方灌进屋里，我甚至没办法让灯一直保持亮着。如果我的房子连同我所有的作品——我积攒了二十年的素材——被暴风雨摧毁，那将是我的毁灭。

从高更的这幅油画《小屋附近》（Près des Huttes，1901）中，可以看到炎热、贫穷地区房屋的脆弱结构

十点左右，一阵连续不断的噪音引起了我的注意，听上去像是一座石质建筑正在垮塌。我得去看上一看，于是，我走出了小屋。刚出屋门，我的双脚便立刻泡在了水里。

月亮刚刚升起，映着苍白的月光，我看见自己正置身于一道激流之中，激流卷着巨石，正猛烈地撞击着我这座小屋的木头柱子。我能做的就只有听天由命，等待上帝的安排。这是一个漫长的夜晚。

天刚一破晓，我便望向窗外。多么奇妙的景象啊！周围一片汪洋，大块的花岗岩和粗壮的树木漂在水上，不知从何而来。经过小屋的道路已被截断，这意味着我被包围在一个小岛上，比待在圣水盆里的魔鬼好不到哪儿去。

我要告诉你们的是，这里人们口中的阿图奥纳山谷，是一个有些地方非常狭窄的峡谷，两边的山就像是两堵高耸入云的石墙。每当暴风雨袭来，高处的水流便会飞泻而下，落入河中。政府的决定总是不那么明智，非但没有想方设法让洪水顺利流走，竟还堆起石头挡住了所有去路，简直是南辕北辙。不仅如此，政府还在河岸两旁以及河水中央种上了树；洪水一来，这些树自然全都被冲倒，而后充当了洪水的帮手，横冲直撞、乱搞破坏。

在这些炎热、贫穷的地区，房屋的结构都很脆弱，哪怕只有一丁点儿的力量，就足以造成毁灭性的打击，而招致灾难的因素又那么多。显然，理性的分析已经没有任何意义，因为理性早已被践踏。除了匆匆填补好洪水造成的漏洞之外，政府什么也不打算做。可是桥呢！钱在哪里？亘古不变的问题是：钱在哪里？

……我的小屋经受住了暴风雨的考验，我们将试着逐渐修复损毁的地方。可是，等下一次洪水来临，该怎么办呢？

洪水刚刚退去,风暴渐趋平静,每个人都在尽自己最大的努力,劈开连根拔起的树木,在各处搭起可供通行的小桥,方便邻里之间往来。我们期盼的信件迟迟没有到来,如果能够交上天大的好运,我们希望一年之内,政府能够慷慨解囊,给我们这些受灾的民众寄来一些资金。

从我的窗口望去,马克萨斯、阿图奥纳,一切都变得黯淡起来;舞会结束了,柔和的乐曲也演奏完毕。不过,取而代之的,并不是沉寂。

音量逐渐增强,大风在树枝间来回穿梭,盛大的舞会拉开了帷幕。旋风呼啸而至。奥林匹斯诸神加入了这场游戏,朱庇特(Jupiter)给我们送来了拥有的全部雷电,泰坦十二神(Titans)滚来了巨石,河水溢出了河岸。

巨大的面包树摇摇欲折,椰子树也弯下了腰,它们的头发拂过大地。所有东西——巨石、树木、尸体——都在洪水的裹挟下,朝大海奔去。愤怒的众神沉入恣意的狂欢。

太阳升起来了,高傲的椰子树重新竖起羽毛状的叶片,人们也挺起了胸膛。巨大的痛苦过去了,欢乐又回来了,母亲冲着孩子笑了。

昨天的事实变成了传说,渐渐被众人遗忘。

后　记

是时候该停止这种喋喋不休了，读者们就快不耐烦了。最后，请允许我再写一个简短的后记。

在我看来（与布吕内蒂埃不同），这年头写书的人太多了。让我们说得具体一些。

很多人都知道该如何写作，这一点不可否认；但对文学艺术有所了解的人却极少，简直少得可怜。这是一门很难的艺术，和造型艺术一样不好掌握，可每个人都无可避免地会涉猎其中。大家都有责任去尝试，努力让自己更进一步。

除了艺术——非常纯粹的艺术之外，鉴于人类丰富的智慧以及非凡的才能，还有许多东西值得讨论，而且必须讨论。

这就是我的后记。我并不想写一本哪怕只带有一丝艺术气息的书（我不知道该怎么写）；但是，作为一个见多识广的人，一个在全世界，包括文明世界和野蛮世界看过、读过、听过许多事情的人，我希望能与读者坦诚相见，毫不畏惧、毫不羞愧地写作——写下我所知道的一切。

这是我的权力。任何评论家都不能阻止，即使这样做可能会声名扫地。

马克萨斯，阿图奥纳，1903 年 1—2 月

书信一束

游走法国

初至塔希提

回到法国

重返大洋洲

游走法国

致埃米尔·舒芬尼克[①]

高更创作的油画《舒芬尼克一家》(La Famille Schuffenecker, 1889)

……有时,我真的以为自己疯了。可每当夜里我躺在床上,越是辗转反侧,就越觉得自己无比正确。一直以来,哲学家们都在论证那些在我们看来是超自然的现象,但这些现象于我们而言,又是能够感觉到的。"感觉"这个词,是一切的关键。拉斐尔等其他一些人,他们的感觉在思考之前就早已形成,哪怕在进行研究时也是

---

① 克洛德—埃米尔·舒芬尼克(Claude-Émile Schuffenecker,1851—1934):法国后印象派画家,代表作有《埃特雷塔悬崖景观》《粉红色女人的画像》等。他和高更在交易所结识,后来两人均放弃工作,投身艺术事业。

如此，因而不致破坏，艺术家的身份也得到了很好地保持。依我所见，伟大的艺术家便是最高智慧的化身。他所能想到的观点和表达都极其玄妙，因而称得上是人类大脑最为无形的产物。

……尽管色彩并不占据主导地位，但仍比线条更具说服力，因为它们对眼球有着绝对的掌控力。有的色调高贵，有的色调普通。和谐的色调使人镇静，给人以宽慰；另一些色调则大胆得使人亢奋……瞧瞧塞尚，那令人费解的、源自东方的神秘天性[他的脸就像是一张来自黎凡特（Levant）①的古人的脸]；他偏爱充满神秘感的、宁静肃穆的表现形式，就如同表现一个躺着做梦的人那样；他的色彩沉稳庄重，好似东方人的性格；一个来自法国南部的人，他整天都待在山顶阅读维吉尔（Virgil）②的作品，并时不时地仰望天空。他的眼界很高，他的蓝色非常强烈，他的红色让人震惊到发颤……他那些颇具文学性的绘画作品意味深长，就像是拥有双重结构的寓言；他的背景极富想象力，但看上去又那么真实。简言之，当你看到一幅塞尚的作品，你会忍不住惊呼："太奇特了！"

……在这里，我比以往任何时候都更受艺术折磨，尽管我不得不为钱操心、奔波忙碌，但没有什么阻止得了我。你说我最好加入你们的独立协会（Société d'Indépendants）③；要我告诉你会出现

---

① 黎凡特（Levant）：历史上位于地中海东岸的一个地区，边界模糊，曾是连接东西方贸易的重地。

② 普布留斯·维吉留斯·马罗（Publius Vergilius Maro，前70—前19）：通称"维吉尔"（Virgil），古罗马诗人，代表作有《牧歌集》《农事诗》《埃涅阿斯纪》等。

③ 独立协会（Société d'Indépendants）：全名"独立艺术家协会"（Société des Artistes Indépendants），1884年创立于巴黎。协会定期举办无评审制度的"独立沙龙"（Salon des Indépendants），舒芬尼克是创始人之一。在第一届沙龙上，高更的作品即被展出。

什么样的情况吗？今天，你们拥有差不多一百位成员；等到明天，就会有两百位。这些半艺术家、半商人的成员中，有三分之二都是阴谋家；过不了多久，你就会看到热尔韦等其他一些人的地位越来越高。到那时，我们这些梦想家，我们这些被误解的人，该如何是好？今年，新闻界还在对你大吹大擂；明年，那些搞阴谋诡计的家伙［到处都是拉法埃利（Raffaëlli）[1]］便会搅动泥巴，一股脑甩到你身上，为的是让他们自己看上去干干净净。

自由而疯狂地工作吧；你定能取得进步，人们迟早会认识到你的价值——若你确有价值的话。最重要的是，不要在一幅作品上面过多纠结；强烈情感的描绘往往只在须臾之间。尽情畅想，并寻找你能表达它的最为简单的形式吧……

——1885年1月14日，哥本哈根

致舒芬尼克

……你让我到杜朗—卢埃尔的画廊参展，我接受这一提议，但这家伙想要把画廊维持下去，恐怕极为困难。他为毕沙罗等其他一些人做的那点事情，并非出于友谊，而是因为他将近百万法郎的投资；他担心印象派画家会不计价格出售，致使作品贬值。你要明白，这个该死的耶稣会士压根儿就不关心我是否会破产。

……我在这里被几个冥顽不化的女新教徒暗中搞得元气大伤。她们知道我亵渎神明，所以想让我彻底垮台。与恪守教规的新教

---

[1] 让—弗朗索瓦·拉法埃利（Jean-François Raffaëlli，1850—1924）：法国画家、雕塑家，善于运用写实风格描绘人物，代表作有《喝苦艾酒的人》《婚礼邀请》《捡破烂的人》等。他曾应德加邀请参加印象派画展，但他并非印象派画家，还声称自己展出的三十七幅作品主导了整个展览，因而受到莫奈等人的非议。

徒相比，耶稣会士不过是些懦弱之人。最先有所动作的，是一直在为我儿子埃米尔（Émile）支付寄宿学校费用的莫尔特克（Moltke）伯爵夫人，由于宗教方面的原因，她突然停止了支付。没什么好指责的，你明白的。很多法语课也出于同样的原因无以为继[1]，类似的事情还有很多。我开始感到厌倦[2]，打算放弃一切前往巴黎，去工作，去挣钱养活自己——哪怕是到布约（Bouillot）[3]的工作室当雕塑家的助手，起码我能获得自由。责任！呵，让别人也来试试；我已经尽了自己最大的努力，让我放弃承担责任的，是不可能满足的物质需求。再次感谢你对我们的关注。在你穷困潦倒的时候，不会有多少人会真心替你着想！

要是你遇见基约曼（Guillaumin）[4]，告诉他，能在这样的时候收到他的信，我感到很高兴；每当收到从法国来的信，总会让我松一口气。我已经有六个月没人谈过心了。这是最为彻底的孤独。毋庸置疑，我在家人眼里就是个怪物，因为我没有赚到钱。如今，只有成功人士才会受到尊重。

---

[1] 当时，高更的妻子梅特靠教丹麦的孩子学习法语来养家糊口。

[2] 参见《此前此后》"往事回忆"题下"丹麦印象"一节中，高更关于自己在丹麦逗留期间的苦涩回忆。

[3] 儒勒—欧内斯特·布约（Jules-Ernest Bouillot，1837—1894）：法国雕塑家。1877年高更与布约结识，在他的鼓励下以妻子为模特，创作了自己的第一件雕塑作品。

[4] 让—巴蒂斯特·阿尔芒德·基约曼（Jean-Baptiste Armand Guillaumin，1841—1927）：法国印象派画家，擅长描绘风景。代表作有《克罗藏的风景》《茹伊别墅》《伯西塞纳河上的驳船》等。

德拉克洛瓦的油画《唐璜之筏》

请给我寄一张德拉克洛瓦（Delacroix）[①]所作《唐璜之筏》（Le Naufrage de Don Juan）[②]的照片——如果不太贵的话。我必须得承认，眼下唯一能让我放松的时刻，便是沉浸在艺术世界之中的时刻。不知你有没有注意到，这个人的性情在多大程度上有如野兽一般？所以他才把它们画得那么出色。德拉克洛瓦的作品总能让我想起体

[①] 斐迪南·维克多·欧仁·德拉克洛瓦（Ferdinand Victor Eugène Delacroix，1798—1863）：法国画家。善于运用色彩，作品充满浪漫风格，代表作有《自由引导人民》《希奥岛的屠杀》《但丁之舟》等。他崇尚意大利文艺复兴时期的美术，继承和发展了多个画派和艺术家的风格，带给高更很大的影响。

[②] 《唐璜之筏》（Le Naufrage de Don Juan）：德拉克洛瓦名作之一，创作于1840年。创作灵感源自英国诗人拜伦（Byron，1788—1824）的长篇叙事诗《唐璜》，描绘了唐璜一行在海上遭遇风暴，因缺少食物抽签决定将谁分食的场景。

格健壮、动作敏捷的老虎。当你望向这种超级动物时，永远都无法知晓它的肌肉究竟附着于何处，它爪子的柔韧程度也超乎想象，令人难以置信。德拉克洛瓦画手臂和肩膀的方式也是如此，总是让它们过度扭转，虽说不合情理，却表达了最为真实的情感。

那些带有褶皱的织物像蛇一样盘绕在周围，效果像极了老虎！不管怎样，无论你作何感想，在他的《唐璜之筏》中，那条小船就好似一头威猛怪兽的呼吸，我真想大饱眼福，好好看上一看。那些忍饥挨饿的人们，就在险象环生的大海之中。……在饥饿背后，一切都消失得无影无踪。只不过是幅画罢了，也不存在错视。那条小船只是个玩具，没有一个港口城市会建造它。不是水手，德拉克洛瓦先生，但他是位了不起的诗人，他没有模仿热罗姆那种考古般的精确，我敢肯定，他在这一点上是完全正确的。

想想沃尔夫（Wolff）[①]先生在《费加罗报》（Le Figaro）[②]上写的，他说德拉克洛瓦的作品没有一幅称得上杰作，总是不完整的。现在，德拉克洛瓦已经去世，他有着天才的气质，可他的作品却并不完美。看看巴斯蒂安—勒帕奇（Bastien-Lepage）[③]；有个勤勉认真的人，在他的画室里探索着大自然。沃尔夫先生并没有停下，他认为德拉克洛瓦不仅在表达方式上拥有天赋，同时还是一位创新者……

[①] 艾伯特·沃尔夫（Albert Wolff，1835—1891）：法国记者、艺术评论家，高更的又一个眼中钉。他支持学院派、反对印象派，但偶尔也会赞赏印象派的个别作品。

[②] 《费加罗报》（Le Figaro）：法国历史最为悠久的报纸之一，1826年创刊，起初为讽刺性周刊，后改为综合性日报。

[③] 朱尔斯·巴斯蒂安—勒帕奇（Jules Bastien-Lepage，1848—1884）：法国画家，擅长描绘乡村风俗和人物肖像。代表作有《圣女贞德》《垛草》《男子画像》等。

我在这边展出了我的作品。总有一天我会告诉你,他们是怎样依照学术界的命令,在五天之后关闭我的展览的;我还将告诉你,那些对我有利的严肃文章,是如何被挡在报纸之外的。这些可鄙的阴谋!整个古老的学派都在颤抖,仿佛我是艺术领域的罗什福尔(Rochefort)①之流。这对艺术家来说是一种恭维,但结果却是灾难性的。

在哥本哈根,我不得不叫木匠来为我制作画框;如果那些专门设计画框的人为我工作,就会失去其他顾客。这,竟是在十九世纪!可若是我们真的那么微不足道,为什么还会有这么多人大惊小怪呢?……要把你自己当成一个人物,也许并不完美,但仍然是个人物,然而,所有的门都对你关着……不可否认,我们都是绘画的殉道者……

——1885年5月24日,哥本哈根

致梅特·高更②

……你问我这个冬天打算做些什么,我还没想好。这取决于我手头是否宽裕,毕竟巧妇难为无米之炊。我没有钱、没有房子、

---

① 维克托·亨利·罗什福尔(Victor Henri Rochefort,1831—1913):法国记者、剧作家、政治家,曾任《费加罗报》编辑,并主编有《灯笼报》(La Lanterne)、《马赛曲报》(La Marseillaise)、《口令报》(Le Mot d'ordre)和《不妥协者报》(L'Intransigeant)。他是位激进的共和派,常因政治斗争被罚款、监禁。

② 梅特·高更(Mette Gauguin):原名梅特—索菲·加德(Mette-Sophie Gad,1850—1920),丹麦籍,高更之妻。两人于1873年结婚,共育有五个孩子。1883年,高更为绘画辞去工作,一年后为紧缩开支举家从巴黎迁居鲁昂,之后又辗转哥本哈根投奔岳父。1885年,高更与妻子一家决裂,带着次子克洛维斯(Clovis,1879—1900)返回巴黎。

没有家具、没有工作,除了布约的一个承诺——他答应我,如果他那里有活干,会叫我过去。若是这样的话,我会在他那儿租下一间小小的工作室,晚上也睡在工作室里。至于饮食,我买得起什么,就吃什么。要是我能卖出去几幅画,那么明年夏天,我就去布列塔尼的某处偏僻之地寻家旅馆,一边画画,一边节俭地生活。花销最少的地方,还要属布列塔尼。一旦这段糟糕的时期[①]过去,等到经济有了起色,我的创作天赋得到激发,也能赚到钱,我便会考虑找个不错的地方定居下来……

——1885 年 8 月 19 日,巴黎

高更妻子梅特与孩子们的合影

---

① 指 1882 年 1 月,天主教银行"联合通用"(Union Générale)股价暴跌,引发严重的经济和金融危机,致使高更损失了一大笔钱。

致梅特

……在一大堆描绘圣诞场景的作品中,我的画遭到拒绝,对此,我既不感到惊讶,也不感到沮丧。可如果你不试着去展示,又怎么能表达自己?你只要做到正视那些普遍存在的敌意就可以了,没什么好遮掩的。要是你能再进一步,让新闻界对此加以报道,事情便会得到公开,人们总有一天会看清,究竟哪一方才是正确的。

三月,我将同几位才华横溢的新印象派画家一道,为举办一场全面的展览进行准备①。几年来,所有画派和画室都在关注他们,这个展览说不准会家喻户晓;兴许它将成为我们成功的起点。让我们拭目以待吧。这里的油画交易比其他任何交易都要死气沉沉,根本别想卖出去哪怕一幅作品,尤其是那种比较官方的……出现一种对我们有利的迹象,但那是以后的事了……

——1885 年 12 月 29 日,巴黎

致梅特

……需要是创造的前提;有时,它还会让人跨过社会为他划定的界限。当我们的儿子染上天花时,我兜里只有二十生丁,一连三天,我俩都在啃无黄油面包,还赊了账。

我惊慌失措,想恳请一家在火车站张贴海报的公司雇用我,让我来负责张贴广告。经理看到我中产阶级的模样,忍不住发笑。但我郑重其事地告诉他,我的孩子病倒了,我需要一份工作。于是,我开始张贴广告,每天能赚到五法郎;与此同时,克洛维斯因发烧

---

① 指 1886 年 5 月 15 日至 6 月 15 日,由"无名画家、雕塑家和版画家协会"(Société Anonyme des Artistes Peintres, Sculpteurs et Graveurs)举办的第八届印象派画展。

卧床不起，而我要到晚上才能回家照顾他。

……你那丹麦女人的自尊心，一定会因为有一个贴广告的丈夫而受到伤害。我还能怎么做呢，不是每个人都具有天赋。不用担心孩子；他的病情一天比一天好转，我也不会考虑把他送到你的身边；相反，等我靠贴广告挣到更多钱后，我打算把其他几个孩子也接回来。这是我的权力，你知道的。

你让我给你回信时态度温和一些，就像你对我那样，所以，我让自己保持绝对的镇定，集中精力阅读了你所有的来信。你在信中冷静而又肯定地告诉我，我曾经爱过你，但如今你只不过是位母亲，而非妻子，等等；这勾起了我许多非常美好的回忆，同时也给我致命一击，那就是让我不要再对未来抱有半点幻想。因此，如果有一天我的情况有所改善，找到一个对我来说不仅仅是孩子母亲的女人时，你也一定不会感到惊讶。

我知道你认为我毫无魅力，这鞭策着我向你证明，事实恰好相反……同时，你要继续像现在这样把头高高昂起，带着强烈的责任感，问心无愧地面对这个世界；毕竟，只存在一种罪行，那就是通奸。除此之外，其他的一切都是道德的。你被赶出你的家，这是不公平的；而我被赶出我的家，则是合乎情理的。既然如此，就别反对我组建新的家庭。在这个新家里，我便能出去张贴广告了。每个人都免不了脸红……

——1886 年 4 月 25 日前后，巴黎

致梅特

……我们的展览让关于印象派的所有议题再度浮出水面，这一次，形势变得非常有利。艺术家们都很欣赏我。雕刻家布拉克蒙

（Bracquemond）①先生满腔热情，以二百五十法郎的价格买下了我的一幅画作，还把我介绍给一位打算制作手工装饰花瓶的陶艺家②。这位陶艺家很欣赏我的雕塑作品，约请我今年冬天帮他烧制一些陶器，我想做成什么样就做成什么样，如果卖出去了，便和他对半分成。也许这会成为将来一个很大的收入来源。

……有人给我提供了一份工作，让我到大洋洲去当农场工人，可这就意味着要放弃对未来的一切希望。一想到这儿，我便打消了这个念头，我觉得，只要拥有耐心和一点点资助，艺术还是能够为我带来许多美好时光的……

——1886年5月底（日期不详），巴黎

致梅特

……我刚从舒芬尼克那儿回来。他依旧是我的挚友，他非常感激我帮助他取得进步。遗憾的是，他被妻子搞得越来越恼火，他的妻子慢慢变成了一个泼妇，很明显已经不再适合继续做他生活上的伴侣。婚姻的结局多么古怪：要么招来毁灭，要么导致自杀。《家

---

① 费利克斯·亨利·布拉克蒙（Félix Henri Bracquemond，1833—1914）：法国画家、版画复兴的领导者，代表作有《埃德蒙·德·龚古尔的肖像》《布兰卡斯别墅的露台》《燕子》等。他是最先有意识模仿日本浮世绘风格创作的画家，并将这一风格介绍给了马奈、德加等人，给印象派绘画带去了重要影响。

② 指法国陶艺家欧内斯特·查普莱特（Ernest Chaplet，1835—1909）。他的作品大多充满东方情调，在1889年的巴黎世界博览会上，他因学会烧制"牛血红釉"荣获金奖。正是在查普莱特的工作室里，高更开始制作陶器。

常事》(Pot Bouille)[1]只不过是现实的一种温和改编……

——1886年6月初（日期不详），巴黎

致梅特

我终于为这趟布列塔尼之行筹到了资金，我住在这里还可以赊账[2]。……我的画引发了热烈的讨论，我必须承认，那些美国人相当欣赏我的作品。这是未来的一些希望。我确实画了许多习作，恐怕你已经很难辨认出我的画了……在你的设想中，我们是孤独的，但事实并非如此。不管是冬天还是夏天，这里都聚集着许多画家……过些时日，如果我成功地为我的画找到一条可靠稳定的小销路，便会常年住在这里……我将在沃吉哈赫（Vaugirard）教堂附近找一间小画室，还会制作一些瓶瓶罐罐，像奥贝（Aubé）[3]先前那样雕刻陶器。因为欣赏我的才能，布拉克蒙先生一直对我非常友好，是他帮我寻了这个营生，还告诉我可以从中赚得可观的利润。

让我们拭目以待，希望我在雕塑方面也拥有和绘画一样的天赋，因为我打算同时从事这两方面的工作。

——1886年6月底（日期不详），阿旺桥

---

[1] 《家常事》(Pot Bouille)：左拉《卢贡—马卡尔家族》系列小说中的第十一部，讲述巴黎一座公寓中几个家庭的堕落生活。

[2] 约贝—杜瓦尔告诉高更，他曾光顾位于布列塔尼阿旺桥的一家价格十分低廉的旅馆，旅馆的主人名叫玛丽—让娜·格洛内克（Marie-Jeanne Gloanec），她可以让高更赊账。

[3] 让—保罗·奥贝（Jean-Paul Aubé，1837—1916）：法国雕塑家、陶艺家，代表作有《但丁纪念碑》《莱昂·甘必大纪念碑》等。高更结婚后，曾和妻子梅特在他的房子里住过一段时间。

高更创作的粉彩画《雕塑家奥贝和他的儿子》(Le Sculpteur Aubé et son Fils，1882)

致梅特

……我在这里收获颇丰，取得了不小的成绩，大家都推崇我为阿旺桥最出色的画家[1]；但另一个无可争辩的事实是，这并没有让我比先前多赚哪怕一个苏。不过，也许这些经历正帮我为将来铺平道路。不管怎么说，至少我赢得了声望。大家都在向我讨教，而我也在愚蠢地不断给予，毕竟一个人理应对别人有所用处，而不仅仅是被认可。

这样的生活并没有把我变得更胖；我现在比你还要轻上一些。

---

[1] 法国画家埃米尔·贝尔纳（Émile Bernard，1868—1941）曾在1886年8月19日写给父母的信中，称高更是"一位十分令人钦佩的伙伴"。

虽然我的身体又一次干瘪得像条鲱鱼，但从另一方面来看，我变得年轻了许多。我需要忧虑的事情越多，我的力量恢复得也就越多，不过，这并没有让我受到鼓舞。我在这边全凭赊账度日，不知道自己该何去何从。钱的问题使我彻底气馁，我渴盼这个问题能够尽早得到解决。

好吧，我只能听天由命了，不管怎样，也许有一天，当我的艺术对每个人来说都能够接受的时候，一些热心的人会把我从困窘的环境中拉出来。

——1886年7月（日期不详），阿旺桥

致梅特

……你可以去问问舒芬尼克，其他画家是怎么看待我的画作的，可是，什么都没有发生。人们对一个一无所有的人不闻不问！

我正在制作一些陶塑。舒芬尼克说它们堪称杰作，还说我这个陶艺家也很出色，但可能这些作品太过艺术，无法打开销路。不过他也表示，再过一段时间，在工业艺术展上，这样的创意会取得巨大的成功。愿魔鬼垂聆他的祷告！此时，我的全部衣物都在当铺老板那里，我连出去打个电话都打不了。

——1886年12月26日，巴黎

致梅特

……作为一名艺术家，我的名声一天比一天大，可有的时候，我却一连三天都吃不上一顿饱饭，这不仅摧残着我的身体，也消耗着我的能量。我希望能够尽早恢复精力，然后去到巴拿马，像野蛮人一样生活。我知道太平洋上有座名叫塔沃加（Taboga）①的小岛，离巴拿马一里格远；岛上几乎无人居住，是一处富饶的自由之地。我要带上我的颜料和画笔，在这片杳无人迹的地方寻找新的力量。

我依然得去承受没有家人陪伴的痛苦，但我将结束现在这种令人厌恶的赤贫生活。你不必为我的身体担心，那里空气新鲜，有益健康，至于食物，鱼和水果都完全免费……

——1887年4月初（日期不详），巴黎

致梅特

……我有许多事情要告诉你；我脑子一片混乱。这次旅程简直愚蠢透顶，正如俗话所说，我们都已"筋疲力尽"②。让那些提供错误信息的人都见鬼去吧。我们乘坐的船一度停靠在瓜德罗普（Guadeloupe）③和马提尼克（Martinique）④，这是两座引人入胜的岛屿，足够让艺术家画上好一阵子，而且这里的生活便宜、舒适，当地人也都很友善。这才是我们应该去的地方，能省下一半旅费，还不浪费时间。遗憾的是，我们还是去了巴拿马……自从运河开凿以来，那些无知的哥伦比亚人便严防死守，绝不会让你以低于六法郎每平方米的价格购得土地。这里的土地完全没有经过耕作，但却长满了植物；即便如此，你也不可能自己建造小屋，并靠周围生长的水果

---

① 塔沃加（Taboga）：巴拿马中部的岛屿，位于巴拿马湾。
② 高更这趟旅行，是和法国画家夏尔·拉瓦尔（Charles Laval，1861—1894）同去的。
③ 瓜德罗普（Guadeloupe）：法国的一个海外省，位于加勒比海小安的列斯群岛中部。
④ 马提尼克（Martinique）：法国的一个海外省（1946年）及大区（1977年），位于加勒比海东部、小安的列斯群岛最北端。

充饥；如果你胆敢擅自行动，他们会抓住你，说你是小偷。就因为我在一个满是破瓶子和粪便的肮脏不堪的洞里撒了泡尿，他们就让两个宪兵押着我，横穿整个巴拿马走了半个小时，最后还让我支付了一皮阿斯特的罚款。没有一点儿办法逃脱。我真想让宪兵尝尝我拳头的滋味，可在这里，制裁总是来得很快：他们离你仅五步之遥，只要你稍微动上一动，他们就会立刻朝你的脑袋开上一枪。

唉，错误已经犯下；必须把它纠正过来。明天我就到地峡去，举起鹤嘴锄开凿运河，这样一个月便能挣到一百五十皮阿斯特，等到我攒够一百五十皮阿斯特，也就是六百法郎（大概需要两个月），我就动身前往马提尼克。

……不要对工作有所抱怨。在这里，我必须从早上五点半一直干到晚上六点，头顶热带的骄阳，每天还会下雨。到了夜里，蚊子还会把我给活活吃了。

至于死亡率，并没有欧洲人说的那么可怕；干苦差事的那些黑人，他们的死亡率达到了四分之三，而其他人的死亡率基本上只有他们的一半。

说起马提尼克，那里的生活会十分美好。如果我的画能在法国打开销路，赚到八千法郎的话，我们全家就可以在马提尼克过上幸福的生活，而且我相信你也能在那里找到学生继续教课。那里的人民和蔼友善、怡然自得……

——1887 年 5 月初（日期不详），巴拿马

致梅特

……我这次是从马提尼克写信给你的，我原本并没有打算这么早就来到这里。这段时间，我的运气一直很差，想做的事情一件

也做不了。我刚为公司干了两个礼拜,巴黎那边就下达指令延缓了多项工作,因此,就在那一天,有九十名员工被解雇了。我是新手,自然也被划入裁员之列,于是,我收拾行李,来到了这个地方。

……我们目前住在一个黑人的小屋里,比起地峡,这儿简直就是天堂。放眼望去,大海就在前方,岸边满是椰子树;环顾四周,果树目不暇接、枝繁叶茂;要是想去镇上,只需要花二十五分钟便可到达。

高更描绘的马提尼克风光,作品名为《海边》(Bord de Mer,1887)

黑人们不论男女,操着克里奥尔语,整天哼着歌游荡,漫无目的地闲聊。不要觉得这样的生活太过单调;相反,它安逸富足、多姿多彩……这里拥有丰富的自然资源,气候也舒适宜人,温暖中时而夹杂着些许凉意。

……我们已经开始工作,我想用不了多久,就能给你寄去几幅有趣的油画了……相信我,在这个地方,白人男子很难坐怀不乱,因为波提乏（Potiphar）的妻子[1]比比皆是。她们几乎全部都是黑色人种，有的肤色黝黑，有的肤色略白；她们甚至会在水果上施加魔法，然后递到你的面前来勾引你。就在前天，一个十六岁的年轻黑人女子来我这里——我承认，她确实非常漂亮——给我拿来了一个番石榴，番石榴的一端已被挤压裂开。她走以后，我正准备开吃，一位皮肤偏黄的律师刚巧路过，他从我手中拿走水果，直接扔掉了。"先生，您是欧洲人，对这个地方并不了解，"他开口道，"千万不要吃那些来历不明的水果，就好比这个番石榴，它先前已被施了咒，那个女黑人用自己的胸部压裂了它，如果您把它吃了，一定会被那个女黑人牢牢掌控的。"我觉得，这不过是个玩笑。根本没有这回事。这个黑白混血的可怜家伙虽然受过教育，却相信这样的说法……

——1887年6月20日，马提尼克圣皮埃尔（Saint-Pierre）

致梅特

……我刚刚死里逃生，从草垫上挣扎着爬起来给你写信。今天，我第一次得到你的讯息；你的来信四处流落，我总也收不到。

我在科隆（Colón）[2]的那段时间里染了病，是一种由运河的沼泽瘴气导致的中毒。起初我还拥有足够的体能来抵抗它，可当我来到马提尼克后，就一天比一天虚弱。长话短说，一个月之前，我被痢疾和疟疾击垮，起不来了。渐渐地，我的身体瘦成了皮包骨头，气息也十分微弱，喉咙发不出太大的声音；接下来的一段时间里，

---

[1] 波提乏是《旧约》中埃及法老的护卫长，他把被众兄长卖到埃及的约瑟买回家中后，妻子见约瑟秀雅俊美，便企图引诱。

[2] 科隆（Provincia de Colón）：巴拿马的一个省，位于该国中部，面向加勒比海。

我病得很重，几乎每晚都要与死神斗争；最后，我终于有所好转，可我的胃又让我疼痛难忍。现在，我吃下去的那点东西让我的肝脏疼得厉害，我必须费好大一番力气才能写信给你：我的精神开始错乱。你要知道，我挣来的最后一笔钱，已经用来支付药剂师和医生出诊的费用了。医生说我绝对有必要回到法国，不然的话，肝病和发烧会伴随我的余生。

啊，我可怜的梅特，我没有直接死掉，这多么令人遗憾啊！那样一切都会结束。你的信让我欣喜，同时也让我忧愁，如今，我已沉浸在悲伤之中，难以自拔。哪怕我们能够做到彼此厌恶也是好的（仇恨给人力量），可你却在这个不可能的时节，开始觉得自己需要一个丈夫。可怜的梅特，你被工作搞得心烦意乱，想要我去帮你。

我做得到吗？现在，我身心交瘁，躺在这间黑人小屋里的一张海草垫子上，我没有钱，回不去法国……我得搁笔了，因为我已经开始头晕目眩，我的额头上满是汗水，脊椎也颤抖个不停……

——1887年8月（日期不详），马提尼克圣皮埃尔

致梅特

……要是我刚从监狱出来，找工作说不准还能容易一些，可我毕竟不能为了让人们对我的遭遇感兴趣，而让自己被判刑。艺术家的职责就是努力成为一名优秀的艺术家；我已经尽到了这一职责。我从外边带回来的作品为我找到了许多仰慕者；然而，我还是无法取得突破性的进展……

——1887年11月24日，巴黎

致梅特

……从你的来信中我可以看出,你和那些追名逐利的女人一样,始终是一堵立在那里的完好无损的墙。社会上有两种阶层:一种阶层的人,他们生来便拥有一定的资本,可以不劳而获,成为企业的股东或所有者;另一种阶层的人,他们没有任何资本,那他们靠什么生存?只有靠劳动所得……那些出自艺术家家庭的孩子,他们与工人家庭的孩子相比,在哪些方面承受着更多的痛苦呢?那些不用忍受贫困(哪怕只是在一段时间内)的工人,他们又在何方?

这个欣欣向荣的国家最优秀的一面是什么,是硕果累累、日新月异、兴旺发达吗?是艺术家。你不喜欢艺术,那你喜欢什么?金钱。当一个艺术家能够赚到钱时,你就会站到他那一边。这是一场得与失并存的游戏,如果你做不到有难同当,就无法有福同享。

……自打我离开以来,为了能够保存精神力量,我的心扉便一点一点关闭,不再去触碰那些敏感的事物。在那个范围里,一切都变得麻木,而看到原本围在身边的孩子们不得不离去,这对我来说就变得非常危险。你一定要记得,我拥有两种性格:印第安人的性格和敏感的性格。敏感的性格已经消失,这让印第安人的性格得以陪伴我坚定地径直向前。

最近,《费加罗报》刊登了一篇长文,讨论了挪威和瑞典正在发生的一场小革命:比昂松(Björnson)[①]和同伴在刚刚出版的一本书里提出,女性也应享有与任何自己喜欢的人睡觉的权力;婚姻该废除,男女之间转为伙伴关系,等等。你读这本书了吗?丹麦的人

[①] 比昂斯滕·比昂松(Björnstjerne Björnson,1832—1910):挪威作家、政治家,1903年诺贝尔文学奖获得者。著有诗歌《对!我们热爱祖国》、小说《快乐男孩》、戏剧《破产》《挑战的手套》等。

们对此评价如何？看看这本书有没有译成法语；如果没有，我倒是想到了一个好主意，那就是由你把它翻译出来寄给我，再由我来进行审校而后出版……

——1888年2月（日期不详），巴黎

致舒芬尼克

我来这里已经快一个月了，还没给你写过信。是的，每六天当中，我有三天都是躺在床上度过的，这样的日子令我苦不堪言，得不到丝毫缓解，也就打不起精神工作。我只有放任自流，静静地凝视大自然，完全沉浸在自己的艺术当中。没有其他的拯救方式，这是克服身体疼痛的最好办法……你是巴黎人。乡村生活更适合我。我喜欢布列塔尼；在这里，我发现了一种野蛮的、原始的特质。当我的木屐和花岗岩地面碰撞发出阵阵回音时，我听到了我在绘画中一直寻找的那种低沉、柔和、有力的声音……

——1888年2月（日期不详），阿旺桥

致舒芬尼克

……我终于恢复了精力；我刚刚画完几幅裸体画，你会喜欢它们的。它们和德加的作品完全不同。最后一幅，虽然出于我这个来自秘鲁的野蛮人之手，但画风整体上却偏向于日式风格：画的是两个小男孩儿在河边打架，构思很是精巧，绿色的草地搭配上部的白色……

——1888年7月8日，阿旺桥

高更文中指的就是这幅《打闹的孩童》(Enfants Luttant, 1888)

致舒芬尼克

……给你一点建议:不要过分地去临摹自然。艺术是一种抽象;当你置身自然放飞思绪时,要从中揣摩艺术,并专注于你将创造出来的成果。

……我新近的作品画得都比较顺利，我想你应该能够发现，它们会给人带来一种特别的感受，或者更确切地说，它们是对我早期探索的一种肯定……一个人获得的自尊和对自身力量的那种准确的感受，是他在这个世界上所能得到的仅有的慰藉。毕竟，收入这东西，大多数粗浅之人都有。

——1888年8月14日，阿旺桥

致舒芬尼克

　　……一个人能够用形状和色彩唤起多么美妙的感受啊！那些技法矫饰、因循守旧的画家用透视画法来描绘自然，他们是多么的脚踏实地啊！我们可以带着所有异想天开的缺陷，乘坐虚幻的小船独自航行。当我们面对一些不确定的事物，无形对我们来说是多么的有形啊！音乐家通过耳朵来获得感官上的享受，而我们则用热切渴盼的双眸品味无尽的乐趣。今晚，当我用餐时，我内心的动物性将会得到餍足，可我对艺术的渴望，永远也无法熄灭……

——1888年9月（日期不详），阿旺桥

致舒芬尼克

　　……我为一处教堂作了幅画；不出所料，它被拒绝了，于是我把它寄给了提奥·凡高。描述它没有意义，你会看到它的[1]。

---

　　[1]　指高更于1888年创作的油画《布道后的幻象》（La Vision Après le Sermon），又名《雅各与天使搏斗》（La Lutte de Jacob avec l'ange）。当时，高更在夏尔·拉瓦尔和埃米尔·贝尔纳的帮助下，将这幅画带到了阿旺桥附近的尼松（Nizon），打算把它挂到教堂里。然而，牧师却称这样的诠释是反宗教的，拒绝了高更的馈赠。

高更的油画《布道后的幻象》，又名《雅各与天使搏斗》

今年，我为绘画风格牺牲了一切，包括表现形式与色彩，除了擅长的东西之外，我希望给自己增加一些砝码。我相信，这样的转变总有一天会带来收获。

文森特向我要我的肖像，于是我便给他画了一幅[①]。我认为它是我画得最好的作品之一：完全无法理解——太抽象了！乍一看，人像是一个强盗的头，是冉·阿让（Jean Valjean）[②]，又是一位皱着眉头的印象派画家，在世人看来，他总是带着很多累赘。人像的画

---

① 指高更于1888年创作的油画《名为"悲惨世界"的自画像》（Autoportrait dit "Les Misérables"）。

② 冉·阿让（Jean Valjean）：雨果小说《悲惨世界》（Les Misérables）的主人公。小说以冉·阿让偷面包被判刑为开端，讲述了他一生的坎坷经历。

法十分特殊，完全是抽象的。眼睛、嘴巴和鼻子就像波斯地毯上的花朵，这也从侧面体现出了象征主义的特点。运用的色彩全都不是大自然当中的颜色；是对模糊记忆里那在烈火中扭曲的陶器的描绘！所有的红色和紫色都被火光划过，就好似在画家眼前燃烧的火炉，画家的思想就在火炉里进行着斗争。这些景象都呈现在洒满小花束的铬黄背景之上[①]。一个纯洁少女的卧室。印象派画家是纯洁的，并没有被美术学院的腐朽之风玷污。

……提奥·凡高刚刚从我这里买走了价值三百法郎的陶器。所以，这个月的月底，我将前往阿尔勒，我估计会在那里待很长时间，因为我此行的目的是在提奥·凡高想办法帮我打开市场之前，能够不用担心钱，更加放松地去创作。

——1888年10月8日，奎恩佩勒（Quimperlé）

致文森特·凡高

……我认为，我的作品已经达到了一种极简的境界，既质朴，又不失迷信色彩。整体风格非常简朴。在我看来，这幅画里的风景以及雅各与天使之间的搏斗，只存在于那些聆听布道而后祈祷的人们的想象之中。这就是为什么自然描绘的人物与在非自然、不成比例风景中挣扎的人物之间形成鲜明对比的原因。

——1888年9—10月（日期不详），阿旺桥

[①] 在铬黄背景的右上方，高更还画了一幅埃米尔·贝尔纳的肖像，他是高更和凡高共同的朋友。

致埃米尔·贝尔纳[1]

……提奥·凡高给文森特写了一封内容古怪的信。他说我曾去过修拉（Seurat）[2]那里，修拉做了一些比较不错的研究，这表明一个优秀的工匠对自己所做的工作很是满意；西涅克冷淡如常：在我看来，他就像是一个推销小点点[3]的业务员；他们将发起一场针对我们其他人的运动[《独立评论》（La Revue Indépendante）[4]是他们的宣传阵地]；他们将在杂志里把德加，特别是高更，还有贝尔纳等人，描述成比魔鬼更可怕的人，就好像他们得了瘟疫、需要避开似的。信的内容大概就是这样。把我和你说的这些放在心里，不要和提奥·凡高谈起，不然的话，你会让我背上爱传闲话的名声。

我对自己在阿旺桥取得的成果十分满意。德加应该会从我这里买走我的一幅名叫《阿文的两个布列塔尼妇女》（Deux Bretonnes aux Avins）[5]的习作。这对我来说是最大的恭维；如你所知，我非常信任德加的判断。而且从商业的角度来讲，这是一个非常不错的开端。德加的朋友们全部都很信任他。

---

[1] 埃米尔·贝尔纳（Émile Bernard，1868—1941）：法国阿旺桥画派画家，代表作有《有高更画像的自画像》《林间小屋：阿旺桥》《打阳伞的布列塔尼妇女》等。他起初是高更的好友和仰慕者，后来成了高更的竞争对手。

[2] 乔治·修拉（Georges Seurat，1859—1891）：法国新印象派（点彩派）创始人之一，对光学和色彩理论有较深研究。代表作有《大碗岛的星期天下午》《安涅尔浴场》《欧兰菲林的运河》等。

[3] 指点彩技法。

[4] 《独立评论》（La Revue Indépendante）：1884年由艺术评论家费利克斯·费内翁（Félix Fénéon，1861—1944）创刊于巴黎，1895年终刊。该刊关注艺术和文学，曾给修拉提供过不少支持。

[5] 这幅画创作于1888年，又名《第一朵花》（Les Premières Fleurs）。

高更的油画《阿文的两个布列塔尼妇女》，又名《第一朵花》

  提奥·凡高希望能卖掉我所有的画。如果我真有那么走运，我就到马提尼克去，这一次，我确定自己能在那里做出成绩。若是我能凑够一大笔钱，就买一栋房子，建一个工作室，到时，我的朋友们就会发现，一切都已为他们备好，他们可以无所顾虑地生活。我非常赞同文森特的观点，未来属于那些在热带地区创作的画家，热带风景尚未入画，而我们确实需要找到全新的题材去迎合大众，还有愚蠢的买家……

——1888年10月（日期不详），阿旺桥

致舒芬尼克

  ……你提到了我那可怕的神秘主义，是想表达什么？要做一个意志坚定的印象派画家，别去惧怕任何事情！当然，这条极富吸引力的道路充满危险，到目前为止，我也才刚刚步入正轨，但事实

就是如此，它最符合我的本性，而一个人必须要遵从本心，按照内心的指引前行。我知道，人们会越来越无法理解我。可就算我与其他人变得疏远，那又有何妨？对于大多数人来说，我是一个谜；对于极少数人来说，我是一个诗人。总有一天，人们会知道究竟什么才是好的。

没关系的；我告诉你，不管怎样，我一定能成功地创作出一流的作品——我对此深信不疑，我们等着瞧吧。你很清楚，在艺术方面，我基本上总是正确的。请密切关注：从此刻起，在艺术家当中，会有一股强劲的风吹向我这一边；我在不经意间从某些事情中预知了这一点，相信我，无论提奥·凡高有多么喜欢我，也不会只因为我长相英俊就支持我，承担起我在南边的开销。作为一个头脑冷静的荷兰人，他早已做好评估，希望让事情顺利地进行下去……

——1888 年 10 月 16 日，奎恩佩勒

致埃米尔·贝尔纳

……多关注一下日本人；他们画得出奇的好，而且你能够在他们的作品中欣赏到阳光下没有阴影的户外生活……我将尽可能远离那些会造成错觉的东西，由于影子是太阳的假象，因此我打算将它抛弃。

……在看到提奥·凡高如何铺就前路之后，我想我们这个团体中所有具备天赋的艺术家，都有希望摆脱现下的困境；这意味着，你只需勇往直前就足够了。我和一位佐阿夫兵[①]聊起过你，我认为

[①] 佐阿夫（Zouave）是法国在殖民地阿尔及利亚组建的轻步兵团，文中的"佐阿夫兵"指的是团里的一位军官，文森特·凡高曾为他画过肖像。高更曾在阿尔勒与这位军官交谈，以帮助打算去非洲的埃米尔·贝尔纳打探消息。

你在非洲能够过上对艺术有所帮助，并且相当容易的生活。

……有意思的是，文森特在这里关注的是杜米埃式的创作，而我则恰恰相反，关注的是其他类型的创作：彩色的皮维与日式风格的混合。这里的女人发式优雅，极具希腊美。她们身着带有褶皱的披肩，和古老的希腊人不无两样，简直就像希腊人集体出场。走在街上的少女个个都是淑女，外表看上去和朱诺（Junon）一样圣洁……

——1888年12月（日期不详），阿尔勒

致埃米尔·贝尔纳

……在阿尔勒，我就像一条离开水的鱼；一切——无论是风景还是人物——看上去都那么渺小、破败。文森特和我在很多事情上的看法都不一致，尤其是在绘画方面。一方面，他崇拜杜米埃、杜比尼（Daubigny）[1]、兹姆（Ziem）[2]，还有伟大的泰奥多尔·卢梭（Théodore Rousseau）[3]——这些人全都是我无法忍受的。另一方面，他厌恶安格尔、拉斐尔、德加——这些人全都是我欣赏的。为了缓和气氛，换取片刻的安宁，我会回答他："警官，你是对的。"他特别喜欢我的作品，可当我作画时，他却总觉得这儿也不对、那儿

---

[1] 夏尔—弗朗索瓦·杜比尼（Charles-François Daubigny，1817—1878）：法国画家，巴比松画派的代表人物，擅长对自然光影进行描绘，尤擅画水。代表作有《奥伯特沃兹的水闸》《在瓦兹河附近的洗衣妇》《桤树》等。

[2] 费利克斯—弗朗索瓦·乔治·菲力伯特·兹姆（Félix-François Georges Philibert Ziem，1821—1911）：法国巴比松派画家，以画威尼斯著称。代表作有《威尼斯市场》《君士坦丁堡港口》《伊斯坦布尔风光》等。

[3] 皮埃尔·艾蒂安·泰奥多尔·卢梭（Pierre Etienne Théodore Rousseau，1812—1867）：法国画家，巴比松画派的代表人物，风景画主题独特、笔触大胆、色彩强烈。代表作有《枫丹白露森林的夕阳》《栗树大道》《兰德斯沼泽》等。

也不对。他很浪漫，而我则更倾向于那种原始的状态……

——1888年12月（日期不详），阿尔勒

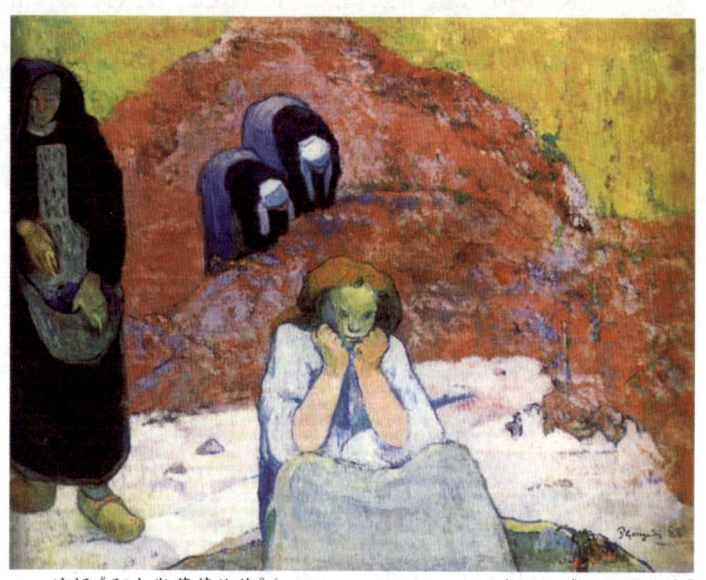

这幅《阿尔勒葡萄收获》（Vendanges a Arles, 1888），又名《人类的苦难》（Misères Humaines），是高更在阿尔勒期间较为满意的作品

致舒芬尼克

你张开双臂等待我的到来。谢谢你，可惜我现在还不能过去。我在这边的处境极其尴尬；我欠提奥·凡高和文森特很多，所以就算有再多的不和谐之处，我也不能对这副热心肠怀恨在心，更何况它是那么虚弱、那么痛苦、那么需要我。不要忘记埃德加·坡的人生，他那些烦心的事情和自身紧张的状态，使他成了一个酒鬼。总有一天，我会详细解释给你听的。总之，我虽然留在这里，但想要离去的心却一直蠢蠢欲动……有的时候，文森特会称我为不远万里而来、

终将远走高飞的人……

——1888年12月24日前[1]，阿尔勒

致梅特

……尽管我的良知给了我坚定的信念，但我还是想向其他人（那些有识之士）咨询一下，看看我究竟有没有尽到自己的责任。他们都认同我的观点，即我所关心的是艺术，它是我的资本，是我孩子们的未来，是我为孩子们的姓氏带去的荣誉，这些都是他们将来能够用得上的。到那时，一个尽人皆知、身份高贵的父亲会走上前来，让他们生活得体面、安稳。因此，我致力于艺术创作，从金钱方面来说，眼下我的创作还一文不值（日子过得很难），但它已勾勒出未来的轮廓。

……我住在海边的一处渔舍里，紧挨着一个有一百五十位居民的村庄；我在这里像农民一样生活，大家都把我看作野蛮人。我每天都穿着一条粗布长裤（我五年前穿的那些早已破旧不堪）工作。我每天花一法郎吃饭，花两个苏买烟。所以，不能指责我，说我在这里享受生活。我不跟任何人说话，也得不到孩子们的消息。我独自一人，全凭自己。巴黎的古皮尔画廊展出了我的作品，引起了不小的轰动，但人们并不愿意慷慨解囊。我没办法预测这些作品什么时候能卖出去，但我可以拍胸脯保证，如今，我是最令人震惊的艺术家之一……

——1889年6月底（日期不详），普尔杜（Pouldu）

---

[1] 几天后的12月24日，文森特·凡高和高更之间发生了戏剧性的一幕，致使高更突然离开阿尔勒回到巴黎，参见《此前此后》"关于文森特·凡高"题下的"不欢而散"一节。

致埃米尔·贝尔纳

……我心情非常愉悦,不是因为计划之中的事情得到了推进,而是因为发现了更多新的事物。我已经清晰地感应到了这些新的事物,但暂时还无法将它们表达出来。我一定能有所收获,只不过进展得很慢,性子再急也没有用。在这种情况下,我的探索性研究显得非常笨拙,得不到什么结果。不过,我仍然希望能在这个冬天,让你看到一个几乎全新的高更创作出来的作品;我用"几乎"这个词,是因为每件事都是相互关联的,而且我也不会那么狂妄自大,宣称自己发明了新的东西。我想要的,是属于自己的一方尚未开辟的天地。

……三天后,我将返回阿旺桥,因为我的钱都花光了,在那里我可以赊账。我计划在阿旺桥过完冬天,待到冬天过后,只要能在东京(Tonkin)①谋得营生,我就去那边研究安南人。对未知事物的极度渴望,让我做出傻事……

——1889 年 8 月(日期不详),普尔杜

致埃米尔·贝尔纳

读完你的信我才明白,原来我们全都处在同一条船上。心存疑虑,结果总不尽如人意,缺乏来自别人的鼓励——所有这些夹杂在一起,给我们带来沉痛的打击。那么,除了保持愤怒、与这些困难进行斗争,我们还能做些什么呢?就算我们失败了,仍然可以继续发出这样的声音:再来一次,再来一次!当你持续深入,便会发现绘画和人一样精神为重,却总免不了与物质发生冲突。

---

① 东京(Tonkin):越南古地名,是法国占领越南后对越南北部的称呼。

……你知道我有多么欣赏德加的作品，但我有时也会觉得他缺乏一种"超越"的感觉，一颗富有情怀的心。

……我并没有得到别人太多的关爱，事实上，我打算变得越来越不被人理解。

我已经做好了一个大尺寸（三十号）的嵌板，等我有钱买木头以后，再用木头雕刻。我身上连一个苏也没有。这是我做过的最好、最怪异的雕刻。高更（像一个怪物）拉着一个有些抗拒的女人的手，对她说道："恋爱吧，你会幸福的。"还有一只在印度象征堕落的狐狸，以及空隙处的几个小形象。木材将被上色……

——1889年9月初（日期不详），阿旺桥

致埃米尔·贝尔纳

……我已经提交了许多份去东京的申请，但迄今为止，答复都是不予通过。被送往殖民地的，通常都是些惹祸上身、偷盗贪污的人。而对于我——一个印象派画家，或者说一个叛逆之人——而言，想要去到那里是不可能的。愤怒与怨气一点点积聚，压在我身上的所有不幸将我彻底击垮，让我一病不起。此刻的我几乎没有任何工作的力气和意愿，而过去，工作总能让我忘记一切。从长远来看，这种与世隔绝，这种心无旁骛——鉴于生活的主要乐趣和亲密带来的满足感都已不复存在，就像是在经历一场饥荒，空荡荡的肠胃在不停地叫着——将变成一种空洞的错觉，除非你冷若冰霜、麻木不仁，感受不到幸福。尽管我做了各种各样的努力，想要成为那样的人，可我就是做不到，我内心深处的本性总是占据上风。就像花瓶里的高更，被阻挡在火炉里的手，挣扎着想要发出的呐喊。好了，我不再多说了。在广袤的宇宙中，人类算得了什么？我有什

么资格提出要求？我比其他人更强吗？

……你把那期《艺术与批评》（Art et Critique）[1]寄给我了吗？……愚蠢的好处就是不会冒犯到别人。费内翁竟然写到我曾模仿安克坦（Anquetin）[2]，我甚至连他是谁都不知道[3]……

——1889年11月（日期不详），普尔杜

致埃米尔·贝尔纳

……那些没有创造能力、内心不够强大、做不到包容的人，自然会对独创性进行攻击……我过去一年做出的所有努力几乎白费，只得到了巴黎那边的一片嚎叫，我在这边都听得到，这让我心灰意冷，不敢继续作画，只能拖着虚弱的身子，迎着刺骨的北风，在普尔杜的岸边徘徊！我机械地画了几幅习作（如果这些仅凭双眼引领所画出来的笔划能称为习作的话）。而我的灵魂随风飘荡，悲伤地注视着面前裂开的洞口。

……至于去炮制商业绘画，哪怕是具有印象派风格的那种：绝无可能。在我的内心深处，我感悟到了一种更深层次的意义。

---

[1] 《艺术与批评》（Art et Critique）：1889年由让·朱利安（Jean Jullien，1854—1919）创刊于巴黎，1892年终刊。该刊保持中立，为各种艺术和美学流派提供了对抗的阵地。

[2] 路易·安克坦（Louis Anquetin，1861—1932）：法国画家，代表作有《克利希大道：傍晚五点钟》《晚上在香榭丽舍大街上的女人》《自画像》等。安克坦是埃米尔·贝尔纳的好友，大约在1887年，两人共同开创了"分隔主义"（cloisonnisme）的绘画风格，主张运用轮廓明显、扁平的构图方式，且以黑色线条描边。

[3] 费利克斯·费内翁在自己创办的报纸《马鞭》（La Cravache）中写道："很有可能安克坦先生的画法……在某种程度上影响了高更先生，以一种纯粹的、正式的方式。"

高更于 1889 年创作的《普尔杜的海滩》(La Plage au Pouldu)

……德加并没有在我的油画中找到他所领会的东西（模特儿的难闻气味）。他觉得在我们当中存在着一种与他相反的动向。唉，要是我能像塞尚那样有办法进行抗争该有多好，我一定很乐意这样做！德加年纪大了，他对自己没有最后的发言权感到恼火[①]。做出过斗争的不只是我们；你可以看到柯罗等人，他们随着时间的推移获得了认可。可今时今日，我们那么贫穷、那么困难。就我个人而言，我承认我被这样那样的事情、被他人、被家庭所打败，但我并没有被舆论所打败。我并不在乎公众的意见，没有崇拜者我也可以继续下去……让他们仔细看看我近期的作品吧（如果他们还具备

---

① 参见《此前此后》"关于埃德加·德加"一题中，高更对德加其人和其画的称赞。

感受的能力），他们会发现这些画中饱含对痛苦的顺从。那么，一个人的呐喊真的就毫无意义吗？……我该怎么做，我的朋友，我正在经历一个幻想破灭的阶段，我忍不住要大声疾呼……

——1889年11月（日期不详），普尔杜

致梅特

……愿这一天到来（也许很快），我将逃到大洋洲某座岛屿上的森林中，在那里过上令人陶醉、宁静安逸、充满艺术气息的生活。我会组建一个新的家庭，远离欧洲人的这些金钱争夺。在那里，在塔希提岛，在美丽的热带夜晚的寂静中，我将与围绕在身旁的那些神秘生物一起，在和谐的气氛中感受我心灵的律动，聆听那轻柔舒缓的动人之音。自由终将来临，不受财务羁绊，纵情去爱、去唱、去死……

——1890年2月（日期不详），巴黎

致埃米尔·贝尔纳

……我已经打定主意，要到马达加斯加去。我要在那边的乡下买一幢泥房子，然后自己把它扩建，在周围种地，过简朴的生活。我将拥有自己的模特儿，还有研习所需要的一切。接下来，我会成立热带工作室。任何想要加入的人都可以过来……对于一个准备像当地百姓一样过日子的人来说，生活并不需要花费什么金钱。打猎轻而易举便能为你提供充足的食物。所以，如果我能达成一笔交易，便去寻找和你谈起的这种地方，自由自在地生活，并进行艺术创作……

——1890年4月（日期不详），巴黎

致埃米尔·贝尔纳

……我不是去那边找工作的,也无法给你提供工作。我想在那边做的是成立热带工作室。我会用即将赚到的钱买下一幢房子,就和你在世界博览会上看到的那种差不多。房身用木头和泥土建成,房顶用茅草覆盖(离城镇不远,但是位于乡下)。几乎花不了多少钱;我还会多砍一些木头进行扩建,把它变成一处舒适的住所。我们将有一头奶牛和几只母鸡,还有水果——我们每餐的主要食物——用不了多久,我们便没有什么需要花钱的地方了。我们将拥抱自由……

你觉得我失去了爱别人的能力吗,四十二岁的年纪成了我萌发冲动的阻碍吗?

……我要到那里,远离所谓的文明世界,只与所谓的野蛮人交往。

……在那里,拥有一个女人可以说是必须的,这将让我每天都能有一个模特儿。而且我向你保证,马达加斯加女人和任何一个法国女人一样风情万种,却并不精明算计……

——1890 年 6 月(日期不详),普尔杜

致埃米尔·贝尔纳

……尽管我绞尽脑汁,想让自己的内心变得坚硬,然而所有贴近我内心的东西还是给我带来了伤害,我简直无法用语言来形容。在我的油画前嚎叫的小团体并没有对我造成太大影响,这主要是因为我知道自己这一时期的绘画并不完整,更多的是为某种类似的东西进行准备。在艺术创作中,这些牺牲是必须付出的,半成型的思想缺乏直接而又明确的表达,得一个阶段一个阶段地努力摸索。呸!

有那么一分钟，你触碰到了天空，可它随后又不知所踪；然而，这对梦想的一瞥比任何事物更有力量。没错，我们（艺术家中的创新者和思想者）注定会在世界的打击下毁灭，但只是作为物质毁灭。石头会消亡，但话语将永存。我们的确陷入了困境，但我们还没有死去。他们暂时还不能把我怎样。是的，我想我会得到我所申请的东西，一个在东京的好位置，我将在那里大显身手，并攒下一笔钱。整个远东，伟大的哲学在所有的艺术中都是用金色的文字书写的，这些都值得去研究，我想我会在那里重新振作起来。如今的西方已腐朽不堪，"赫拉克勒斯"（Héraclès）们可以像安泰（Antée）一样，在这方沃土上汲取新的力量。等一两年后归来，你将会变得健康强壮……

——1890 年 6 月（日期不详），普尔杜

致埃米尔·贝尔纳

……我听说了文森特的死讯，你去参加了他的葬礼，这让我感到欣慰。

他的死虽然令人难过，但我却并不那么悲痛，因为我知道这一天终将到来，也知道这个可怜的家伙在与疯病的斗争中遭受了多大的痛苦。在这个时候离世，对他来说是一种莫大的幸福，因为这让他的痛苦得以了结。若是他在另一个生命中得到重生，那么他今世施行的善举，将在来世得到善报（根据佛法）。没有被弟弟抛弃，还得到了少数艺术家的理解，他走得也算欣慰……

现在，我已经不再发挥自己的艺术才智，整日打着瞌睡，不打算去了解任何事情。

——1890 年 8 月（日期不详），普尔杜

高更的"野蛮"之作——《野蛮故事》（Contes Barbares，1902）

致奥迪隆·雷东

……你给我的留在欧洲的理由,比让我信服更讨人喜欢。我已经做出了最终的决定,事实上,自打我来到布列塔尼,先前的想法便开始动摇。即便是马达加斯加,也离文明世界太近了点儿;我应该去塔希提岛,我希望在那里度过余生。你欣赏我的艺术创作,但我认为到目前为止,它还只是幼苗,我希望能在那里,在一种原始和野蛮的状态下,遵循自己的意愿继续培育它。为了做到这一点,我必须找到平静和安逸的氛围。不要在意别人是否获得了荣誉!

在这里,高更已经销声匿迹,再也看不到他了。我很自私,这一点你也看得出来。我会带上照片和画作,它们为我搭建起了一个小小的世界,我每天都可以和我的这些朋友们交谈;至于你,在我的脑海里,我记得你做过的每一件事,还有一颗星;当我在塔希提岛的小屋里看到它时,我向你保证我不会想到死亡,而是想到永生……在欧洲,用蛇尾表现死亡是比较合理可信的,而在塔希提岛,一定要用重新长出并开花的根来表现。我并非要跟那些与我和谐相处的艺术家永远告别……所以,亲爱的雷东,我们会再见面的。

——1890 年 9 月(日期不详),普尔杜

致梅特

……你说舒芬尼克无疑对我赞誉有加,可他只是在重复,他对我的评价和别人的几乎差了不多少,他甚至重复了德加的评价:"他或许是一个海盗,但他是神圣的。他是艺术的化身……"

——1890 年 12 月(日期不详),巴黎

致威廉姆森[①]

……丹麦和丹麦人给我带来了太多的痛苦，从那以后，我便本能地不再信任他们。因此，我在阿旺桥对你亲切友好，是因为你是位画家，而不是因为你是我不信任的丹麦人。你写给我的信改变了一切，我心甘情愿地承认自己的错误，并打算对憎恨丹麦居民的决定破个例。现在，既然我们已经确立了这一点，那就让我们像朋友一样聊聊吧。你对你的荷兰之行感到满意，我对你关于那些荷兰大师的看法不予置评，除了伦勃朗和哈尔斯（Hals）[②]。这两个人中，你更喜欢哈尔斯。法国人对他并不是很熟悉；而在我看来，他的肖像画通过巧妙地（也许太过巧妙了）处理外在的东西，把生命表现得过于鲜活灵动。我建议你去卢浮宫仔细欣赏一下老安格尔的肖像画。在这位法国大师的作品中，你会感受到人物的内心世界；表面上的冷漠让人望而却步，但背后却隐藏着炽热、强烈的情感。此外，安格尔偏爱宏大的整体线条，他追求的是一种名副其实的、本真的美，并把它体现在了形式上。那么，我们又该如何评价委拉斯开兹呢？委拉斯开兹，一只老虎。这里有一幅肖像画给你，人物脸上清晰地体现出了帝王的特质。他是怎么做到这一点的？是通过再简单不过的方式，也即对颜色的处理。

伦勃朗，现如今——我非常了解他。伦勃朗，一头敢于向一

---

① 延斯·费迪南德·威廉姆森（Jens Ferdinand Willumsen，1863—1958）：丹麦象征主义画家、雕塑家，代表作有《暴风雨过后》《巴黎码头的生活》《阳光与青春》等。威廉姆森几乎大半生都在法国度过，他和高更便是在巴黎结识的。

② 弗兰斯·哈尔斯（Frans Hals，约1582—1666）：荷兰画家，荷兰现实主义肖像画和风俗画的奠基者。代表作有《圣乔治射击手连军官们的宴会》《吉普赛女郎》《弹曼陀林的小丑》等。

切发起挑战的雄狮。《夜巡》(De Nachtwacht)[1]一画被世人誉为杰作,实际上却很低劣,我能理解为什么你在看过这幅画之后,对伦勃朗评价很低。所有大师都有自己的欠佳之作,而恰恰是这些欠佳之作被认为是杰作;另外,他们创作这些欠佳之作,就是为了取悦大众——以此证明他们知道该怎样取悦大众。牺牲科学!……我并不认为有任何单独存在的杰作;它只是一项工作的主体部分。粗略的素描才能看出谁是大师。那样的大师是数一数二的。在卢浮宫,你会看到伦勃朗的小幅画作,比如《好撒马利亚人》(De Barmhartige Samaritaan)[2]、《托拜厄斯》(Tobias)[3]等。你见过伦勃朗的蚀刻版画吗?比如《圣杰罗姆》(Heilige Hiëronymus)[4],作品没有完成,我相信是故意为之,画面上的风景好似人们在梦中看到的那样,一头狮子——不是毛绒玩具,而是真正的狮子——咆哮着,散发出威严的气息。在一个白色的角落里,圣杰罗姆正在阅读。伦勃朗在所有作品中都烙下了独有的、强有力的印记,赋予作品一种神秘

---

[1] 《夜巡》(De Nachtwacht):伦勃朗于1642年应阿姆斯特丹城射手连队之请创作的群像油画。画面上近处两人构成中心,其他人错落有致地位于两人身后,生动表现出队伍出发时的紧张气氛。

[2] 《好撒马利亚人》(De Barmhartige Samaritaan):伦勃朗于1630年创作的一幅素描。作品描述了《新约·路加福音》一卷,耶稣所讲寓言"好撒马利亚人"中的最后一幕:一个撒马利亚人停下来帮助一个被强盗打劫的犹太人。

[3] 《托拜厄斯》(Tobias):全名《托拜厄斯为父亲恢复视力》,是伦勃朗于1640年至1645年间创作的素描。作品描述了《托比特书》中的高潮部分,即托拜厄斯在大天使拉斐尔的指导下,用鱼胆为父亲托比特恢复了视力。

[4] 《圣杰罗姆》(Heilige Hiëronymus):全名《圣杰罗姆在意大利风景中阅读》,是伦勃朗于1653年创作的蚀刻版画。伦勃朗曾多次描绘圣杰罗姆这一形象,在这幅画中,他最初的意图是把人物和前景变暗,但最后为创造一种明亮的效果,正如高更所说,他故意留下空白,只勾勒出了轮廓。

主义，达到了人类想象力的最高境界。我非常钦佩他过人的智慧。

伦勃朗的蚀刻版画《圣杰罗姆在意大利风景中阅读》

在我看来，一个低级的艺术家总是会掉入所谓的科学技巧的陷阱之中……所有柔和的笔触都只是在提醒我们作品如何运笔，从而使我们不再去关注作品是否具有想象力。然而，真正伟大的艺术家，是那些以最简单的方式，成功地运用自己最抽象的绘画原则的人。去听听亨德尔(Handel)[①]的音乐吧！……至于我，我主意已定；我即将到塔希提去，那是位于大洋洲的一座小岛，在那里没有钱也

---

① 乔治·弗里德里希·亨德尔（George Friedrich Handel，1685—1759）：英籍德国作曲家，巴洛克时期音乐的代表人物。代表作有歌剧《阿尔米拉》、清唱剧《弥赛亚》、管弦乐组曲《皇家焰火音乐》等。

可以生活。我想忘记过去所有不好的事情，哪怕是去世也不让这边的人知道；我想自由地画画，不去理会别人眼中的荣耀……在欧洲，一个可怕的时期正在酝酿，下一代人避无可避：黄金即将为王。一切将变质腐烂，人和艺术也一样。人们正被不断地撕裂。至少在那里，在没有冬天的蓝天下，在肥沃富饶的土地上，塔希提人民只要抬起手臂就可以摘到食物；正因为如此，他们才从来都不工作。在欧洲，男男女女们只有靠不休不眠的劳作才能满足自己的需要，在此期间，他们必须忍受饥寒交迫、贫穷困顿；相反，塔希提人民是位于大洋洲的那片鲜有人知的天堂里最幸福的居民，他们尝到的都是生活的甜蜜。对他们来说，生活就是歌唱和恋爱。因此，一旦我安顿下来，保证了日常所需，便可以全身心地投入到伟大的艺术事业当中，再也不用去理会他人的嫉妒和猜疑，也无需从事任何低贱的交易。就艺术创作而言，一个人的精神状态占到了四分之三，如果你希望创作出伟大且永恒的作品，就必须保持良好的精神状态……

——1890 年下旬（日期不详），布列塔尼

初至塔希提

致梅特

……昨天，大家为我举办了一场晚宴[①]，共有四十五人出席，

[①] 指 1891 年 3 月 23 日高更第一次动身前往塔希提岛之际，在位于奥德翁广场 1 号（1 Place de l'Odéon）的伏尔泰咖啡馆（Café Voltaire）举行的晚宴。

有画家、有作家,马拉美担任主持人。大家吟诵诗歌、敬酒碰杯,还向我热情致意。我向你保证,三年之内我会打赢一场战斗,这将让我们——你和我——过上安心的生活。到时你去休息,我来工作。也许有一天你会明白,你孩子的父亲究竟是一个怎样的人。我为我的名字感到骄傲……

——1891年3月24日,巴黎

致梅特

……两天之后,我会抵达努美阿(Nouméa),去塔希提岛的船会在那里接我。航行非常顺利,速度很快,天气也出奇的好——就像专门为我安排的一样。但是,这趟航程载的都是些身份特殊的旅客。只有我需要支付船费。他们都是政府的雇员——由好心、善良的政府来为这些无用之人的短途旅游买单,包括他们的妻子和孩子。他们基本上都是一些非常正派的人,他们唯一的缺点——相当普遍的一个缺点,就是太过平庸。

……在我们这艘船的甲板上,在这群身穿硬领衬衫的公务员和他们的孩子等家属中间,我感受着一种奇怪的孤独,只有我和我的一头长发。我似乎也有一个家庭(尽管你从不认为我有家)。我的家人在想我吗?我希望如此。在塔希提岛,我会时不时地得到一些有关家人的音讯吗?不必非要一封信接着一封信。我希望自己不会永远都是一个弃儿。我渴望安顿下来,开始工作。

三十多天以来,我一边吃着、喝着,一边呆呆地凝望着地平线。有时,海豚会跳出水面跟我们打个招呼,仅此而已。幸运的是,我还能想一想你和孩子们……我已经在努美阿待了两天了,21日,我将乘坐一艘军舰前往塔希提岛。政府十分友好地接待了我,并给了我搭乘军官们的舰船的通行证；说明我使命的官方信件，为我敞开了方便之门……

——1891年5月4日，大洋洲，距悉尼二百五十英里

致梅特

……我来到这里已有二十天，看到了太多新鲜的事物，感到头晕目眩。想创作出一幅高质量的作品，还需要一些时日。我每天都研究一点，逐渐开始着手。……我是在晚上给你写信的。塔希提岛夜晚的寂静无声，比其他事情更为怪异。这种沉寂只在这里才感受得到，甚至没有一声鸟叫将它打破。到处都有大片的枯叶落下，却并不让人觉得吵闹。就好像脑海里发出的沙沙声。当地人经常在晚上来回走动，但都光着脚，沉默不语。总是这样沉默。我明白这些人为什么可以一连数小时、数天坐在那里，不说一句话，只是忧郁地望着天空。我感到这一切正在将我淹没，我现在得到了充分的休息。

对我来说，欧洲生活的那种动荡已不复存在，明天将一如往昔，永远循环下去，直至最终。你不要因此觉得我很自私，觉得我在抛弃你。但让我这样生活上一段时间吧。那些对我横加指责的人，并不了解艺术家内心深处的一切，他们为什么要试着把他们的那些责任强加给我们呢？我们从不会把我们的责任强加给他们。

多么美丽的夜晚啊。数以千计的人都在做着我今晚所做的事情，顺其自然地生活，让孩子们自由成长。这些人去任何地方，不管是到村子里还是走在路上，不管到一间房子里睡觉还是吃饭等等，甚至不用道一声谢——他们做好了随时随地进行回报的准备。这样的人被视为野蛮人？他们歌唱，他们从不偷窃，我的门从来不关，

他们不会杀人。有两个塔希提词语能准确地形容他们：Ia orana（意为"你好""再见""谢谢你"等）和 Onatu（意为"我不介意""没关系"等），这样的人被视为野蛮人？

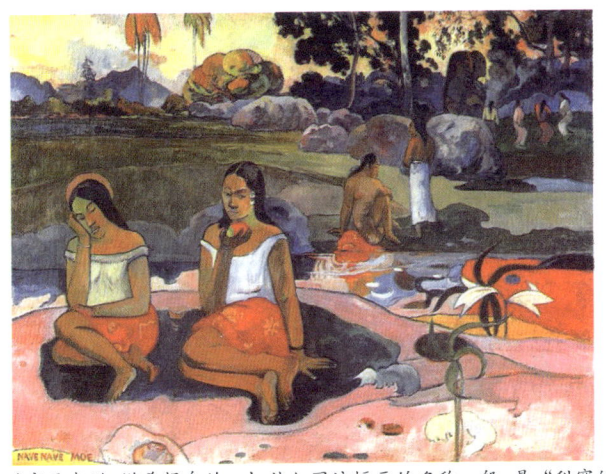

对高更来说，塔希提岛的一切就如同这幅画的名称一般，是"甜蜜的梦"（Nave Nave moe, 1894）

塔希提岛的领土正在变成法国的领土，原本的古老生活方式将渐渐消失。我们的传教士已经把大量新教的伪善带到了这里，并且夺走了那些诗情画意，已经传遍整座岛屿的天花（不过我得承认，这并没有造成太过严重的破坏）就更不用提了。你们喜欢英俊的男人，这里多的是，比我高得多，四肢强壮得有如大力神。

我多么希望能拥有和你一样的记忆力，这样我就可以很快地学会这里的语言，因为这里的人们很少说法语。我常常对自己说，要是梅特在这儿，用不了多久就能讲塔希提语了——顺便提一句，这种语言相当容易……

——1891 年 7 月（日期不详），塔希提岛

致梅特

我第一次收到从法国寄来的信;我觉得大家已经把我忘记。是的,我的确有些孤独,尤其是我现在一个人住在海边,离镇上有四十五公里远。我已经开始工作。这并不容易,对我来说,在一个新的国度发动引擎,总归有些难度。我会一点点习惯每件事和每个人,掌握他们的特性。不幸的是,即使我非常节约,吃的也尽可能简单,在这里生活的成本仍然很高。不过,努力就会有所收获,如果我能成功地做到我想做的事情,那将是对我最大的安慰。

你现在一定是在巴黎。你会听到很多关于我的传言,有的好、有的坏。这些全部都无关紧要;一个人活着并不是为了取悦他人,我对别人的看法毫不在意……

——1891 年夏(日期不详),塔希提岛

致保罗·塞律西埃[①]

……谢谢你的来信。当你远离故土,独自一人漂泊他乡时,读信着实是件令人高兴的事,所以,经常给我写信吧。我已经有两个月没有收到过任何消息了……这些烦恼(眼下唯一能掌控我的)让我工作时心烦意乱。尽管如此,我依然认真、努力地工作着。我说不清这样是好是坏,我做了许多工作,却毫无成果。迄今为止,我还没有作过一幅画,但大量的研究总会有用武之地,将来在法国,我希望我所做的研究笔记能在相当长的一段时间里给我带来帮助。

---

① 保罗·塞律西埃(Paul Sérusier,1863—1927):法国画家、艺术理论家。1888 年塞律西埃在阿旺桥与高更相遇,在高更所创"阿旺桥画派"的影响下,建立了这一画派的分支"纳比"[Nabis,源自希伯来语"先知"(nebiim)一词],并致力于在艺术中传播一种新的"福音"。

比如，我现在已经简化了很多东西，但却不知道该如何评估结果。这让我无法接受。等我小心翼翼地带着干了的画布、画框，还有其他有说服力的装备回去以后，我就可以进行评估了。

的确，亲爱的塞律西埃，我在乡下极其孤独，这里距离镇上有四十五公里之远；没有人可以和我谈论艺术，甚至没有人讲法语，而我对当地的语言掌握得还不是很好，尽管我已经尽了最大的努力。你瞧，我就是记不住，最重要的是，我总是迷失在别的事情当中，陷入无尽的梦境。

……你正在取得进步：这就意味着你有很多事情可以去做。

……现在回到工作的话题上吧。幸好我带了一把曼陀林，还带了些乐谱——它们给我提供了不少消遣。感谢费利杰（Filiger）[①]给我出的主意，让我弹奏这种乐器。我想我现在比他更像一位演奏家。

——1891年11月（日期不详），塔希提岛

致梅特

……我是个艺术家，你是对的，你没有疯，我是一个伟大的艺术家，我深知这一点。正因为我是这样的人，我才甘愿忍受这么多的痛苦，为的是能够追求自己的事业，否则，我会认为自己是个流氓——很多人就是这么看我的。好吧，这又有什么区别呢？最让我不安的，与其说是贫穷，不如说是那些不断给我的艺术事业造成阻碍的东西，它们让我无法按照自己的感觉去创作；而贫穷就像

[①] 夏尔·费利杰（Charles Filiger，1863—1928）：法国画家，受高更影响加入阿旺桥画派，善于刻画宗教形象。代表作有《普尔杜风光》《最后的审判》等。

一件紧身衣束缚着我，若不是因为贫穷，我是可以放手一搏的。你对我说我不应该远离艺术中心。不，我没有错；我一直知道自己在做什么，为什么要这样做。我的艺术中心在我的大脑里，而不在其他地方，我很强大，因为我从来不会因为其他人偏离方向，因为我做事遵从自己的内心。

贝多芬（Beethoven）[①]又聋又瞎、与世隔绝，这就是为什么在欣赏他的作品时，你会觉得他是一位生活在自己星球上的音乐家。看看毕沙罗身上发生了什么：由于总想走在最前列、不断追求新的东西，他失去了自己的个性，他的整个作品也缺乏统一性。他总是在扮演模仿的角色，从库尔贝（Courbet）[②]和米勒，一直到那些积聚小点点的年轻化学家。

不，我有自己的目标，我一直在追寻着它，并不断积累素材和习作。的确，我的作品每年都有一些变化，但始终没有偏离大的方向。只有我是具备逻辑的。因此，我发现很少有人能够长期跟随我的脚步。

可怜的舒芬尼克责备我固执己见。可如果不这样做，我能经受得住吗？能在我所发动的彻头彻尾的斗争中撑得过哪怕一年吗？我的举动和我的作品等等，乍看总是矛盾的，但到了最后，人们不得不承认我是正确的。我常常从头再来。我认为我在履行自己的职责，对此我坚信不疑，我不接受任何劝告，也不容许任何申斥。我现在

---

① 路德维希·凡·贝多芬（Ludwig van Beethoven，1770—1827）：德国作曲家，古典音乐巨匠。代表作有交响乐《英雄》《命运》，序曲《爱格蒙特》，奏鸣曲《悲怆》《月光》等。

② 居斯塔夫·库尔贝（Gustave Courbet，1819—1877）：法国画家，擅长肖像画和风景画，注重对事物的真实描绘。代表作有《带黑狗的自画像》《奥尔南的葬礼》《画室》等。

的工作条件不是很好,在这样的环境下做着和我一样工作的人,须得是位巨人……

……我有许多顾虑,若不是因为对我的艺术创作很有必要(我确信是有必要的),我会马上离开……

——1892年3月(日期不详),塔希提岛

致丹尼尔·德·蒙弗里德[①]

……你的来信带给我的快乐,远比你想象的要多。对我来说,信件就如同稀有的果实;自打我来到这里,就没收到过几封……我的朋友,你说得对,我是一个强大的男人,知道该如何让上苍屈从,来适应我的口味;相信我,我在过去五年里所做的一切相当了不起。我指的不是作为一个画家所进行的斗争——尽管它意义非凡,而是在没有一丝好运的情况下挣扎着求生!有时,我感到非常惊讶,明明所有的一切常常摇摇欲坠,但竟然没有土崩瓦解。好吧,让我们继续向前迈进,到最后总会有补救的好法子。

我要和你分享我的一部分秘密。它十分合乎逻辑,因为我的一举一动都很有条理。从一开始,我就知道我的存在将是日复一日的,所以从逻辑上讲,我早已习惯自己的性情。我没有把精力浪费在劳作和对明天的担忧上,而是把它投入到每一天当中。就像摔跤选手只在打斗时才会移动身体一样。夜里躺在床上时,我会告诉自己又多挨过了一天,说不准明天我就会死去。

---

① 乔治—丹尼尔·德·蒙弗里德(Georges-Daniel de Monfreid,1856—1929):法国画家、收藏家,代表作有《画室里的茶》《高更肖像》等。蒙弗里德是高更最忠诚的朋友,也是最早为高更立传的作家之一。

高更笔下认真创作时的自己

  对于我从事的绘画工作来说，也是如此。我只关注当天的进展。这就是有条不紊的作用所在，你只需进行合理的安排，按顺序做好每一件事即可。不要在一个月的第五天做第二十天才该去做的事情。那些石珊瑚① 正是这么做的。经过一段时间以后，它们成功地覆盖

---

 ① 石珊瑚：又称造礁珊瑚，是构成珊瑚礁体的主要部分。大洋洲拥有为数众多的珊瑚礁，它们不断生长，有的环绕火山岛而生，有的则在海洋中呈环状分布，形成环礁。

了相当大的一片区域。要是人们不把时间浪费在无用的、毫不相干的工作上，不白费力气，那该有多好！每天，一个环节。这才是大事。

……我现在过着野蛮人的生活，我赤身裸体，只遮盖必须挡住的、女人们不喜欢看到（她们是这么说的）的部分。我工作的内容越来越多，但迄今为止都是一些研究性的工作，更确切地说是做了大量的笔记，它们就堆在那里……

——1892年3月11日，塔希提岛

致塞律西埃

……我不敢谈论我在这里所做的事情，我的油画令我感到恐惧；大众永远不会接受它们。无论从哪个角度去看，它们都很丑陋，在你们所有人在巴黎看到它们之前，我不是很清楚自己到底画了些什么……我现在的作品无比丑陋，也无比疯狂。上帝啊，你为什么要把我变成这样？我是被诅咒的。

古老的大洋洲宗教是怎样的一种宗教、怎样的一个奇迹啊！我脑海里充斥着它，它向我暗示的一切，定会让人们感到惊恐。如果他们害怕展出我从前的作品，那么他们又会怎样评价我的新作呢？

——1892年3月25日，帕皮提

致梅特

……我非常满意自己最近做的事情，我觉得我对大洋洲人的性格已经开始有所了解；而且我可以保证，我在这里所做的一切还没有任何人做过，法国那边无人知晓。我希望这种全新的创作，能使天平向我这边倾斜。塔希提岛并非没有魅力，那里的女人——虽然谈不上美丽——拥有一种难以言说的东西，极具穿透力，而且极其神秘。

——1892年6月（日期不详），塔希提岛

致梅特

……我一直在努力工作，如今，我熟悉了这片土地，也记住了它的气味，尽管我把塔希提人描绘得神秘莫测，但他们是毛利人，而不是来自巴蒂尼奥勒（Batignolles）[①]的东方人。我花了将近一年的时间，才慢慢了解到了这些……

——1892年7月（日期不详），塔希提岛

致梅特

……这些日子以来，我时刻保持警醒，千方百计地想弄到一张一千法郎的钞票。如果我得到了这张钞票，我便移居马克萨斯，到希瓦瓦岛这座只有三个欧洲人居住的小岛上去，那里的大洋洲人还没有被欧洲文明侵害太多。这里的生活太昂贵了，不吃东西让我的健康受到了损害。等到了马克萨斯，我就可以吃东西了——买一头牛只需要花三法郎，不用费劲去打猎。这样我就可以工作了。

……时间一点一点流逝，我很快就会老去，在这个世界上，我还没有做过什么值得一提的事情。我总是担心，怕自己在没达成心愿之前就变成了老糊涂。这并不意味着我的精神变得衰弱；相反，此时的我精神富足、心理强大。谁能料到将来会发生什么？我的心一定伤得很重，我每天都能感觉到它在变糟。最轻微的惊讶或兴奋都能将我彻底摇撼。如果我骑在马上，马稍有一点畏缩，我就会害

---

① 巴蒂尼奥勒（Batignolles）：指位于巴黎西北部的下层中产阶级地区。

怕上四五分钟;我很愤怒,这匹可怜的野兽遭到了严重的虐待。这里的人们经常骑马,这是一种不用花钱就能享受到的娱乐。等我恢复一些,如果我能拥有一点平静,我会多照顾自己一些……

——1892年9月(日期不详),塔希提岛

致梅特

……我感到自己在变老,而且老得很快。自从不得不忍饥挨饿以来,我的胃便遭到了严重的破坏,我一天比一天消瘦。但我必须坚持奋斗,永远、永远。这是社会的过错。你对未来没有信心,但我有,因为我想有。否则,我早就打爆自己的脑袋了。活着就是希望。我必须为了完成自己的职责活到最后,若不是强迫自己幻想,为自己幻想出希望,我是无法支撑到今天的。每天,当我一边啃着干面包、一边喝水时,我会设法让自己相信那是一块牛排……

——1892年11月5日,塔希提岛

致梅特

……我得到了一个送八幅油画到法国的机会。这些作品中绝大多数自然都是令人费解的,你得下不少功夫了。为了让你能够准确理解并好好炫耀一番(就像他们说的那样),我将把其中最难以理解的一幅解释给你听,其实,我本来想把它留下——或者卖个好价钱,这幅画就是《亡灵守夜》(Manao Tupapaü)①。我画的是一个年轻的裸女。在那样的姿势下,哪怕带有一丝隐晦的暗示,整幅作品就会变得十分下流。但我就想这么画,我对描绘那种姿势所呈

---

① 《亡灵守夜》(Manao Tupapaü):法语名为"L'esprit des Morts Veille",创作于1892年。

现出来的身线和动作很感兴趣。于是,我在画她的头部时,加进了一点恐惧的表情。我必须为这种恐惧找到一个合理的借口(如果不能把它称作"解释"的话),而且它必须符合一个毛利女孩儿的性格特征。毛利人对鬼魂有一种强烈的、天生的恐惧。要是换作我们那个世界的女孩儿摆出这样的姿势,她们会担心自己被掳走,可这里的女人从来都没有这方面的担心。我必须用尽可能简练的文辞来解释这种恐惧,就像古人所做的那样。下面就是我的解释。

黑暗,悲伤,眼中流露出的恐惧唤起了整体的和谐,好似丧钟响起。紫色,深蓝色,还有橙黄色。我把床单涂成了青黄色:(1)因为野蛮人使用的布料与我们的有所不同(通过捶打树皮制成);(2)因为它能够人为地营造出一种光感(土著妇女从不在黑暗中睡觉),而且我也不想表现出有灯光的样子(那样太过普通);(3)因为这种黄色与橙黄色和蓝色起到了搭配作用,好似奏出了一段动听的和弦。背景里有几朵花,但它们一定不是真实存在的,因为它们是凭空想象出来的。我把它们画得像是火花。土著人认为夜晚的磷光是死者的灵魂,他们坚信这一点,并且十分害怕这种磷光。最后要说的是,我把鬼魂画得非常简单,就是一个女人的小小身影;因为这个并不熟悉法国亡灵剧的女孩儿,觉得自己看到了真实的死人,也就是说,一个像她自己一样的人,与死者的灵魂联系到了一起。

当评论家们向你抛出那些尖锐的问题时,这一小段解说会让你看起来很博学。最后补充一点:这幅画必须画得非常简单,因为其主题是原始、单纯的……

——1892 年 12 月 8 日,塔希提岛

高更的油画《亡灵守夜》

回到法国

致梅特

……待在这里所需要的费用让我不堪重负,我一边要尽快安顿下来,一边要筹备即将于11月4日在杜朗—卢埃尔的画廊举办的展览。此外,我还在着手写一本有关塔希提岛的书,它将为人们理解我的作品提供很大帮助。要做的事可真多啊。这一天终于快要到了,我马上就能知道自己前去塔希提岛的举动是否荒唐了……

——1893年10月(日期不详),巴黎

致梅特

……说实话,我的展览并没有达到预期的效果……没有关系。最主要的是,从艺术上讲,我的展览取得了极大的成功——甚至激起了狂怒和嫉妒。新闻界以一种前所未有的方式待我,公平合理,还带着赞美。眼下,许多人都认为我是最伟大的当代画家。

谢谢你让我到丹麦的提议,可我整个冬天都得留在这里处理大量的事务。要接待很多希望欣赏我作品的来访者。我希望他们会是买家。撰写一本关于我这趟旅行的书籍,也会给我增加不少工作量。

——1893年12月(日期不详),巴黎

致舒芬尼克

你知道到目前为止,我的生活是怎样一种挣扎,我所遭受的折磨有多么残酷,很少有人能够在这样的逆境中坚持下来。相信我,我所达到的成就,虽然看上去因为我的毅力和才能而显得崇高,但实际上远低于我的期望,因此,我默默承受着痛苦。我没有足够多的时间,也没有接受过绘画方面的教育:所以我的梦想在实现上有一定的阻碍。荣耀!多么空洞的字眼!多么无用的奖赏!

自从我体验过大洋洲简朴的生活,我能想到的就只有一件事:远离这里的人生活,从而远离所谓的荣耀。我很快就会把自己的才能埋没到野蛮人当中,再也没有人能够听到我的消息。在许多人看来,那将是一种犯罪。我为什么要在乎?!罪恶往往与美德十分接近。过朴素的生活,丢掉虚荣心——这就是我不惜一切代价要做的事情;我的理智和我的秉性命令我这样做。

……我不敢告诉你不要放弃绘画,因为我也正在动摇,打算住到森林中去,在树上雕刻想象出来的形象……任何想要获得安慰的人，都必须从简单的事物中寻求，并抵制所有的虚荣。尽管我有一个聪明的大脑，但我希望我最终能够停止思考，简单地生活、恋爱、休息。欧洲人始终对我怀有敌意；那些善良的野蛮人会理解我的。

——1894 年 7 月 26 日，阿旺桥

致威廉·莫拉德[①]

高更创作的《威廉·莫拉德的肖像》（Portrait de William Molard，1893）

……我 12 月回去，到时候，我每天都会想办法变卖自己的东西，要么一次性全部卖掉，要么一点一点地卖。一旦有了资金，我就再到大洋洲去。这次我将和这边的两个伙伴同行，其中一位是塞

---

① 威廉·莫拉德（William Molard，1862—1936）：挪威籍法国作曲家。高更于 1894 年至 1895 年间曾在巴黎的维钦托利街六号居住，莫拉德是他的邻居，两人遂成为好友。高更还为莫拉德画过一幅肖像。

甘(Séguin)[1]，另一位是个爱尔兰人[2]。不用费心对我说教了。没什么能够阻止我离开，我永远都不会再回来。欧洲人所过的生活愚蠢至极……

——1894年9月（日期不详），阿旺桥

致蒙弗里德

……我已经下定决心，要永远留在大洋洲。我会在12月回到巴黎，回去的唯一目的就是卖掉自己的所有东西，能卖多少钱，就卖多少钱。（全部。）只要事情办完，我便马上离开——差不多在来年2月的时候。之后，我就可以逍遥自在地度过自己的余生了——不必为明天担忧，亦不必终日同那些蠢笨之人争斗。再见了，绘画，除非作为一种消遣……

——1894年9月20日，阿旺桥

---

[1] 阿尔芒·塞甘（Armand Séguin，1869—1903）：法国画家，代表作有《豪特罗切伯爵夫人的裸体》《人造天堂》《加布里埃尔·维恩》等。他曾在阿旺桥接受过高更的指导，并曾与罗德里克·奥康纳合作过蚀刻版画。

[2] 指罗德里克·奥康纳（Roderic O'Conor，1860—1940），爱尔兰画家，擅长风景画，代表作有《阿旺桥的风景》《黄色的景观》《自画像》等。1894年，奥康纳与高更在阿旺桥结识，他把自己的画室借给高更，后来又加入了以高更为首的艺术群体。最终，塞甘和奥康纳都没有成行。

致奥古斯特·斯特林堡[①]

我今天收到了你的来信；这封信将作为我目录的序言。那天，当我看到你在我的画室里边弹吉他、边唱歌时，便想请你为我写篇序言。你那双北欧人特有的蓝色眼睛，紧紧盯着挂在墙上的画。我隐约感受到了一种对抗：来自你的文明和我的野蛮之间的碰撞。

文明让你饱受折磨。野蛮于我则是一种新生。

看到我选择用另一个世界的形态与和谐来描绘夏娃，你那清晰的记忆可能由此唤醒了你一段痛苦的过去。由文明孕育出来的夏娃，不仅让你，实际上让我们所有人，都变得厌恶女性。也许有一天，我画室里这个让你受到惊吓的古老夏娃，会向你露出不那么苦涩的微笑。

……我画的夏娃（独一无二的她）能够在你眼前合乎逻辑地保持赤裸。而你的夏娃在那种自然的状态下走路一定会失礼，而且会因为太过漂亮（也许吧），从而让人产生邪恶和痛苦的念头。

为了让你明白我的想法，我不再去直接地比较这两个女子；我将把我的夏娃所说的语言——毛利语或者突雷尼语，和你从其他人当中选出的女人所说的语言——一种富有变化的语言、一种欧洲的语言，来做一个比较。

在大洋洲的语言里，所有的基本成分仍然保持着最原始的状态，或独立，或不带任何修饰地连接在一起，一切都是赤裸的、原始的。而在有丰富曲折变化的语言里，语言的起源早已找寻不到，其他一

[①] 奥古斯特·斯特林堡（August Strindberg，1849—1912）：瑞典作家，高更之友。高更去大洋洲之前，计划于1895年2月18日在德鲁奥拍卖行举办一场拍卖，他请斯特林堡为拍卖目录撰写序言，却遭到拒绝。于是，高更便用斯特林堡的来信以及自己的回信替代序言。

些语言也是如此；日常的运用磨损了这些语言的骨架和轮廓。这样的语言是一幅完美的镶嵌画；你再也看不到那些粗略拼凑起来的石块是从哪里连接在一起的；你欣赏到的只是一幅美丽的用石头做成的画。只有老练的双眼，才能分辨出拼凑的过程。

原谅我离题讨论了半天语言学；我认为这样的解释很有必要，好讲清楚我为什么一定要运用那种野蛮的画法来描绘突雷尼地区和突雷尼人。

——1895年2月5日，巴黎

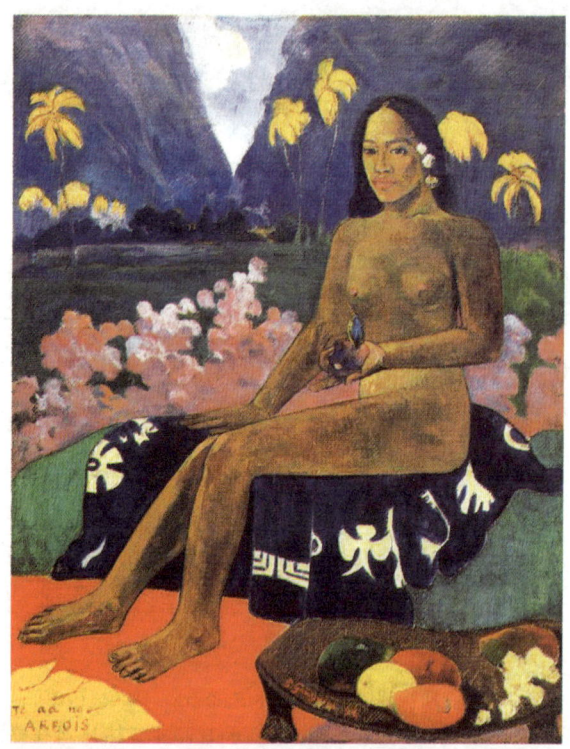

高更描绘的夏娃，总是能够"合乎逻辑地保持赤裸"，即如这幅《阿雷奥斯的种子》（Te aa no Areois，1892）

附：斯特林堡的来信

你十分希望由我来给你的拍卖目录撰写序言，以纪念1894—1895年的那个冬天。那时，我们住在学院后面，离先贤祠（Panthéon）①不远，紧挨着蒙帕纳斯公墓（Cimetière du Montparnasse）②。

我很乐意把这份记忆送到大洋洲的岛屿上，你在那里寻找与你非凡气质相匹配的创作空间。可我从一开始就觉得自己进退两难，于是只好用"我不能"来拒绝你的请求，或者更直接一点，告诉你"我不愿意"。

我要向你解释一下我何以拒绝。这并不是缘于缺少善意，也不是因为太过懒散，虽然我很容易推脱说"我的手出了点儿毛病"——顺便提一句，目前还没有发展到手掌上。

以下就是我拒绝你的理由：我无法领会你的艺术，也没有办法爱上它（你的艺术不曾俘获我的心，特别是这次关于塔希提岛主题的）。但我知道，我的直言不讳并不会让你感到惊讶，也不会让你感到受伤，因为在我看来，别人的反对恰恰会帮助你积聚力量：你喜欢聆听那些被你激起的阵阵反对声，这是你的个性使然。

这也许不无道理，因为一旦你得到认可和赞赏，就会拥有自己的支持者，就会被归类，你的艺术也会被赋予一个名号。有了名号便意味着过时，年轻人会竭尽所能让这一过时的艺术变得更老。

---

① 先贤祠（Panthéon）：纪念法国历史名人的祠宇，1791年建成，位于巴黎市中心的拉丁区。伏尔泰、卢梭、雨果、左拉、大仲马等，皆安葬于此。

② 蒙帕纳斯公墓（Cimetière du Montparnasse）：巴黎三大公墓之一，位于巴黎南部的第十四区。莫泊桑、波德莱尔、萨特、西蒙娜·波伏娃等名人皆长眠于此。

我自己也试着进行归类,希望把你当作整个链条上的一环加以介绍,阐述你的发展历史,但并没有成功。

我记得我第一次去巴黎是在1876年。当时,整座城市都笼罩在悲伤之中,大家对刚刚发生的事情感到悲哀,对未来也忧心忡忡;有些事情正在酝酿。

那个时候,在瑞典的艺术圈子里,左拉这个名字还不为人所知,因为他的《小酒店》(L'Assommoir)[1]还没有出版。我去法兰西剧院(Théâtre-Français)[2]观看了《罗马战败》(Rome vaincue)这出戏,新星莎拉·伯恩哈特(Sarah-Bernhardt)夫人[3]被誉为"蕾切尔(Rachel)第二"[4]。年轻的艺术家们把我带到杜朗—卢埃尔的画廊,我在那里看到了一些绘画新作。一个当时还没有名气的年轻画家引导着我,我们欣赏了一些非常漂亮的油画,主要出自马奈和莫奈(Monet)[5]之手。但是,我在巴黎除了欣赏绘画,还有别的事

---

[1] 《小酒店》(L'Assommoir):左拉的长篇小说,真实描绘了法兰西第二帝国时期尚未觉醒的底层工人消极、麻木的悲惨生活。

[2] 法兰西剧院(Théâtre-Français):又名法兰西喜剧院(Comédie-Française),由路易十四于1680年下令在巴黎建立,是法国最古老的国家剧院。

[3] 莎拉·伯恩哈特(Sarah-Bernhardt,1844—1923):法国女演员,最早的世界级明星之一。她以演出舞台剧和电影著称,曾在拉辛(Racine,1639—1699)、雨果和小仲马(Dumas fils,1824—1895)的经典剧作中担任过女主角,还曾扮演过男性角色。

[4] 伊丽莎白·蕾切尔·费利克斯(Élisabeth Rachel Félix,1821—1858):法国女演员,最早的世界级明星之一。她十七岁时便开始演戏,并迅速得到公众的喜爱,被称为"蕾切尔小姐"。

[5] 奥斯卡—克劳德·莫奈(Oscar-Claude Monet,1840—1926):法国画家,印象派代表人物。擅长表现光与影,常用多幅相同主题的画作来实验色彩与光的完美结合;作品中没有非常明确的阴影,亦无凸显或平涂式的轮廓线。代表作有《日出·印象》《干草堆》《睡莲》等。

情要做［作为斯德哥尔摩图书馆的秘书，我必须去圣女热纳维耶芙（Sainte-Geneviève）①图书馆寻找一本古老的瑞典弥撒经本］，所以我漫不经心，平静地看完了这些画。可第二天，我又回来了，不知道为什么，我在这些奇怪的画作中发现了"某些东西"。我看到码头上挤满了人，但并没有看到人群本身；我看到一列火车在诺曼底的风景中急速行驶，大街上车轮在转动；我还看到一些人物肖像，他们都很丑陋，不能安静地摆好姿势待在那里。我被这些非凡的画作所吸引，给我们国家的一家报纸写了篇文章，试着阐述我所认为的印象派画家想要表达的情感；令人费解的是，我的文章竟然大获成功。

1883年，当我第二次来到巴黎时，马奈已经辞世，但他的艺术思想依然在与巴斯蒂安—勒帕奇的画派进行斗争。1885年，我开启了第三次巴黎之行，参观了马奈的画展。这场展览引起了不小的轰动；它产生了一定的影响，如今已经被归类了。同一年举办的三场展览，完全是百花齐放的状态。所有风格、所有颜色，以及所有主题：历史的、神话的、自然主义的。人们不想再听到关于流派或趋向的信息。自由是现在的口号。丹纳（Taine）②说"美丽不是漂亮"，左拉说"艺术作品是通过艺术家的气质所看到的自然"。

然而，在自然主义最后的挣扎阶段，提起一个名字，每个人都赞许有加，那就是皮维·德·夏凡纳。他孑然独立，就像一个矛盾体，既要以充满信仰的灵魂作画，还要兼顾同时代人对暗示性意义的追

---

① 圣女热纳维耶芙（Sainte-Geneviève，约422—约502）：巴黎的主保圣人，传说是她阻止了匈人王阿提拉（Attila，406—453）对巴黎的入侵。
② 伊波利特·阿道尔夫·丹纳（Hippolyte Adolphe Taine，1828—1893）：法国文艺理论家、史学家，历史文化学派的奠基人。著有《艺术哲学》《英国文学史》等。

求（当时还没有"象征主义"这个词，只能给这个古老的东西起一个糟糕的名字：寓意）。

昨天晚上，我想起了皮维·德·夏凡纳，当我听到曼陀林和吉他的声音时，我看到了你工作室墙上挂着的阳光明媚的图画，它们在我的睡梦中追逐着我。我看到了连植物学家都找寻不到的树木，居维叶（Cuvier）[1]从未想象过的动物，只有你才能创造出来的人物，由岩浆汇流而成的大海，还有上帝不能居住的天空。

"先生，"我在梦中说，"你开天辟地，创造了一个新的地球和一片新的天空，可我不喜欢你的创造：它们对我来说太过耀眼，我更喜欢有明暗对比的场景。你的天堂里住着一个夏娃，她不是我心仪的对象，我有我自己倾慕的夏娃！"

今天早晨，我去参观了卢森堡博物馆，看了看一直在我脑海中萦绕的夏凡纳。我怀着深切的同情注视着可怜的渔夫，他正专注地寻找猎物，这将为他赢得采花的妻子和天真的孩子对他的爱。太美了！但现在我被荆棘王冠所伤，先生，我讨厌他们，你听到了吗？我不想让这个可怜的上帝接受打击。我的天啊，这更像是在阳光下啃噬人心的恶魔。

不，高更不属于夏凡纳之流，也不属于马奈或巴斯蒂安—勒帕奇一类！

那他是怎样的？他是高更，一个讨厌被文明束缚的野蛮人；一个与泰坦（Titan）[2]颇为相似的人；他嫉妒造物主，他在闲暇之时建

---

[1] 乔治·居维叶（Georges Cuvier，1769—1832）：法国古生物学家。他提出了"灾变论"，并通过对现存动物与化石进行比较，建立了比较解剖学和古生物学。

[2] 泰坦（Titan）：希腊神话中奥林匹斯众神统治前的世界主宰者，阉割了父亲乌拉诺斯而又受到其诅咒。

夏凡纳的代表作《贫穷的渔夫》，创作于 1881 年

造自己的小天地；一个把玩具拆开，重新组装成其他玩具的孩子；一个敢于否定和挑战的人。他更愿意看到红色的天空，而不是人们常见的蓝天。

没错，写着写着，我便开始兴奋起来，似乎对高更的艺术有了一些了解。

一位现代作家因为没有描绘真实的人物，只是在塑造自己的角色而受到批评。就是这么简单！

一路顺风，大师：只是要记得回来找我。到时，也许我会更好地理解你的艺术，若是那样的话，我就可以为你在德鲁奥拍卖行（Hôtel Drouot）① 的新拍卖目录撰写一篇真正的序言，因为我也开

---

① 德鲁奥拍卖行（Hôtel Drouot）：法国最大的拍卖行之一，1852 年成立于巴黎，以拍卖油画、家具和艺术品为主。

281

始感受到一种强烈的欲望,希望变得野蛮,然后去创造一个新的世界。

奥古斯特·斯特林堡

重返大洋洲

致威廉·莫拉德

真遗憾你没能来到这个地方。我正静静地坐在我的小屋里。我的面前是大海,还有莫雷阿这座每隔一刻钟便会呈现出不同模样的岛屿。只需要一块缠腰布,仅此而已。不必忍热,也无需挨冻。啊,欧洲!……

眼下,塔希提岛正在经历一场声势浩大的政治运动。你或许知道,也可能并不清楚,自 1890 年以来,胡阿希内(Huahiné)、波拉—波拉、拉亚塔这三座岛屿便一直处于反抗的状态,要求拥有自治的权力。切斯(Chessé)先生[①]来到这里,正是为了把迷路的孩子带回正轨。已经有两座岛屿让步了,军舰参与到了达成和解的庆祝活动当中,一同欢庆的还有四百位塔希提民众和所有官方人士,以及我自己。我们聊天、呐喊、歌唱,度过了非同寻常的四天四夜,说真的,这情形与塞瑟岛[②]上的不无两样。身在法国的你,根本无法

[①] 亨利·伊西多尔·切斯(Henri Isidore Chessé,1839—1912):1881 年任法国在大洋洲殖民地的总督,1895 年以总代表的身份赴塔希提岛和拉亚塔岛执行外交任务。

[②] 塞瑟岛:希腊神话中的一座想象岛屿,是爱神和诗神游赏嬉戏之地。

想象这样的场面。现在,就只剩下征服拉亚塔了,那将是另一番景象,因为必须开炮,必须烧杀。有人告诉我,这是由给他们带去文明所引发的问题。我不知道自己是否会受好奇心驱使亲眼目睹这场战斗;我承认我很想这么做。然而,这件事又令我十分厌恶[1]……

——1895年10月(日期不详),塔希提岛

致蒙弗里德

我刚刚收到你暖心的来信,到目前为止,除了在画室里制作彩色玻璃之外,我再没碰过画笔一下。在做出决定之前,我不得不住在帕皮提的临时营房里,最终,我打定主意,准备在乡下搭建一个宽敞的塔希提小屋。不得不说,屋子坐落的位置很不错,就在路边的树荫下,后面还有壮丽的山景。想象一下,一个用竹栅做屋身、用椰子叶做屋顶的巨大麻雀笼,被我从旧工作室带来的窗帘分成了两个部分。其中一部分是卧室,没有太多光线,以便保持凉爽。另一部分有一扇很大的窗户,那是我的工作室。地板上有些垫子,还有我那块已经用旧了的波斯地毯;我还在其他地方用一些织物、小装饰品和画作进行了装饰。

如你所见,现在的生活并没有那么糟糕。每天晚上都有疯狂的年轻姑娘侵占我的床铺;昨天,我和三个姑娘共度了一晚。我要停止这种狂野的生活,给家里安置一个端庄的女人,而后疯狂地工作,当我感觉状态极佳时,一定会创作出比以前更好的作品。

……看看我对我的家人都做了什么:我不声不响地偷偷溜走了。只好让我的家人自己摆脱困境了,因为我大概是唯一能够帮助他们的人,好吧……!我决意要在这间小屋里平静地度过余生。哦,是的,

---

[1] 参见下文高更在1897年1月给查尔斯·莫里斯的去信。

我是个了不起的罪犯。那又如何！米开朗基罗也是如此；而我并非米开朗基罗……

——1895年11月（日期不详），塔希提岛

致舒芬尼克

经过一段相当漫长而又无聊透顶的旅程，我终于来到了这里。现在，我刚刚建完我的小屋，布置好我的工作室，可以松上一口气了。虽然我已经很久没有碰过画笔，但我的大脑和眼睛一直没有闲着。这段时间的休息——或者更准确地说——这段时间的旅程（我总是目光呆滞地凝望着大海）所带来的身体上的疲累，坚定了我要在这里老去的决心，也让我为艺术创作做好了准备。我觉得从现在开始，我可以创造出一些较为积极的东西了。

也许有人会说我逃跑的行为很不道德。哎，我曾经同自己争论过很长一段时间，希望能想明白究竟该如何是好，每次得出的结果都是一样的：逃走，独自一人。我从未收到过任何信件，连一个简短的便条都没有，更不用说一张钞票了。每次邮船抵达的时候，我总盼着——都是徒劳……

——1895年12月6日，塔希提岛

致蒙弗里德

……你得承认，我的生活充满了坎坷。我第一次来塔希提岛时，付出了巨大的努力……而我得到了什么？彻头彻尾的失败。除了敌人，我一无所获，厄运始终无情地追随着我；我走得越远，就越是低迷……我刚刚完成一幅作品。……有那么多的油画都卖不出去，只换来了众人的嚎叫。在这样的情形下，把这幅画寄去还有什么意

义？这幅画只会让他们叫得更大声①。

高更的油画《国王的妻子》

……我和我的"瓦依内",一个十三岁半的女孩儿,每个月靠一百法郎生活:你看,这点钱并不算多,我得用它买烟、买肥皂,还得每月花十法郎给女孩儿买件像样的衣服。你应该看看我住的地方!一座工作室带有窗户的茅草屋;两棵树干雕刻成当地神明模样的椰子树,开花的灌木,一个安顿马车和马的小棚子。

……很多人总能设法找到庇护,因为大家都知道他们很软弱,他们也知道该如何寻求保护。从来没有谁保护过我,因为大家都认为我很坚强,而且我一直都很高傲。如今,我已经变得堕落,我十分虚弱,被自己发动的残酷斗争搞得力倦神疲。我双膝跪地,把所有的骄傲都抛到一边。我只不过是个失败者……

——1896年4月(日期不详),塔希提岛

---

① 指高更1896年所作油画《国王的妻子》(Te Arii Vahine)。

致舒芬尼克

……对于青春,虽然我不曾教给它什么,但可以这么说,我给了它自由。多亏我的大胆,如今,每个人都敢于在不模仿自然的情况下作画并从中受益,他们把自己的作品摆在我的作品旁边出售,因为比起我的作品,他们的那些似乎要容易理解得多……

——1896年4月10日,塔希提岛

致蒙弗里德

……我之所以写信给你,是因为有位军官这个月要去法国,他会顺便帮我捎去几幅油画,它们画得都很笨拙,这与我目前的处境不无关系;但我又总想一口气把一幅画给画完,这兴许是我的急性子使然。而每天工作一个小时……好了,情况就是这样,我把它们寄去给你。这些作品或许还不错;我把太多的辛酸与苦闷融进了它们当中,这也许能够弥补技法上的笨拙。莫克莱尔说我粗俗野蛮、令人作呕。多么不公……

——1896年7月13日,塔希提岛

致阿尔弗雷德·瓦莱特[①]

我正在一家殖民地医院治疗我的脚,情况又变得有些糟糕。我从医院写信给你,主要是为了感谢你给我寄来《信使》。当我每个月读到你的评论时,便会忘却自己与世隔绝的生活状态,虽然我得不到政界和街头流传的最新消息(它们对我也没什么用处),但我

---

① 阿尔弗雷德·瓦莱特(Alfred Vallette,1858—1935):法国作家,曾在十九世纪末担任《法国信使》的编辑。他推崇象征主义,经常在《法国信使》上选登有关文章,如奥里埃的《绘画中的象征主义:保罗·高更》等。

非常乐意了解学界的最新进展。

……让我来作个对比，并问你一个问题：你如何看待这样一组作品，其欣赏者包括德加、卡里埃、斯特芳·马拉美、让·多朗、阿尔贝·奥里埃、雷·德·古尔蒙这一类人，而反对者则是像卡米耶·莫克莱尔这样的无名之辈？

这是为了告诉你，在维埃雷—格里芬（Viélé-Griffin）[①]、德·古尔蒙等人那些精巧、学术的文学评论和卡米耶的艺术评论之间，存在着一道难于逾越的鸿沟，而《信使》在这两个方面都是如此的开明，这让我很是费解。《信使》的忠诚读者中既有画家，也有文人。那个莫克莱尔应该为《两大陆评论》或时尚杂志撰写评论文章，这是我可以理解的；但为《信使》撰写！我无法理解。这不是因为他在每一期杂志、每一场画展上都会抨击我——哦，不！正如我上面所说的，德加和其他那些人的欣赏对我来说已经足够——而是因为他莫名其妙地、在没有任何与评判绘画作品有关的知识储备的情况下，就对一切有勇气表达自己想法的，一切非官方、非"沙龙"类型的作品作出不好的评价……在他口中，所有不是从师范院校毕业的作家都高傲自大、一无所知。但请放心，莫克莱尔就在那里，守护着艺术的安全："你是谁？这位公民，年轻人对你的称赞多有不公，请出示你的护照。你是从学院毕业的吗？回来，你这个自负的家伙，你总是标新立异……"相信我，我亲爱的编辑（我是把自己当成股东才这么说的），莫克莱尔并不属于《信使》。

[①] 弗朗西斯·维埃雷—格里芬（Francis Viélé-Griffin）：真名埃格伯特·卢多维库斯·维埃雷（Egbert Ludovicus Viele，1864—1937），美籍法国诗人，著有诗集《四月的收获》《天鹅》《欢乐》等。他推崇象征主义，与马拉美等人多有往来。

我还得补充几句,对我来说,塔希提岛仍然令人陶醉,我的新妻子名叫特呼拉,她十四岁,非常放荡,但也不尽然——因为缺少某种与美德相比较的东西。最后要说的是,我还在继续画那些令人厌恶的庸俗之作……

——1896 年 7 月(日期不详),塔希提岛

致蒙弗里德

……舒芬刚刚提出了一份请愿书,请求政府来帮助我,我认为这是徒劳的[①]。这种事情让我感到特别不舒服。在等待接受我应得的钱款期间,我请朋友们帮助,尽力为我筹集这笔钱,但我从来没有向政府乞讨的打算。我为在官方渠道之外取得成功所做的全部抗争,以及我毕生努力维护的尊严——这一切现在都变得毫无意义。到目前为止,我只不过是一个厚颜无耻的密谋者,而如果我早就屈服,不用怀疑,我现在会过得很舒服。说真的,这是我不曾料到的又一件麻烦事……

——1896 年 8 月(日期不详),塔希提岛

致蒙弗里德

……我开始有所好转,趁此机会做了许多工作。雕塑。我把它们放得到处都是,铺满了草地。用蜡覆盖的粘土。首先是一位裸女,然后是一头想象出来的雄狮正和自己的幼崽玩耍。当地人从未

---

① 舒芬尼克自作主张,主动起草了一份请愿书递交政府,希望政府能屈尊来帮助高更。在请愿书上签名的人包括皮维·德·夏凡纳、埃德加·德加、斯特芳·马拉美、奥克塔夫·米尔博(Octave Mirbeau,1848—1917)和欧仁·卡里埃。

见过野生动物，一个个瞠目结舌。

高更的雕塑作品《塔希提女孩》(Jeune Tahitienne)

  牧师，他当然使出了浑身解数，要我摒弃那位一丝不挂的裸女。法律当面嘲笑他，而我则直截了当地告诉他，让他见鬼去吧。啊！如果我拥有我应得的一切，我的生活将格外地平静、幸福。我很快就能当上一个混血儿的父亲了；我那迷人的爱妻决定生子。我的工作室非常漂亮，我可以向你保证，时间过得快极了。相信我，从早晨六点直到中午，我能做很多有价值的工作。啊，亲爱的丹尼尔！你不曾体验过塔希提人的生活，这多么令人遗憾；一旦尝试，你便会流连忘返。

  ——1896年11月（日期不详），塔希提岛

致查尔斯·莫里斯[①]

……法国派来了一艘船,名叫"迪盖—特鲁安"(Duguay-Trouin)号,还有一百五十名来自努美阿的士兵,他们是乘坐在那里驻扎的军舰"奥布"(L'Aube)号过来的。这一切都是为了武力镇压被认为已经叛乱的背风群岛[②]。塔希提岛被吞并以后,这几个岛屿拒绝成为吞并的一部分。于是,在一个晴朗的日子里,那个黑人,也就是拉卡斯卡德,塔希提岛的总督,决定要一个诡计,让自己笼罩在光环之下。他派了一个使者,这个使者据说被赋予了所有的权力;使者在拉亚塔岛上岸后便立刻去找首领,并答应他要星星给星星、要月亮给月亮。首领被使者的承诺打动,和其他几位首领走到海滩准备登上战舰。他们刚一踏上海滩,那艘奉拉卡斯卡德总督之命要把他们带走的战舰便放下武装船,把沉重的大炮对准了岸边。当地人的目光十分敏锐,而且非常多疑,立刻便察觉出要发生的事情,而后打了一个有序的撤退战。登陆部队遭到步枪的射击,不得不仓皇返回舰上。几个海员和一名海军少尉死在了战场上。从那以后,当地人继续平静地从事着他们的贸易活动,但拒绝让法国人在岛上随意走动,只分配给他们一片相当狭窄的地带……1895年8月[③],切斯以总代表的身份来到塔希提岛,他向法国政府保证,会通过单纯地劝说征服那些反叛的当地人。这让原本就已不堪重负的殖民当局又花费了十万法郎。切斯,一只张开翅膀的鸭子,派遣了一个又一个的使者给当地妇女带去礼物——红气球、小音乐盒,还有别

---

① 查尔斯·莫里斯(Charles Morice,1861—1919):法国作家、象征主义诗人、艺术评论家,高更的好友。

② 背风群岛:拉亚塔岛、波拉—波拉岛、胡阿希内岛、塔哈岛(Tahaa)。——高更注

③ 参见上文高更在1895年10月给威廉·莫拉德的去信。

的玩意儿（千真万确，我绝对没有胡编乱造）——还诵读了一箩筐圣经里的废话。尽管糖衣炮弹如此之多，但没有什么能够吸引这些女人。切斯离开了，被野蛮式的外交彻底击败。目前，所有可用的士兵，加上参与进来的塔希提志愿者，都集中在了拉亚塔岛上。在25日发出最后通牒后，他们在1897年1月1日开火。在过去的两个星期里，这并没有对当地产生太大的影响，因为人们可以在山里躲藏很长一段时间。

你可以把保罗·高更在战斗开始前对一位当地人的采访，写成一篇不错的文章登在报纸上（在我看来，这个题材非常新颖）：

问："你们为什么不愿意像塔希提岛那样，接受法国法律的管辖？"

答："因为我们不想出卖自己，因为我们都很乐意根据自己的情况，按照适合自己习性与生活方式的法律来管辖自己。一旦你搬到某个地方，那里的一切便全部属于你，无论是土地还是女人，两年后，你准备离开，那些女人怀里抱着孩子，而你却完全不用牵挂。到处都是官员和宪兵，我们必须时不时地送他们一些小礼物，否则我们就会受到各种各样的骚扰。即便是与贸易有关的短途旅行，我们也得浪费好几天的时间，等待一纸难以理解的文件，还要办理无数道手续。而且一切都十分昂贵，我们还将负担当地人无力支付的税收。我们早就识破了你们的谎言，看透了你们那些美好的承诺。只要有人唱歌或喝酒就会遭到罚款和监禁，所有这些都是为了带给我们所谓的美德，可你们自己却并没有身体力行。我们都记得塔希提岛总督帕皮诺（Papinaud）①的黑人仆人，是如何经常在夜里闯入民宅强奸女孩儿的。可是没有办法对他采取措施，因为他是总督的仆人！我们愿意服从一位首领，但不愿意服从这些官员。"

问："可是现在，如果你们不投降、不求饶的话，大炮就会将你们打败。你们希望得到什么？"

答："什么都不希望得到。我们知道，如果我们投降，最重要的首领就会被送到努美阿的监狱里去，而对一个毛利人来说，在远离故土的地方死去是一种莫大的耻辱，所以我们宁愿死在这里。让我来告诉你，如何让一切变得简单。只要你们法国人和我们毛利人待在一起，麻烦就会源源不断，我们不想这样。因此，你们必须杀掉我们所有人，这样你们就可以自己和自己争论了，这对你们来说易如反掌，用你们的大炮和枪就够了。我们唯一的防御武器，就是每天逃到山里面去。"（以上是在最后通牒期间给出的回答。）

我亲爱的莫里斯，你看，这是一个多么简洁的采访，整件事是由一个当地人用最简单的语言叙述出来的。

要是你想办法让报纸刊登了这篇文章，给我寄几份过来。我想让这边的几个卑鄙之徒看看我的影响力。当然，我的名字必须出现在上面，这才显得有分量。

---

① 皮埃尔·路易·克洛维斯·帕皮诺（Pierre Louis Clovis Papinaud，1844—1900）：1893年、1894—1896年两度担任法国在大洋洲殖民地的总督，曾在1895年尝试使用武力来镇压背风群岛的叛乱。

让我们行动起来吧[1]。

——1897年1月（日期不详）

致蒙弗里德

……关于你提到的那些展出的油画，还有即将到来的展览（独立派的分裂），我想说，我一点儿也不感兴趣，我并不支持画展。那个白痴舒芬，除了展览、宣传等这类事情，其他的什么也不考虑，根本没有意识到这会带来灾难性的后果。我的敌人很多，总是那么多，而且一定会越来越多，这是命中注定的事；我每每展出作品，都会引起他们的关注，他们会在一旁狂吠不止，那些艺术爱好者总被搞得筋疲力尽、倍感沮丧。说到底，最好的销售方法应该是在与艺术品经销商打交道时保持安静。

……我并不渴慕荣华富贵，我所追求的就是在这里，在这可爱的世界的一隅平静地生活。若是你什么时候得空，若是你的母亲去世了，那我强烈建议你带着每个月两百法郎的收入到这里来。这里的生活多么宁静，多么适合艺术创作，去寻找其他生活方式的举动是那么愚蠢。

——1897年2月14日，塔希提岛

致蒙弗里德

……不管你怎么做，别让舒芬把我和贝尔纳、德尼、兰森

---

[1] 1897年11月，查尔斯·莫里斯在《白色杂志》（Revue Blanche）上发表了由他改编的《诺阿诺阿》节选，在节选的中间部分，他插入了这篇经过自己润色的"采访"，并为其取名为"笔记"。

高更的油画《塔希提田园曲》（Faa Iheihe，1898）

(Ranson)[①]等人安排在一个展览中。那只会给来自《信使》的评论家一个机会，说塞尚和凡高才是现代运动的真正推动者。不，你看，展览不会给我带来什么好处；我只会被不公平地斥责一顿，而后和任何人、每个人都混为一谈。

——1897年3月12日，塔希提岛

致蒙弗里德

……我一分钱也没有了，谁也不愿意让我继续赊账，就连那个卖面包的中国人也不愿意。要是我可以走路，我会到山里待上几天，找些东西吃，可是不行，我连这一点也办不到！我去年没有死，这就是一个错误；要是去年死了就好了，现在再死就显得有些愚蠢了。然而，如果我在下一封信中依旧没有得到任何东西的话，那我也只能去死了……生活不应该是这样的，眼下的情况实在是有碍

[①] 保罗·兰森（Paul Ranson，1864—1909）：法国纳比派画家、作家。他倾向于描绘异国情调、象征性或准宗教的图案，作品融合了新艺术和日本版画等多种风格。代表作有《隐士传奇》《基督和佛祖》《三浴女与鸢尾花》等。

我的康复……

——1897年8月（日期不详），塔希提岛

致蒙弗里德

……没有商人，也没有任何人为我找够一年的食粮，我会变成什么样？除了死亡，我看不到任何出路，唯有一死，才能解决所有问题……我的塔希提岛之旅是一场疯狂的冒险，但结果却是悲伤、凄惨的……

——1897年9月10日，塔希提岛

致蒙弗里德

……既然我的作品卖不出去，那就随它们去吧。总有一天，人们会认为我是一个神话，或者认为我是报纸虚构出来的人物；那时，他们会问："那些画在哪里？"而事实上，我的作品在法国甚至不超过五十幅。

……要时刻关注波斯人、柬埔寨人，并稍微留意一下埃及人。最大的错误就是希腊艺术，无论它有多美……

——1897年10月（日期不详），塔希提岛

致蒙弗里德

……我认为和我有关的一切都已经被讨论过了，无论是那些应该提及的，还是那些不应该提及的。我所渴望的，是沉默、沉默，更多的沉默。愿我能被允许平静地死去，被世人遗忘。要是我必须活着，愿我能更加平静地离去，被世人遗忘。我是贝尔纳的学生还是塞律西埃的学生，又有什么关系！若我所作皆为佳品，那便没什

么能够玷污它们；若我所作皆为次品，那为何要去给它们镀金，在作品质量上向世人说谎？无论如何，社会也没道理指责我，说我通过谎言从它的口袋里骗走了大量金钱……

——1897年11月（日期不详），塔希提岛

致查尔斯·莫里斯

……要是我有精力，就誊写一份我近来写的文章寄给你（我已经有六个月没画过任何东西了），是关于艺术、天主教堂和现代精神的。

从哲学的角度来看，这可能是我到目前为止把自己的观点表达得最清晰的一次了……

——1897年11月（日期不详），塔希提岛

致蒙弗里德

……信件一到，看到没有肖代（Chaudet）[①] 寄来的东西，我的身体几乎一下子就恢复了原样，这意味着再也没有任何自然死亡的机会，这让我想到了自杀。我躲进了山里，在那里，我的尸身会被蚂蚁啃食干净。我没有左轮手枪，但我有砒霜，是我在患湿疹的那段时间里囤积的。是服用的剂量太大，还是之后的呕吐影响了毒素的效果，使其失去了作用？我不得而知。最终，经过一整晚的煎熬，我回到了家里。在过去的一个月里，我饱受折磨，我的太阳穴不停地跳动，还眩晕不止，在吞咽本就少得可怜的食物时，还会不住地

[①] 乔治—阿尔弗雷德·肖代（Georges-Alfred Chaudet, 1870—1899）：法国画家、艺术品经销商。他和高更在布列塔尼的杜瓦讷内（Douarnenez）相识，后来，高更靠他在巴黎出售自己的作品。

恶心想吐……

我应该告诉你,12月的时候,我做了一个决定,要完成一件事情——在死之前,我要把已经在脑海里构思出来的场景落在画布上,创作出一幅大尺寸的油画①。那一整个月我都热情高涨,不舍昼夜地工作着。我可以向你保证,这幅作品和皮维·德·夏凡纳的大相径庭,他的作品是通过预先研究自然,并定好底稿所创作出来的。不,这一切都是在没有参照的情况下完成的,是我用我的笔触在一块满是结和粗糙补丁的粗麻布上进行的摸索;因此它看上去十分粗拙。

人们会说它粗制滥造,根本没有完成。的确,任何人都很难去客观评判自己的作品,但即便如此,我也依然相信,这幅作品不仅比之前的所有作品都更具价值,而且我也再无法创作出更优秀的作品,哪怕是和它相似的作品。在死之前,我心无旁骛,把自己的全部精力都投入到了这幅画中,在糟糕的环境下,我体会着一种痛苦的激情,我的想象如此清晰,它无须任何纠正,也不带有丝毫仓促之感,让生命得以从中迸发。画里嗅不到一丝模特儿的难闻气味,也不存在专业性和所谓的规则,我向来无视规则,尽管有时免不了会有些忐忑。

这幅油画宽四米五,高一米七。上面两角是铬黄色的,左边一角写有标题,右边一角是我的签名,好似一幅画在金色墙壁上、两角已经磨损的湿壁画。右下方画着一个熟睡的婴儿,还有三个坐着的女人。两个身穿紫色衣服的人彼此吐露着自己的心思;另一个人坐着(身形看上去被刻意描绘得很高大),一只手臂举起,惊诧地

---

① 指高更在1897年所作油画《我们从何处来?我们是谁?我们向何处去?》(D'où venons-nous? Que sommes-nous? Où allons-nous?)。

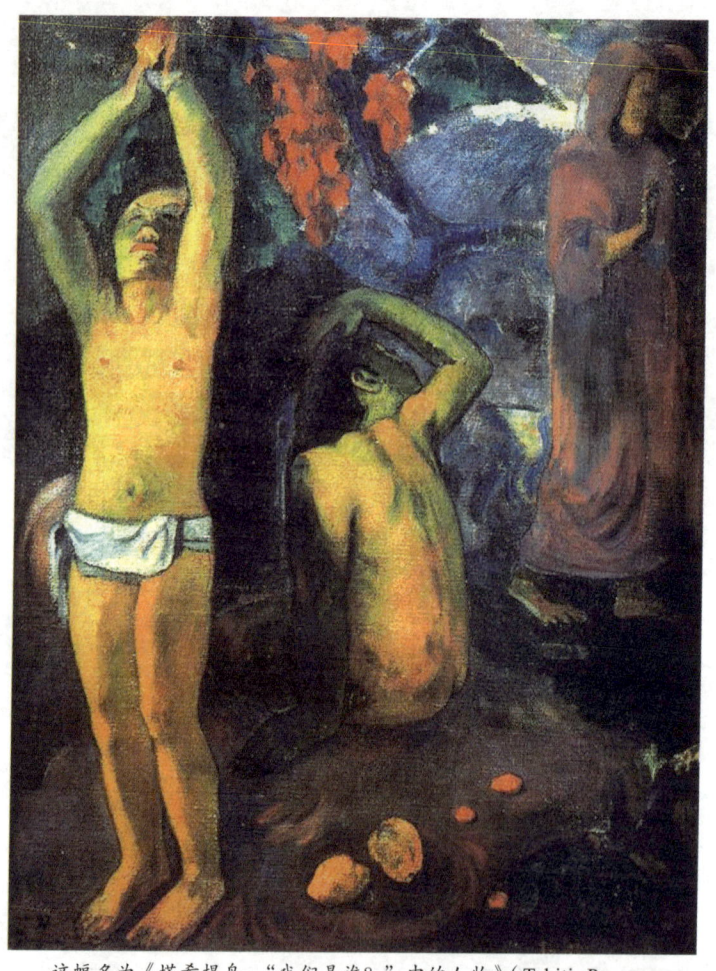

这幅名为《塔希提岛。"我们是谁?"中的人物》(Tahiti. Personnages de "Que sommes-nous？", 1897)的作品,再现了《我们从何处来?我们是谁?我们向何处去？》里面中心部分的人物

望向这两个敢于思考自己命运的人。中间的人物在摘水果。两只猫在一个孩子旁边。一只白色的母山羊。一尊神像,双臂神秘且富有

298

韵致地抬起，似乎指向另一个世界。一个坐着的人用右手支撑着身体，好像在聆听神像的述说；最后是位风烛残年的老妪，她似乎已经接受了自己的命运，放任自流；……在她脚边有一只奇怪的白鸟，它的爪子抓着一只蜥蜴，代表着空寂无谓。这一切都发生在森林中的溪流边。背景是一片海，还有临近岛屿的山脉。尽管颜色有深有浅，但整个景观从这一端到另一端，始终保持着蓝色和维罗纳绿的色调。所有裸体的人物形象均以大胆的橙色调描绘，从背景中凸显出来。如果那些竞争罗马大奖（Prix de Rome）①的美术学院学生被告知："你们所要完成的作品，其主题是'我们从何处来？我们是谁？我们向何处去？'"他们会怎样去创作？我已经完成了一篇哲学论著，把这一主题与福音书进行了比较。我认为它非常出色。若是我有力气复制这幅作品，我就把它寄去给你……

——1898年2月（日期不详），塔希提岛

致蒙弗里德

……我的胃已经不怎么翻腾了，太阳穴跳动的频率也越来越低了；另一方面，我正处于一种精疲力竭的状态，整整一个月连画笔都拿不起来。我什么也没做。此外，这段时间以来，我那幅大尺寸的油画也让我心力交瘁；我总是忍不住要看它一眼，（我必须承认）我确实很欣赏它。我越看它，就越能够意识到它在数学上的巨大缺陷，但我绝不会修复这些缺陷；它将保持原样，就是一幅率性之作，如果你愿意这样叫的话。但与此同时，一个这样的问题产生了，

---

① 罗马大奖（Prix de Rome）：法国的一项艺术奖学金，由路易十四在1663年创立，旨在每年通过比赛的形式，选拔绘画、雕塑、建筑、音乐等领域最优秀的学生，供他们前往罗马公费学习。

它让我感到很困惑：一幅画的创作，从什么时候算开始，又到什么时候算结束呢？当极端的情感融入一个人内心深处的那一刻，当它们突然迸发、所有思绪像熔岩从火山口喷薄而出的那一刻，作品难道不会以一种或许有些野蛮，但宏大雄伟、明显超乎常人的方式突然创作出来吗？理智冷静的计算并不能造成这种爆发；可又有谁能够准确地说出，这项工作是从什么时候在一个人的内心深处开始的呢？也许它本就是无意识的。

你有没有注意到，当你复制一幅你非常满意的，灵感在一分钟，甚至是一秒钟之内闪现的随心之作时，你所能得到的就只是一个低劣的版本，特别是如果你去纠正它的比例，理性思考它体现出来的错误。我常常被人说胳膊画得太长了，像这样的评价还有不少。它长，也不长。大多数情况下并不长，因为你把它画得越长，你离逼真性也就越远，从而进入了寓言的领域，这并不是一件坏事；当然，整幅作品必须体现出一致的风格和相同的意旨。要是布格罗把胳膊画得太长——啊！既然他的整个视角以及全部的艺术意志仅仅由他那愚蠢的精确性构成，把我们都束缚在了物质现实的枷锁之中，那他这样下笔，会创作出什么样的作品来呢？……

——1898年3月（日期不详），塔希提岛

致蒙弗里德

……我很高兴你见到了德加，在尽力帮助我的同时，你也为自己建立了一些有用的联系，这让我感到欣慰。哦，是的！德加总是背负着脾气暴躁和尖酸刻薄的名声（舒芬尼克也是这么说我的）。

但德加对待他认为值得关注和尊重的人时，却并不是这样。他拥有源自内心的智慧，也就是直觉。在才华与举止这两方面，德加

树立了优秀的榜样，展现了一位艺术家应有的样子：作为同行和仰慕者，那些当权人物都在他的身边，博纳、皮维等等，还有安东宁·普鲁斯特（Antonin Proust）[1]……但他从不需要任何帮助。谁也没有听说或看见他干过一桩不干净的勾当，有过一个不得体的举动，做过一件不光彩的丑事[2]……

——1898年8月15日，帕皮提

致蒙弗里德

……我病得越来越重了。若是我再也没有办法康复，那死亡不是要好上一百倍吗？你严厉地批评我那危险并且愚蠢的冒险行为，认为高更这样做很不值得。要是你了解经过这三年煎熬过后我心灵的状态，就不会这样说了！我现在什么都不再爱，既不爱妻子，也不爱孩子，如果我再也不画画了，那么我的心也就空了。

我犯了罪吗？我不知道。

我被判继续活着，可我已经失去了所有让我活下去的道德方面的理由……对于名望来说，唯一重要的作用是让一个人获得自我认知：别人承认并宣扬你的名望与否，又有什么关系呢？唯一真正的满足是一个人内心的感受，在这一点上，我厌恶自己。

……我在《信使》上看到了斯特芳·马拉美去世的消息，我感到悲恸不已。又多了一个艺术的殉道者：他的人生和他的作品一样精彩……这个社会不可救药。你或许会认为它有意低估了人在世

---

[1] 安东宁·普鲁斯特（Antonin Proust，1832—1905）：法国政治家、新闻工作者，1881—1882年任美术国务秘书，1889年任巴黎世界博览会高级专员。

[2] 参见《此前此后》"关于埃德加·德加"一题。

时的价值，并把这样一句话当作口号："天才和正直，它们都是敌人。"

——1898 年 12 月 12 日，帕皮提

致查尔斯·莫里斯夫人

……可谁告诉你我不相信他（查尔斯·莫里斯），尤其是不相信他的才华的？如果我有时很严苛……那是因为我为我所爱的人担心，不像当今这个时代特有的人一般冷漠。然而，上帝知道，我拥有充分的理智，使我不受任何情绪的影响。我现在很少读书。但当我想要阅读时，我便不再害怕痛苦，我读的不仅仅是书本的封面、章节标题和所有的文字。

……我知道莫里斯提高了多少、工作了多少。他那可怜的行当，为他挣得了"少得可怜的几餐温饱"……我了解这一点，但我并不责怪他，我为他哭泣。可怕的社会让小人物在作出巨大牺牲后取得胜利——然而，我们必须隐忍，这是我们所要背负的十字架。但是，对那些成功唾手可得之人来说，他们哪怕到最后也不会明白这些。

……还有件事，是关于《诺阿诺阿》这本书的。我恳请你能相信我的这点经验，以及我这个文明的野蛮人的直觉。讲故事的人不能被诗人掩盖起来。书就是书。不完整？好吧。可是，如果通过讲几个故事，你就能够把你想要表达的一切说出来，或者让读者猜到你想要表达的一切，那就已经很了不起了。我知道，莫里斯是要写诗的；可如果这本书里有太多诗句，那么讲故事者的所有天真便会消失，《诺阿诺阿》也将失去独创的味道。而且，你不怕那些等着看这本书的善妒之人吗？不是朋友，而是善妒之人，他们会说："哦，没错，莫里斯有才华，但没有创作灵感，要是没有高更，他

一个点子也想不出来。"我敢肯定，要是书里有很多诗句，人们一定会这么说的。而较少的诗句会让事情变得更加清晰，能够让美好事物的到来更加顺畅，如你所知，这是他已经写过的。

最好是在之后立刻出版他的诗集，因为《诺阿诺阿》已经为它做了一个很好的介绍。我强烈要求这样做，因为我非常肯定我是正确的。你一定不要认为我受到了自负的驱使——事实上，如果莫里斯想要在没有任何故事情节或合作成果的情况下，单独出版受《诺阿诺阿》启发而创作的诗歌，我是绝对同意的，而且我也很乐意为我的朋友作出这点小小的牺牲。若是那样的话，就让我们一起对这份小小的手稿说：睡吧，夜幕降临了。现在是晚上……

——1899年2月（日期不详），塔希提岛

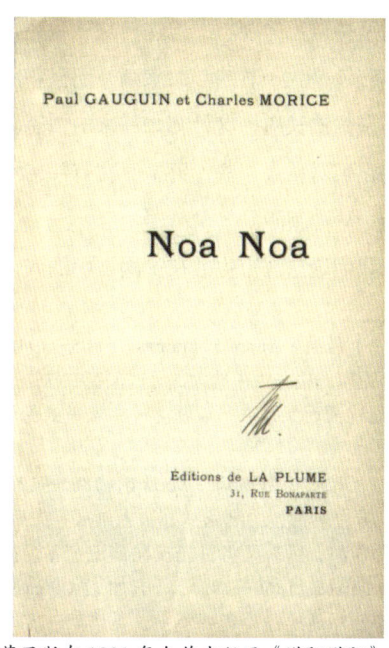

最终，高更和莫里斯在1901年合作出版了《诺阿诺阿》，图为该书扉页

致安德烈·丰丹纳[1]

丰丹纳先生：

一月份刊行的《法国信使》登载了您的两篇很有意思的文章[2]，是关于伦勃朗和瓦拉德（Vollard）[3]画廊的。后一篇文章提到了我，尽管您不喜欢我，我对您来说并没有太多吸引力，但您还是试着去思考我的艺术，或者更确切地说去思考我的作品，并公平公正地进行了探讨。

在艺术评论中，这是非常罕见的。

我一直觉得，一个画家应该做的就是绝对不去回应评论，即便是那些无礼的评论，尤其是那些无礼的评论；而且一个画家也不应该去回应那些对自己有利的评论，这样的评论往往是出于友谊。

虽然我一贯坚持自己的观点，但这一次，我还是忍不住要给您写信，我想，这应该是我一时的心血来潮，而且和所有充满热情的人一样，我并不是很擅长压抑这种突如其来的情感。这不是一份书面的答复，因为它相对私人一些，只是一次有关艺术的闲谈：您的文章是一种诱导、一种刺激。

我们画家，我们这些注定生活在贫困之中的人，毫无怨言地接

---

[1] 安德烈·丰丹纳（André Fontainas，1865—1948）：比利时象征主义诗人、艺术评论家。他一生中的大部分时间都在法国度过。

[2] 丰丹纳的这两篇文章，一篇题为《在家里的伦勃朗》，另一篇题为《高更的展览》。

[3] 安伯斯·瓦拉德（Ambroise Vollard，1865—1939）：法国画商。他从十九世纪末起开办画廊，为画家举办个人画展，先后经营过马奈、雷诺阿、德加等人的作品，后来又将目光投向前卫艺术，推广塞尚、高更、凡高、马蒂斯（Matisse，1869—1954）、毕加索（Picasso，1881—1973）等人的作品。画家们对他的评价褒贬不一，雷诺阿、塞尚对他充满感激，而高更却称他是"一个彻头彻尾的海盗"，马蒂斯则唤他为"小偷"。

受了生活中那些来自物质的烦恼，可它们也确实令我们无比痛苦，妨碍了我们的创作。为生计奔波的我们，浪费了多少时间啊！卑微的体力劳动、破烂不堪的工作室以及成千上万的其他阻碍，这些都让我们感到气馁，导致我们无法进行创作，更不用说还有那些突如其来的暴风雨和暴力行径。这些思虑都与您毫不相干，我提起它们，只是为了使我们双方都相信，您指出的诸多不足都无比正确。狂烈、调性单一、色彩随心所欲，等等①。没错，这些缺陷都可能存在，都的确存在。然而有些时候，这样做其实是有意为之。这些重复的色调还有一致的和谐，从色彩的音乐意义上来说，不正与那些东方圣歌——用尖利的、有鼻音的声音吟唱，伴随着响亮的音符，通过对比进行充实——类似吗？贝多芬就总爱运用这一技巧（在我看来），比如在《悲怆》中。德拉克洛瓦用他那棕色和深紫色的重复和谐，描绘出了一件暗示戏剧的深色斗篷。您常去卢浮宫：当您近距离欣赏契马布埃（Cimabue）②的作品时，请记住我所说的话。现在，再想想看，色彩在现代绘画中发挥出来的极其重要的音乐性作用。色彩，就像音乐一样，是振动的，它能够穿透大自然中最普通也最隐晦的东西——内在力量。

在这里，在我的小屋附近，在万籁俱寂中，在大自然醉人的芬

---

① 丰丹纳在文章里写道："纵然丰富、饱满、鲜亮的色调形成了直观的对比……在一开始将你抛弃之后又迫使你去欣赏，让你觉得它们如音乐般动听、醒目大胆、代表胜利，这些都无可否认。但在其他时候，它们又显得离题太远，因为它们的重复是单调乏味的，从长远来看，明亮鲜艳的红色与紧挨着的充满活力的绿色之间的对抗，着实会令人恼火。"

② 乔瓦尼·契马布埃（Giovanni Cimabue）：真名切尼·迪·佩波（Cenni di Pepo，约1240—约1302），意大利画家。擅长圣像画，在承袭拜占庭风格的基础上有所创新，作品色彩对比分明。代表作有《圣特里尼塔的圣母像》《基督受难图》《圣母子与两个天使》等。

芳中，我梦见了一种强烈的和谐。我不知道我感受到了怎样一种神圣的恐惧，它来自某种古老的东西，这让我的快乐又多了几分。我现在吸入的，是昔日的快乐的味道。那如同雕塑般的动物形象——他们优雅的姿态和绝对的静止，带有一种难以形容的古老、庄严和虔诚。在梦中的眼睛里，模糊的外表下暗含着高深莫测的难解之谜。

夜幕低垂。万物安歇。我闭上双眼，不解地看着梦想在无尽的空间里延伸，难以捉摸，我能感觉到希望正悲伤地前行。

……政府不委托我装饰公共建筑是正确的；那样的装饰势必冒犯大多数人，要是我接受了委托，那便大错特错，因为除了欺骗自己、对自己撒谎，我将别无选择。

……经过十五年的斗争，我们终于把自己从美术学院、从一团糟的技法之中解放了出来，离开了它，也就没有了对救赎、荣誉和金钱的指望……危险已经解除。是的，我们自由了，但我突然在地平线上看到了一道危险之光……如今的评论——严肃、善意、博学——正试图强加给我们一种思考和想象的方法，这是另一种形式的奴役。如果评论专注于它所关注的东西，它所在的特殊领域，也即文学，就会忽视我们所关注的东西，也即绘画。若是这样的话，我要冒昧地提醒您马拉美说过的一句话："评论家就是些爱管闲事儿的绅士。"

为了纪念他，请允许我把对他容貌的速写寄送给您，好让您对他那张目不转睛凝视黑暗的俊美、可爱的脸庞有一个大略的印象[①]——它不是一份礼物，而是一个请求，请求您对我疯狂和野蛮

---

① 高更在这里指的是他在 1891 年所作的蚀刻版画《马拉美的肖像》（Portrait de Stéphane Mallarmé）。

的天性多多包涵。

——1899年3月（日期不详），塔希提岛

高更的蚀刻版画《马拉美的肖像》

致蒙弗里德

……最让我担心的是：我是不是在正确的轨道上，是不是在进步，是不是在艺术上犯了错误。诸如素材、实际作画过程中的细心，甚至画布的准备等等，这类事情都极不重要。它们总能解决，不是吗？而艺术——哦，这是一件很棘手、也很令人敬畏的事情，需要深入研究。

在给蒙帕纳斯画室（Atelier Montparnasse）的学生们提供建议的短暂时间里，我经常对他们说："别指望我直接纠正你，告诉你一只胳膊画得太长或是太短（谁知道是不是真长或者真短），但我会纠正你在艺术和品味等方面的错误；你总能够学会如何做到精确，

如果这是你想要的;通过练习,技巧便会不知不觉地出现,这样一来,当你考虑技巧以外的东西时,一切自然会变得更加容易……"

——1899年5月(日期不详),塔希提岛

致莫里斯·德尼[①]

……很抱歉,我不能对你的来信作出肯定的答复。的确,看到曾经聚在沃尔皮尼咖啡馆(Café Volpini)的艺术家们,在十年后与我欣赏的年轻人见面会很有意思,但我十年前的个性已经不再有任何吸引力。那个时候,我希望自己敢于去做很多事,比如说去解放新的一代,然后通过创作增加一点才能。我规划的第一部分已经开花结果;如今,你早已敢于去做任何自己喜欢的事情,最重要的是,没有人会再感到惊讶。

可惜,第二部分就没有那么成功了。而且我也已经成了一个老伙计,成了你们画展中许多艺术家的门生;自我离开以后,这一点就变得十分明显。关于这个问题已经写了太多,大家都知道,我从我在绘画和雕塑领域的师父埃米尔·贝尔纳那里着实"偷"了很多,以至于(他自己曾在刊物上说过)他变得一无所有[②]。别以为我给他的那三十多幅油画,还有他卖给瓦拉德的油画都是我画的;它们是对贝尔纳作品的可怕的"剽窃"。

另一个原因,真正的原因,是我的创作已经终结……我病得

---

① 莫里斯·德尼(Maurice Denis,1870—1943):法国画家、艺术理论家,纳比派创始人之一。他主要为教堂创作装饰壁画,作品色彩明快、柔美和谐;他的艺术思想深受高更的影响。代表作有《向塞尚致敬》《缪斯》《墓旁的圣女》等。

② 1895年6月,埃米尔·贝尔纳在《法国信使》上发表了一封致卡米耶·莫克莱尔的公开信,在信中,他指责高更"剽窃"了他的作品。

很重，但又不得不做一些不太费脑力的工作来换取食物，所以，除了星期天和节假日，我便不再作画；因此，我甚至连新的图样都无法提供给你，更何况它既不适合配框，也不符合潮流。我的巴布亚艺术没有任何理由与……象征主义和理想主义相提并论。我相信你们的展览一定会非常成功。你们几乎个个有钱，有大批的主顾和颇具影响力的朋友，如果你们当中的每个人都不能从自己的才能和发现中获得合理的果实，那着实会令人感到惊讶。我有点儿担心你会被玫瑰十字会（Rosenkreutzer）① 奚落，因为我认为艺术在佩拉丹（Péladan）② 的运动中无法占据一席之地，尽管这可能是一个绝妙的广告……

——1899年6月（日期不详），塔希提岛

致蒙弗里德

……我没有画布可以作画了，不管怎么说，我依然对画画感到心灰意冷，也依然每时每刻都在忙着照顾自己的物质需求。更何况，如果我的作品只是堆在你的房子里，那它们一定会妨碍到你，或者被大量地廉价卖给瓦拉德，要是这样的话，那我作画还有什么意义？

事实上，我对仍有一少部分人购买油画感到惊奇，特别是眼下

---

① 玫瑰十字会（Rosenkreutzer）：德国的一个秘密会社，成员包括炼金术士及哲人等。该会自称拥有神秘的宇宙知识，认为神弥漫于宇宙万物之中；折衷采纳神秘主义、哲学和科学的观点，提出借"神秘智能"改造世界的主张。

② 约瑟芬·佩拉丹（Joséphin Péladan, 1858—1918）：法国象征主义作家，玫瑰十字会的信徒。1892—1897年，他每年都在巴黎举办一场"玫瑰十字沙龙"，以推广象征主义艺术，展出的作品充满神秘色彩。

这样的画家越来越多：他们的画作风格多样，没有进行任何自己的尝试，很快便吸收了其他画家的尝试成果，并把一切都调和成了符合现代审美的口味。从商业角度来说，每当艺术领域出现任何新的事物，必须要有一些人先去冒险尝试，而后才会被广泛接纳。

——1899年8月（日期不详），塔希提岛

致安德烈·丰丹纳

……人们说我的艺术是粗俗的艺术，是巴布亚艺术。我不知道他们是否正确，也不知道他们这样说是否正确。管他呢！首先，无论是好是坏，我都不会作出改变。我的作品就是极其严厉的评论家；正是它们声明了，并将继续声明我是谁，是糟糕透顶的还是值得称道的……

……我当然会阅读您的文章，由于我处境窘迫，所以他们会把《信使》免费寄来给我。作为文学作品的忠诚读者，这给了我极大的满足，不是因为它教会了我什么（我的大脑在学习时很不听话），而是因为身处孤独之中——

哦，孤独的幸福！（O beata solitudo！）
哦，唯一的幸福！（O sola beatitudo！）

正如圣伯尔纳（Saint Bernard）[①]所说——阅读使我可以与他人交流，而不必卷入总是让我感到畏惧的人潮。它是我独处的一抹亮色。啊，丰丹纳先生，如果您不是以"现代艺术"为题表达见解，而

[①] 圣伯尔纳（Saint Bernard，约1090—1153）：法国修士、神学家。著有《论恩宠与自由意志》《致圣殿骑士团书》等。

是经常撰写题为"孤独的点缀"的评论,那我们就能完全理解对方了。

……您知道吗,十多年前,我特地去圣康坦(Saint-Quentin)①全方位欣赏了拉图尔(La Tour)②的作品:在卢浮宫,他的作品让我感觉很糟糕;而在圣康坦,我觉得自己会有完全不同的看法。不知为何,我在卢浮宫总把他和庚斯博罗(Gainsborough)③混为一谈,可在圣康坦却完全不会。拉图尔是位如假包换的法国人,而且是位绅士,因为如果说在绘画中有一种品质是我看重的,那就是……这不是巴亚尔(Bayard)④的重剑,而是侯爵的正装剑;不是米开朗基罗的短棒,而是拉图尔的短剑。线条如拉斐尔的作品一般洗练;曲线总是编织得那么协调,富有深意。

我几乎把他给忘了,所幸《信使》寄来的正是时候,使我重温了从前的那种快乐,也让我分享了当您看到《歌手》(La Chanteuse)这幅肖像画时的那种喜悦。您那篇言辞优美的文章,将德加和马奈这两个我所珍视的名字带到了我的眼前,我对他们的赞美无

---

① 圣康坦(Saint-Quentin):法国皮卡第大区埃纳省的一座城市,地处巴黎盆地北部。该市历史悠久,艺术文化气息浓郁,安托万·莱库耶博物馆(Antoine Lecuyer Museum)拥有拉图尔的多幅画作。

② 莫里斯·康坦·德·拉图尔(Maurice Quentin de La Tour,1704—1788):法国洛可可派画家。以粉彩肖像画著称,曾为众多名人画像。代表作有《拉图尔自画像》《伏尔泰》《蓬巴杜夫人全身像》等。

③ 托马斯·庚斯博罗(Thomas Gainsborough,1727—1788):英国画家。擅长肖像画和风景画,喜欢把人物放在流动的风景前。代表作有《蓝衣少年》《萨拉·西登斯夫人》《萨福克的风景》等。

④ 巴亚尔(Bayard):真名皮埃尔·特利尔(Pierre Terrail,约1473—1524),法国名将,以"骑士巴亚尔"闻名于世,被誉为"无懈可击的无畏骑士"。后常用以指称勇猛威武、品德高尚之人。

以复加;我的眼前也再一次浮现出萨马里(Samary)[①]的漂亮肖像,我曾经在美术学院的"世纪肖像"展览上欣赏过她的风姿。

雷诺阿于 1877 年创作的《穿低领连衣裙的珍妮·萨马里》

我给您讲一个关于这幅画的小故事。与我同去那次展览的伙计,是马奈、雷诺阿和印象派画家的敌人。当他看到这幅肖像时,便称它令人生厌。为了转移他的注意力,我带他看了一张大幅肖像,名叫《餐厅里的父亲和母亲》(Père et mère dans une salle à manger)。这幅画的签名极小,几乎看不见。"啊,终于!"他惊叹道,"这才是我心目中的油画。""可这是马奈的作品。"我告诉他。他愤怒极了。打那以后,我们两个便一直剑拔弩张。

---

① 珍妮·萨马里(Jeanne Samary, 1857—1890):法国女演员,法兰西喜剧院的成员。她是雷诺阿的模特,1877—1881 年,雷诺阿创作了不少与她有关的肖像画,包括半身像、全身像和群像等。

这就是我向您阐述的理由，亲爱的丰丹纳先生，我希望您能够写一些别的，与"孤独的点缀"有关的文章……

——1899年8月（日期不详），塔希提岛

致安伯斯·瓦拉德

首先，你的那些粉彩纸恐怕对我没有太大用处。我对纸张非常挑剔。最重要的是，"大幅尺寸"这个词确实吓到我了，所以我没有办法开始。现如今，没有一位艺术家（如果你还认为我是艺术家，而不是一台按订单生产的机器的话）会乐意去做那些毫无感觉的事情，尺寸的事儿就更别提了！我一生都在尝试，即便在布列塔尼也是如此；我喜欢去尝试；但如果它必须是水彩的、粉彩的或者别的什么，那我所有的创意便会消失，这样一来实际上也会给你造成损失，因为最终的成品将是单调乏味的。艺术爱好者的品味各不相同；有人喜欢作品铿锵有力，有人则喜欢作品甜如蜜糖。眼下，我手头上有一系列实验性的作品，我对它们比较满意，先给你寄去一幅很小的看看；它像是一幅印象画，但又不是。我用浓墨代替了铅笔，就是这样。你提到了我画的花：虽然我很少画花，但我实在不知道你说的是哪一幅，这是因为（想必你已经注意到了这一点）我并不是通过临摹自然来作画的——现在比过去更少了。我所创作的一切都源自我天马行空的想象力。当我厌倦了画人物（我最喜欢的主题），便开始画静物；顺便一句，我画的静物是没有参照物的……

倘若你总是想着价格的问题，你会说那是因为我的作品和别人的作品太不一样，根本没人想要……如果这样说不是夸大其词，那就显得过于苛刻了。我对此有些怀疑。大约在1875年，我看到

克劳德·莫奈的作品价格在每幅三十法郎,我自己也以三十法郎的价格买下了一幅雷诺阿的作品。事实上,我曾经以极低的价格买下了所有印象派画家的作品。那是在丹麦,和我的姐夫,著名的勃兰兑斯(Brandes)①一起,他是无论如何也不会放弃他们的。这些作品中,还包括十二幅塞尚的。

当我在巴黎的时候,我的画以两千法郎到最低五百法郎的价格出售。不,事实是,当艺术品经销商知道该怎么做时,价格的走向是由他们来决定的。当他们坚信不疑时,尤其是当作品很优秀时。优秀的作品总能卖到一个不错的价钱。

我还收到了一封来自莫里斯·德尼的信,他对巴黎的情况了如指掌。他告诉我,德加和鲁亚尔(Rouart)②在争我的画,还说在拍卖大厦,它们的价钱相当不错。所以当你说"没人想要我的画"时,这足以令一个对惊讶之事习以为常的人感到震惊。

……然而,尽管没人想要我的作品,只因它与别人的不同——古怪、愚蠢的大众要求画家在最大程度上发挥自己的独创性,但除非他的作品与其他画家的类似,否则他们便不会接受他!顺便提一句,我类似于那些类似我的人(那些模仿我的人)——好吧,尽管如此,你还是想和我做生意。

……我是,而且想要继续做这样的人:一个伟大的艺术家。

……因此,以下是我的正式提议,我可以向你保证(作为一名艺术家,我的忠实承诺就是你的保证),我所提供给你的将是艺术,

---

① 格奥尔格·勃兰兑斯(Georg Brandes,1842—1927):丹麦文学评论家、文学史家,高更的姐夫。著有《十九世纪文学主流》等。

② 亨利·鲁亚尔(Henri Rouart,1833—1912):法国印象派画家、艺术收藏家。他是德加的好友,在德加影响下开始收藏画作,先后收藏了德加、高更、委拉斯开兹、安格尔、德拉克洛瓦、塞尚、柯罗等人的作品。

而不是纯粹为了赚钱而制作出来的东西。我们要么达成共识，要么就没有必要再谈下去了。

我总说——提奥·凡高也这么认为——可以通过我赚到很多钱，因为：（1）我已经五十一岁了，在法国和其他地方都有一定声望；（2）由于我很晚才开始画画，所以我的作品很少，而在丹麦和瑞典，这些作品中绝大多数都被认为是有价值的。因此，没有必要像担心别人那样担心我，会有无数幅作品被不断地买走。要是我的妻子（甚至是她！）在卖画的时候没有把全部东西都拿走，我早就可以在丹麦把我做的所有东西给卖掉了。一旦它到了那里，便不会再回到巴黎。因此，对经销商来说，这只是决心和耐心的问题，而不是像克劳德·莫奈那样的大笔投资的问题。我估计，自从我开始画画以来，我最多画了三百幅油画，其中一百幅不算，因为它们是早期的作品。在余下的作品当中，你一定要想到，有大约五十幅被成功地卖到了国外，还有一部分被法国的那些严谨之人购得，他们是不会转卖这些作品的。如你所见，这样一来，总数就非常小了。这是非常值得考虑的，尤其是二百法郎的价格是付给一个初学者，而不是一个享有名望之人的。我相信，这应该回答了你在信中提出的每一个问题……

——1900年1月（日期不详），塔希提岛

致蒙弗里德

……在最后一刻，我收到了一封我并不认识的人寄来的信，信里还夹了一百五十法郎，所以，我要给他回寄一幅小画。我写信告诉他，要是我寄给他的这幅不适合他，可以去找你，再选一幅新的。[埃曼纽尔·比贝斯科（Emmanuel Bibesco），库尔塞勒街（Rue de

Courcelles）六十九号。]

——1900年1月（日期不详），塔希提岛

致埃曼纽尔·比贝斯科[①]

你的两封信和丹尼尔还有瓦拉德的信同时到了。

是的，我当然乐意接受你的提议，和你这个艺术爱好者，而不是瓦拉德这个艺术品经销商打交道，他不仅在我的贫穷上投机，还做了很多事来临时降低我作品的价格，就像他们说的那样，为了来场"大清理"。

但是，我们艺术家只能像艺术家那样行事，也就是说，要永远真诚，言出必行；现在，瓦拉德写信给我，说他同意我对他的提议做出的全部要求，并提前寄给了我三百法郎，以此作为开始。因此，我们两个只能忘记你的提议，但请相信我，我对你的感激之情分毫不减。不过，我在信中也列出了几个保留条款，在特定的时间里，我也可以出售我以前的油画，或者我自己挑选出来的其他油画，同时，我也写信告诉丹尼尔，当收藏家找到他问他要油画时，他应当怎么做。说到这里，请容许我插几句题外话：丹尼尔以每幅一百五十法郎的价格卖给了你五幅油画，这样的价格是个例外，因为他知道我缺钱；但从现在开始，他不会再以低于五百法郎的价格出售任何一幅作品了……此外，鉴于我和瓦拉德的约定，以低于他的价格出售既不诚实也不合适，而且也有损我的利益。他的推断是正确的，但他也在冒险，因为正如我告诉你的，相比先前的增长和我的声望，以及我创作的油画数量很少这一事实来说，这只是一

[①] 埃曼纽尔·德·比贝斯科（Emmanuel de Bibesco，1877—1917）：罗马尼亚王子，艺术品收藏爱好者。

个极小的、公平合理的增长。

——1900年5月（日期不详），塔希提岛

致蒙弗里德

……我的油画和雕塑作品应该得到妥善的保管。

说到雕塑，我希望我创作的为数不多的这几件作品不要散落……那个大陶像[①]还没找到买家——而德拉赫切（Delaherche）[②]的那个丑陋的瓶子却卖了一个很高的价钱，还进了博物馆——我想把它放进我在塔希提岛的坟墓里，在此之前，它将摆在我的花园里。也就是说，我想让你把它小心包好，然后寄来给我……

高更的雕塑作品《奥维里》

——1900年10月（日期不详），塔希提岛

[①] 指高更于1894年创作的雕塑《奥维里》（Oviri）。在塔希提语中，"Oviri"意为野蛮人；在塔希提神话中，"Oviri"是哀悼女神，有着白色的长发和狂野的双眼，她用脚踩死了一只狼，怀里还抱着一只幼崽。高更对这件作品非常认同。

[②] 奥古斯特·德拉赫切（Auguste Delaherche，1857—1940）：法国陶艺家。他完善了搪瓷釉技术，实现了色调的微妙渐变，先后在1889年和1900年的巴黎世界博览会上荣获金奖。

致蒙弗里德

……在马克萨斯,很容易就能够找到可以入画的图样(这一点在塔希提岛变得越来越难),那里有开阔的风景,简单来说就是全新的、更加天然的元素,我想我可以创作出一些不错的作品。在这里,我的想象力已经开始变弱,公众也对塔希提岛过于适应了。当人们看到油画中包含了新的、令人惊惧的元素时,总是显得特别愚蠢,到那时,塔希提岛就会变得容易理解,变得迷人了。我的布列塔尼油画就是因为塔希提岛才变成玫瑰香水的;而塔希提岛油画将会因为马克萨斯变成科隆香水。

——1901年6月(日期不详),塔希提岛

致查尔斯·莫里斯

……今天,我跌入了谷底,被贫穷,尤其是过早衰老所引发的疾病给打败了。我还能够得到喘息,完成好我的创作吗?我不敢奢望;不论怎样,我都会在下个月做出最后的努力,到法图希瓦岛(Fatu Hiva)上生活,这是马克萨斯的一座岛屿,那里依然存在食人的现象。我想,在那里,在一个完全野蛮的环境中,彻底的孤独会让我最后一次迸发热情,我的想象力将得以恢复,以使我在死前能够施展自己的才能……

——1901年7月(日期不详),塔希提岛

致蒙弗里德

……我总是说,如果没说出来,至少也会在心里想,一个画家所吟咏出来的诗词是特别的,不是通过图形说明或者翻译出来所写下的东西。换言之,你在绘画中应该尝试的是暗示而非描述,就

如同在音乐中一样。我有时会因为作品难以理解而受到指责，这正是因为人们在我的油画中寻找的是一种解释性的含义，而这种含义其实并不存在。我们可以针对这一点进行详细讨论，但不会产生任何肯定的结果；那就更好了，我说；评论家们胡说八道，而我们如果拥有一种合理的优越感和完成职责的满足感，便会深感欣喜。一群妄想分析我们快乐来源的笨蛋。还是说，他们真的认为我们有义务要让他们感到快乐？……

——1901年8月（日期不详），塔希提岛

致蒙弗里德

……我对我的决定感到越来越高兴，我向你保证，从绘画的角度来看，这是令人钦佩的。可以入画的图样！棒极了，我已经开始创作了。

……你说的不错，新闻界会让你声名狼藉！首先要问心无愧，还要拥有一部分人的尊敬，贵族们明白这一点。除此之外，没有别的什么。

那些关于象征主义或者其他绘画文学的错误观念，你知道我对它们的一贯看法，所以我不需要再多作重复；况且，你和我在这个问题上意见一致，后辈也是如此，因为不管发生什么，那些健全、健康的作品永远都会存在，世界上所有的文艺批评都无法改变这一点。也许，当我庆幸自己没有落入新闻界的赞美让我落入的陷阱时，我是显得有些自负了，因为有那么多人都中招了，比如德尼，或许还有雷东。当我读到那么多不理解我的评论时，尽管我很恼火，可我还是笑了。

此外，在与世隔绝的日子里，一个人真的能够得到新的开始。在这里，诗歌是自己创作出来的，你所要做的，就是在你作画之时

给自己的梦想让路。我所要求的只是两年的身体健康，还有就是不要有太多经济方面的担忧（这些担忧已经牢牢地控制住了我的神经），这样我就可以在我的艺术创作当中达到一定的成熟。我觉得就艺术而言，我是正确的，可我有力量把它肯定地表达出来吗？无论如何，我将尽到我的责任，哪怕我的作品不能持久，人们也会永远记得这位画家，是他把绘画从以前的那些学术失败和象征主义失败（另一种感情主义）当中解放出来……

——1901年11月（日期不详），马克萨斯群岛希瓦瓦岛

致蒙弗里德

……两个月以来，我心中一直充斥着一种致命的恐惧：我不再是曾经的高更了。过去的几年异常艰难，我的身体恢复得很慢，这让我变得极其敏感，在这种情况下，我打不起半点精神（也没有人来安慰我），彻底孤独。

……你向我谈起莫里斯在《诺阿诺阿》上的合作，这并没有让我感到不快。在我看来，这样的合作有两个目的。它不像别的合作，即两个作者共同工作。这个主意是我提出来的，当谈到非文明人时，把他们的特征和我们自己的特征放到一起，我认为这样写起来会相当新颖（非常简单，就像一个野蛮人），旁边附上文明人的风格，也就是莫里斯的风格。所以，我想到了我们的合作，并为此作出了安排；而且正如他们所说，写作也不是我的本行，我们两个谁更好些：天真无邪、说话粗鲁的野蛮人，还是被文明腐蚀的人？莫里斯决定无论如何也要出版这本书，还是在一个不恰当的时间里；毕竟，这不会让我蒙羞。

——1902年5月（日期不详），马克萨斯群岛希瓦瓦岛

致安德烈·丰丹纳

我把这份仓促写就的小小手稿给您寄去,以便您读完以后(如果您同意的话),可以代表我请求《法国信使》予以登载。我没有把它直接寄给《信使》,主要有两个原因。

第一个原因是,您是《信使》的艺术评论家,您可能会认为我这么做是出于恶意,而我是不会做这种事的。

第二个原因是,我收到的《信使》是免费寄来的。因为我很穷,所以还是保持安静为好。

我写的东西不带有一丝文学上的做作,但它表达了一种深刻的信念,我希望将这种信念分享出来。……从开始一直到现在,我所有的作品(正如大家所见)都是单独的个体,具有艺术家的教育所蕴含的全部层次。我对一切始终保持缄默,并将继续下去,因为我坚信,揭示真相的不是雄辩,而是一个人创作出来的所有画作。另外,我与社会完全隔绝的事实,足以表明我并不追求转瞬即逝的荣耀。我的快乐是看到别人的才华。

我对您写下这些,是因为我珍视您的尊重;我不希望您对我的手稿产生误解,以为我想要把它作为一种宣传的手段。不……只是,当我看到一个像毕沙罗那样的人被粗暴对待时,我会暗自生气。我想知道明天又会轮到谁。

当我受到粗暴对待时,那又是另外一回事了;我并不介意。我对自己说:"好吧,好吧,兴许我也是个人物!"

——1902 年 9 月(日期不详),阿图奥纳

致蒙弗里德

……当你收到这封信时,你大概已经读过我给《信使》寄去的那篇反批评的文章了——要是《信使》刊登了的话。我认为它应该符合你的喜好,因为我竭力证明了,画家无论如何也不需要文人的支持和说教。

我还试着与党派展开斗争,这些党派在每个时代都制定教条,不仅让画家,也让热爱艺术的公众倍感困惑……你早就知道我想要实现什么:敢于挑战一切的权利;然而,找到足够的钱维持生活对我来说确实有很大的困难,而且我的能力并没有形成足够大的成果。不过,虽然如此,机制已经开始运作了。公众并不欠我任何东西,因为我的绘画作品只是相对优秀而已,但如今受惠于这种自由的画家们,确实欠我一些东西。

的确,很多人认为这一切都是在自然而然中发生的。不管怎样,我不会要求他们什么,我的良心便是足够的酬劳。

——1902年10月(日期不详),马克萨斯群岛

高更在1893年至1894年间创作的木刻版画《感恩的奉献》(Maruru)

致爱德华·佩蒂特[①]阁下

亲爱的总督,您就像一个急于在八十天之内环游世界的游客一样,对马克萨斯进行了访问。这是一次正式的访问,一艘闪耀着法国国旗颜色的军舰被指定为您的游艇,有着一贯的豪华气派。

我们有充分的理由希望、甚至是设想,您来这里是为了了解我们的最新情况,而后稳定地治理这片殖民地,并尽可能多做一些大家热切盼望的改进。这片殖民地完全掌握在您的手中,在议会上没有代表,因此,它没办法表达自己的希望、宣告自己的权利,除非有一个敢说话的、好心的殖民地居民站上前来。

我们的希望和期望全部都在军舰的烟雾中消散了。您到主教的官邸拜访,之后又去了政府办公地,好让宪兵向您致敬。

毫无疑问,这件非同寻常的苦差事把您搞得疲惫不堪,于是,您便靠拍照来休息。胸部丰满、小腹光滑的漂亮姑娘在溪流中嬉戏,为您精彩的收藏提供了绝佳的主题,这也是自然主义学派感兴趣的东西。可惜,您没有一丝想要处理殖民事务的欲望。

有趣且值得一提的是,如果您在抵达塔希提岛的那一刻就放弃了您所采取的傲慢态度(毋庸置疑,这使得殖民地居民和您之间的对话无法进行),并咨询唯一能够向您提供信息的人,亦即那些在马克萨斯生活,正试图通过自己的智慧、资本和行动开拓土地,但却徒劳无功的人——那样的话,您就会明白我们不是您的马夫(您对我们做出的行为举止,似乎表明您相信这一点);您也会学到很多您假装不知道或不想知道的东西。

无论在这里还是在法国,大家都对这些事情颇感兴趣,因为它

[①] 爱德华·乔治·泰奥菲尔·佩蒂特(Édouard Georges Théophile Petit,1856—1904):1901—1904年任法国在大洋洲殖民地的总督。

与一个归属法国的殖民地是繁荣还是毁灭利害攸关,而法国,出于对您能力和善意的信任,让您对这片殖民地负责。

这也是一个关乎人道的问题。似乎只有您一个人对它一无所知、毫无兴趣。

从您在马克萨斯拍摄的那些精美照片来看,这里显然是一处引人入胜的地方,一切都是那么美丽动人,富有生活的乐趣,植被也繁密茂盛。

优质的种子落在肥沃的土壤里,和煦的微风负责剩下的事情;奇迹实现了,收获的农作物只需要装到定期服务的坚固大船上就万事大吉了——缴过出口关税即可。

但是,另一方面,撇开摄影不谈,如果您看着这些照片,如果您想做点好事,就应该去向那些有经验的智者请教,天空马上就会变暗,您能感受到的只有失望。

首先,您会发现,由于缺乏劳动力(尤其是如果一个人并非虔诚的天主教徒的话),两三个农民不可能收获五公顷的咖啡或者香草。可若是几乎所有的良田都归少数人所有——实际上几乎一半都归主教所有,为什么还要去谈论农业呢?

所以,殖民地居民仅有的资源就是找到一小块剩下的土地,建一间小屋,做一点小生意,但规模非常有限;因为像这样的小资本家必须与大企业(贸易公司)竞争,而后者早已具备接管所有贸易的能力。

或者养牛,这就需要在牧场、围栏、运输和工人上花费大量的资金,而工人如今变得越来越难找了。考虑到养牛所面临的问题——售价低迷、运输困难,还有最重要的一点,就是出口关税——这一方案被抛弃在所难免。

当你直面问题（对经济形势进行极其简化的总结），就会发现只剩下两种产品可以交易，一种是牛，这几乎是不得已的；另一种，也是真正可以用来交易的，则是干椰子肉。无论哪一种，都必须预先缴纳出口关税。

……"劳动贡献"是一种不合理的、过高的税收[1]。说它不合理，老实讲，是因为路上除了骡子的足迹之外什么都没有，而且从来就没维护过；不光不合理，而且还有一个很大的弊端，那就是消耗的比得到的还要多，为了强制执行这一税收，需要许多宪兵参与大量的文书工作，而原本一个宪兵就足够处理出生、结婚和死亡的证明。至于犯罪，这些岛屿上几乎就不存在，当地人的性情非常温和，也很胆小，所以根本就不需要武装部队。

自1901年9月以来，没有一位法官来阿图奥纳审理过哪怕一桩案件，所以必须承认，这几乎不能称作一项支出。即便有人来，他所能裁决的也只是少数荒谬可笑的轻罪，比如在河流某处相当隐蔽的地方洗澡，没系遮羞布。

既然如此，马克萨斯纳税人以通行费、什一税等名目所缴纳的巨额款项，都用来干什么了呢？

……"但确实没钱！"什么？我们付了那么多税，什么都没得到，而你们却说没钱？

……总督阁下，这对您来说或许无关紧要，但对我们殖民地居民（殖民地唯一的活力所在）来说却极为重要。我们对这样的待遇感到愤慨，我们认为提高我们抗议的声音也很重要。因此，爱德华·佩蒂特先生，我强烈抗议，无论在这里还是在法国，人们都知

---

[1] 一种理论上被指定用于维护当地道路的税收，以货币或实物支付。

道该如何倾听。或许,一个像麦克马洪(MacMahon)[①]那样比您更有权势的人会说:"你要么服从,要么辞职。"

——1902年11月(日期不详),马克萨斯群岛希瓦瓦岛

致此时在马克萨斯的殖民地视察员

……我只是想请你们思考一下,马克萨斯这片殖民地上的当地人是什么样子的,宪兵是如何对待他们的;以下是我的理由。为了节约资金,每十八个月才派一次法官给我们。结果,法官只是急着审理案件,而对当地人的情况却一无所知。当他看到一张纹着刺青的脸出现在眼前,便会自言自语,称这个人是食人的恶棍,而宪兵往往会宣称确实如此。

……因此,法官到地方后,故意选择在宪兵的居所住宿,并在那里用餐,除了向他递交文件并附上评论的警察之外,谁也不见。警察会对他说:"某某、某某,就是一帮无赖。您看,法官,要是您对这些人不严厉的话,我们都会被暗杀。"于是,法官便相信了这番话。

……在法庭上,被告通过一名翻译接受讯问,而这名翻译并不通晓语言的微妙之处,尤其不了解该如何把法官的语言用原始的语言翻译出来,除非运用大量迂回曲折的说法,否则很难将法官的意思解释明白。

打个比方,一个当地的被告被问及是否喝了酒,他回答没有,翻译就说:"他说他从不喝酒。"然后法官大声说道:"但是他已经因

[①] 帕特里斯·德·麦克马洪(Patrice de MacMahon,1808—1893):法国元帅,在克里米亚战争及马坚塔战役中扬名。担任法兰西第三共和国第二任总统期间,曾与共和派控制的议会发生激烈对抗,最后以失败告终。

为醉酒被宣判了！"

一个当地人，在欧洲人面前本能地表现出胆怯之情，在他看来，欧洲人知道得很多，并且比自己的地位要高，同时，他也仍然记得过去的大炮。在法庭上，他看上去很害怕宪兵，害怕之前的法官，即使他是无辜的，也宁愿承认自己有罪，因为他知道如果否认了这一点，自己受到的惩罚会更重。恐怖的政权。

……可以说，栅栏的另一边是宪兵，他们占据着被赋予了绝对权力的职位；他们的言辞在任何诉讼中都是法律，他们不会立即向任何人负责，他们还图谋靠贫穷但慷慨的当地人获得财富。宪兵皱了皱眉，当地人就会给他鸡、蛋、猪，等等；不然的话，当地人就会面临罚款。

……这里的宪兵在执行任务时粗鲁、无知、腐败、残忍，但他非常善于掩盖自己的痕迹。比如，假设他收了贿赂，你可以肯定他手里握着相关的单据。

……一般来说，这里的人们都很温和，因此，唯一的收入来源便是对醉酒这种轻罪进行罚款。由于当地人一无所有，绝对一无所有，作为消遣，他们唯一的乐趣便是品尝大自然免费提供的饮料，也即橙子、椰子花、香蕉等经过几天发酵后的汁液，它们比我们欧洲的酒精危害要小得多。

最近颁布的禁酒令废掉了一项对殖民者非常有利的贸易，打那以后，当地人所能想到的唯一一件事便是喝酒，因此，它们逃离城镇，到其他地方躲了起来，这就是为什么找不到工人的原因。不妨告诉他们，让他们就此恢复野蛮人的生活。

……宪兵在尽自己的本分。搜捕。

……一方面，你们通过了特殊的法令来阻止他们喝酒，而欧

高更于1899年创作的木刻版画《迁居》(Changement de Résidence)

洲人和黑人却依然可以喝酒；另一方面，他们的言辞和他们在法庭上的陈述变得一文不值。不可思议的是，在这样的情形下，他们竟然被告知自己是法国选民，还被灌输了来自学校和宗教的一堆没用的思想。

法国国旗下伪善版本的"自由，平等，博爱"，与人们只不过是税收的饲料（五花八门的税收）或者专制宪兵的饲料这种令人憎恶的现象相比，具有独一无二的讽刺意味。然而，人们却不得不高呼："总督阁下万岁，共和国万岁！"

——1902年底（日期不详），马克萨斯群岛希瓦瓦岛

致蒙弗里德

……我收到了一封丰丹纳寄来的信，说《信使》拒绝了我的投稿。我早有预感会发生这样的事。他们都是一样的；他们只想批评画家，但他们不喜欢画家跳出来证明他们有多么愚蠢……

——1903年2月（日期不详）

致安德烈·丰丹纳

……关于《信使》的拒绝,您善意的来信并没有使我感到惊讶:我早有预感会发生这样的事。《信使》有像莫克莱尔这样的人,你连一根指头都碰不得他们一下。比起我的文章不受关注,这才是真正的原因所在……

——1903年2月(日期不详),阿图奥纳

致蒙弗里德

……最近,在几个辗转反侧的夜晚,我把我一生当中的所见、所闻和所感都记录了下来。这些记录中,包括了对一些人来说非常刺耳的声音,尤其是对我妻子的行为和丹麦人的……

——1903年2月(日期不详),马克萨斯群岛

致安德烈·丰丹纳

我刚刚写完一整本东西,其中记录了我的童年记忆,以及我对自己的本能和智力发展的阐释;还记录了我的所见所闻(包括对人和事的评论),我的艺术,别人的艺术,我所欣赏以及憎恨的人和事。这不是一部刻意按照特定框架创作的文学作品。它完全是另外一回事:文明人和野蛮人的面对面。风格必须保持一致,赤裸,展现整个人物,常常令人震惊。这些很容易就能做到。我并不是一位作家。

我会在下一次随信寄给您这份手稿;通过阅读这份手稿,您就会从字里行间明白,我希望这本书得到出版,是出于一些迫切的、个人的原因。它必须出版,哪怕只是一个非常简单的版本;我不渴求它的读者规模多么庞大,只要有一小部分就够了。

可我为什么要把这件事委托给您,一个和我并不相熟的人?这

又得归功于我那奇怪的性格,我的本能。虽然相隔甚远,我却不由自主地信任您。所以,我要把这件严肃的事情、这桩费力的差事,交给您去办。为此,我还写信给一个朋友[①]……让他牺牲掉我在第一次塔希提岛展览上展出的所有作品(为了筹到出版这本书所需的资金,他可以不计价格地卖掉它们)。

如果您愿意接受这桩差事——我相信您一定不希望我的梦想破灭,不愿意我难过——请把我写的东西交给《信使》,插进您认为合适的随便什么地方。

那些图画的风格也很相似,十分与众不同,有时还带有冒犯的意味。倘若您把这份手稿和其中的草图作为对我的纪念放在某个角落里,就像随意放置某个物件一样,而不是放在您收藏珍品的抽屉里,我将不胜感激(无论发生什么)。这不是付款或者易货。我们马克萨斯人从不这样做;但我们知道什么时候应该伸出手来,打一个友好的手势。我们的双手从不戴手套。

您在您那封言辞恳切的信中对我说:"为什么我们再也看不到你的作品了?你就那么轻视自己吗?"不,恰恰相反,我并不轻视自己;事情是这样的:最近几年,我的双脚和双腿的下半部患了湿疹,特别是在过去的一年里,它带给了我极大的折磨,让我不可能去做任何持续时间较长的工作;有时,我一连两个月甚至连画笔都拿不起来……如果我成功痊愈,或者至少症状有所减轻,那损害就不会太过严重,加之我的大脑一直在持续运转,我也就能够投入工作,尝试为已经展开的工作找到一个合理的结论。

说实话,在最绝望的时候,这是唯一能够阻止我打爆自己脑袋

---

① 指丹尼尔·德·蒙弗里德。

的理由。我的信仰是坚不可摧的。亲爱的丰丹纳先生，您看，我并不轻视自己。我只害怕一件事，那就是失明。……要是那样的话，我会被彻底击垮。

——1903年2月（日期不详），阿图奥纳

致行政长官①

……在检查了我的文件之后，宪兵吉切奈（Guichenay）②给他的中尉寄去了我给你写的信的副本，还有关于你在1903年3月17日给我的回复。经总督批准，中尉认定那封信是诽谤。

……我打算对他们给我的判决提起上诉，这个判决无论从哪个角度来看都很奇怪；此外，1881年7月的法律仅涉及在新闻界或公开场合所发表的言论，并没有涉及私人甚至是私密的文字③。

——1903年3月31日，马克萨斯群岛希瓦瓦岛

---

① 指弗朗索瓦·皮克诺（François Picquenot，1861—1907），1902—1903年担任马克萨斯的行政长官。

② 艾蒂安·吉切奈（Etienne Guichenay）：马克萨斯群岛南部塔瓦塔岛上的宪兵。

③ 1903年2月初，高更写信给弗朗索瓦·皮克诺，要求对吉切奈进行调查。据称，吉切奈曾接受美国捕鲸船船长的贿赂，这些船长向当地人非法出售大量货物，损害了当地的贸易。皮克诺给吉切奈写信要求解释，吉切奈则把信交给了他在希瓦瓦岛的同事克拉维里（Claverie）。高更原本就因煽动当地人反对权威、鼓励他们拒绝纳税并停止送孩子上学引起了殖民当局的不满，于是，克拉维里决定起诉高更诽谤。

最终，高更在1903年3月31日被判处监禁三个月、罚款一千法郎，他不服判决，想要上诉，却筹集不到去塔希提岛的路费。

致莱翁斯·布劳特[①]先生

……请回信告诉我,我应该做些什么,我是否需要立刻登船。我病得很重,不想在帕皮提逗留太久……

——1903年4月(日期不详),马克萨斯群岛希瓦瓦岛

致宪兵队中尉

……出于对正义的崇高追求,我也提出了一系列的控诉,所有控诉都是有正当理由的,我选择对许多事缄口不言,是因为我没有任何与之相关的实质性证据——尽管这里的每个人对此都十分清楚。

……在目前的形势下,当地人并没有反抗——他们太过温柔、太过胆小,不敢这么做——但他们都很恐慌,也很沮丧,每天都在幻想宪兵会把他们带去哪里,每天都在等候新的苦难,因为他们是那种很容易恐慌的人。

……我在马克萨斯过的是一种隐居的生活,远离道路、残疾,努力进行艺术创作,一句马克萨斯语也不会讲,很少见到欧洲人

高更在生命的最后一年为自己所作的画像,作品名为《高更的最新肖像》(Le Dernier Portrait de Gauguin, 1903)

---

① 莱翁斯·布劳特(Léonce Brault, 1858—1933):1903年任高更在塔希提岛的律师。

过来打招呼。的确，女人们经常过来小坐，但这是因为她们对挂在墙上的照片和画作感到好奇，特别是她们想试着演奏我的簧风琴。

……由于身患残疾，生活对我来说变得无法忍受，就像巴尔扎克（Balzac）①在《农民》（Les Paysans）②中所描述的那样挣扎。

……幸好我是当地人的保护者……我被指控为手无寸铁的可怜虫们辩护！然而，这里却有一个防止虐待动物的协会。

……我想让你知道，我会去塔希提岛为自己辩护，我的律师会有很多话要说……即使被判入狱——我认为这是一种耻辱（在我们的家庭里，我们并不习惯这样的事情）——我也会永远高昂头颅，为我应得的声望感到骄傲……

——1903年4月底（日期不详），马克萨斯群岛希瓦瓦岛

致查尔斯·莫里斯

……正如我寄给你的那篇关于马克萨斯宪兵队的文章所预言的那样，我刚刚落入了同一支宪兵队设下的圈套；事实上，我已经被宣判了。这会把我毁掉，我上诉之后，结果可能是一样的。不管怎样，我都必须做好准备，迈出第一步。

我在上一封信里敦促你要积极、迅速地行动，你看，我说得多么正确。如果我们胜利了，这场斗争会变成一场精彩的斗争，我将得以在马克萨斯完成一些伟大的事情。许多罪恶将被摧毁，为此而

---

① 奥诺雷·德·巴尔扎克（Honoré de Balzac，1799—1850）：法国小说家。一生共创作有《欧也妮·葛朗台》《高老头》《驴皮记》等九十余部作品，合称《人间喜剧》。

② 《农民》（Les Paysans）：巴尔扎克创作的长篇小说，作品描绘了法国波旁王朝复辟时期，农民在贵族大地主、农村资产阶级压迫之下的苦难和抗争。

受苦，颇为值得。

我很失落，但还没被打败。在困境中微笑的印度人被打败了吗？毫无疑问，野蛮人一定比我们优秀。有一次，你说我不该称自己是野蛮人，你错了。因为这千真万确，我就是一个野蛮人。文明人对此将信将疑，因为在我的作品中，没有什么比这种"不由自主的野蛮"更令人惊讶和困惑了。这就是它独一无二的原因。

……在艺术领域，物理、机械化学和自然研究刚刚让我们经历了一段长时间的反常状态。艺术家们失去了他们的野性，失去了他们的本能，也可以说是他们的想象力，所以，他们在不同的道路上徘徊，以寻找他们没有能力创造的生产元素；结果，他们只是像群散兵游勇纠合行事，独自一人时，他们会感到害怕，会迷失方向。这就是为什么不把独处推荐给每个人的缘故，因为你必须坚强，才能承受孤独，独自行动。我从别人那里学到的一切，只会阻碍我。如此一来，我便可以说：没人教我任何东西。另一方面，我知道的确实太少！但我更喜欢自己创造的那一小点。谁知道那一小点经别人运用之后，会不会变成某些大的东西呢？……

——1903年4月（日期不详），马克萨斯群岛阿图奥纳

致蒙弗里德[①]

……我刚刚落入了一个极其可怕的圈套。在马克萨斯发生了令人愤慨的事件之后，我写信给行政长官，请他进行调查。我没有停下来思考，没有想过所有宪兵都是同流合污的，比如行政长官是站在总督一边的，等等。无论如何，中尉已经决定要起诉我，一个

[①] 蒙弗里德收到这封信时，高更已经在1903年5月8日突然辞世。然而，直到8月23日，蒙弗里德才得知高更去世的消息。

流氓法官服从总督和我曾经欺负过的一个小检察官的命令,因为一封私人信件判处我(根据1881年7月有关新闻界的法律)监禁三个月、罚款一千法郎。要想上诉,我就得去塔希提岛。这趟旅行,我的生活费,尤其是律师费,要花掉我多少钱?我就要被毁灭,我的健康也将被彻底摧毁。

……这些担忧让我心力交瘁。

——1903年4月(日期不详),马克萨斯群岛阿图奥纳

译后记

十九世纪的法国艺术界，可谓流派众多、异彩纷呈，大师云集、星光璀璨；而保罗·高更（Paul Gauguin，1848—1903），便是这群星中极为特别的一颗。

高更是画家，也是雕塑家，但却是"半路出家"。要说他的艺术启蒙，还需追溯到他的童年时期。

高更三岁时来到秘鲁利马，在曾叔祖父家中度过了四年光阴。其时，利马是一座多元化的城市，文明与原始在这里形成鲜明对比：富人的别墅近旁便是印第安人和黑人的歇脚之地，豪华马车跑在破败不堪的大街上。高更对这里的风土人情充满好奇，他认为家中服侍他的黑人小女孩儿和拖着一条辫子的中国仆人，远比他的兄弟姐妹更为漂亮、有趣；每当各种节日到来，街上土著女人的穿着打扮也让他感到着迷。此外，曾叔祖父家里收藏与陈列的画作、古董、雕塑、金银器、陶器、瓷器，还有家里和教堂里的各种装饰图案，更让他十分痴迷。

这段时间的生活经历，在高更的记忆中留下了不可磨灭的印象，三十五岁那年，他放弃工作、义无反顾地开始流浪漂泊的艺术生涯，与此不无关系。

走上艺术之路三年后，高更来到法国西北部的一个小山村，名叫阿旺桥，在那里结识了贝尔纳、拉瓦尔等画家，共同结成了"阿旺桥画派"。他曾说："我非常满意这里的生活，在阿旺桥，我能够做到定于一尊、随心所欲：所有的艺术家都忌惮我、崇拜我，没有人敢于挑战我的权威和信仰。"

在阿旺桥的那段日子里，高更虽小有成就，却并不安于现状。从小便感受过异国风土人情、见识过部落社会生活的他，始终渴望远离文明世界，找到一处"蛮荒之地"，点燃自己的创作激情。于是，他几经辗转，最终来到了塔希提岛。

高更一共去过两次塔希提岛，本书的第一部分《诺阿诺阿》，便是他第一次塔希提之行结束返回巴黎后所写。在这部分里，高更详细记录了自己在岛上两年多的生活，"登岛"时的迷茫与孤独，"识岛"时的释放与蜕变，"游岛"时的洒脱与欢欣，"悟岛"时的兴奋与彻悟，以及"离岛"时的感慨与不舍，逐一作了记述和阐说。他声称，自己就是一个讲故事的人，希望通过这些叙述，让人们更好地理解他的作品。的确，从这个故事讲述人对自己人生历程的描摹中，我们可以品味出他对欧洲成熟文明的强烈批评和厌弃，对塔希提原始素朴乃至野蛮的无比向往和眷恋；缘此，也进而对他在岛上创作的那些画作，多几分了解和欣赏。

高更第二次启程前往塔希提，是在返回巴黎一年多以后，这次，他一去，便再也没有回到法国。他在塔希提岛继续生活了六年左右，最后因生活窘迫，迁至同属大洋洲但花销更少、更加"野蛮"的马克萨斯。

在马克萨斯，高更走完了人生的最后两年，本书的第二部分《此前此后》，就是他在此期间写下的。在这部分里，高更一再强调"这并不是一本书"，而是"一本薄薄的册子"，为的是"把记忆保存下来"，因此，他未曾讲究章法，想到哪里，就写到哪里，如同他说走就走的人生一般潇洒。为了让读者能够更加流畅地阅读，这部分选取高更《此前此后》手稿中的精华进行迻译，并将这些内容分门别类，重新做了整合——这样一来，高更对往事的回忆、对凡高的追思、对德加的评价、关于艺术的漫谈、对人生的感悟，以及对塔希提和马克萨斯的描绘，便清晰地呈现在我们眼前。

本书的最后一部分《书信一束》，选取高更步入职业艺术生涯以来游走法国、初至塔希提、回到法国以及重返大洋洲这四个时期的部分信件进行迻译。这些信，既有写给妻子的，也有写给好友的，还有写给殖民当局的：写给妻子的信都在前半部分，有的诉说家长里短，有的告知新近动向，有的抱怨生活困窘；写给好友的信贯穿始终，大多与艺术创作有关，包括对艺术观点的阐释、对画坛现状的分析、对评论家的痛斥和对未来之路的担忧；写给殖民当局的信位于最后，是为保护当地人的利益，帮助他们争取权益而写的。这些书信让我们得以深入高更内心，真切了解他的所言所行，体悟他的所思所想。

至此，一个逃离文明世界、拥抱原初社会的"野蛮人"的肖像，便可以说是描绘完毕。无论经历过多少次痛苦的挣扎，这个"野蛮人"始终没有放弃追寻自己的艺术梦想，他硬生生地把那个物欲横流的文明社会撕开了一道口子，让一束野蛮之光照射进来，让人们看到了一颗辉耀星空的超新星。

这个译本，主要是基于英文本翻译的，其中也参考了法文本，个别文字则是基于法文译出的。其中，《诺阿诺阿》是全译，完全依照原著迻译；《此前此后》和《书信一束》是选译的，依据内容等作了相应的结构调整；同时，三个部分均拟加了小标题。为有助于读者阅读理解，每个部分都作了一些注释（其中，第一部分有四条为原版注），包括人物、土著语汇、部分地名、历史背景以及联系前后内容的说明等。此外，每一部分还随文安排了一定数量的插图，图注也尽可能贴合相应内容。

由于本人学力、经验所限，错漏、不当之处在所难免，敬请读者、专家批评指正。

译者

2021年10月